THE ULTIMATE GUIDE TO TAROT

塔羅終極指南

麗茲·迪恩
Liz Dean

楓書坊

身心靈執業工作者推薦

❋ 看到世界級塔羅大師麗茲‧迪恩（Liz Dean）的塔羅書有了中文版，真是塔羅迷的一大福音。在書中，作者提供了清晰的脈絡與具體的步驟，讓我們一步一步地認識每一張塔羅牌。同時又將牌陣延伸到脈輪與能量層面，多層次的豐富內容，非常適合學習者與教學者對於塔羅深度廣度的探索渴望！

　　　　　　　　　　　　　　　　　　　　　　　　　——陳盈君 左西人文空間創辦人

❋ 從來不曾看過這麼詳細的塔羅書！從單牌解析、單牌歷史、元素說明、逆牌解釋與實用案例，以及各種實用的牌陣介紹，除了對初學者是淺顯易懂的入門書，專業實務工作者在此書中也會獲得新的見解，強烈推薦這本書！若猶豫要不要購入的話，抽張塔羅讓它告訴你答案吧！

　　　　　　　　　　　　　　　　　　　　　　　　　　　——于玥心靈命理諮商師

❋ 麗茲‧迪恩這本《塔羅終極指南》是目前市面上最詳盡的塔羅教科書，內容包含了經典牌陣、大阿爾克那、小阿爾克那、以及操作方式的解說。文字淺顯，中文翻譯也十分到位，非常推薦給所有對塔羅占卜有興趣的讀者。

　　　　　　　　　　　　　　　　　　　　　　　　　　　　——星象專家 辰宇力

❋ 麗茲‧迪恩深入淺出的塔羅講解，讓艱深的塔羅知識顯得平易近人。用理性角度剖析塔羅，讓塔羅不再顯得遙不可及！我想，從執業占卜師到塔羅玩家。這本書，只要是對塔羅有興趣的朋友，都該擁有一本。

　　　　　　　　　　　　　　　　　　　　　　　　　　　——知名占卜師 奧斯

❋ 承如書名中「終極」兩字，她帶著權威之姿呈現在你面前，我必須老實說，這本書是一本相當有深度與專業之作。如果您將塔羅牌當成一門學問研究，這本書100%值得放入你家中塔羅牌工具書的首列。我將這本書推薦給塔羅牌老手與是塔羅牌老師的您，她將讓您在神祕學上有想像不到的加分。

　　　　　　　　　　　　　　　　　　　　　　　　——宇色／靈修 暨 塔羅牌作家

❋ 運用本書二十二張大牌之中專屬設計的牌陣來更熟悉塔羅牌，引領我們打開新視界，讓牌卡與關鍵的牌義相互共鳴，提點自己在學習塔羅牌過程中的心靈揚升，把這些訊息正確且清晰地揭示，書中更多與神秘學的結合，也增加了更多廣闊的觀點！

　　　　　　　　　　　　　　　　　　　　　　　　　——塔羅事典館主：孟小靖

❋ 詳細的述說每張牌的訊息外更加入更多的符號訊息，讓學習者不只是學到塔羅牌的表象意義，更能深入知道更多的涵義，本書中的特殊小牌陣也是值得好好玩味的一個特色，讓學習者可以有更多方向的思考啟發。

　　　　　　　　　　　　　　　　　　　　　　　　　——資深塔羅教師 寶咖咖

❖ 麗茲‧迪恩是一位循循善誘的導師，以善巧的方法，手把手地引領習者進入塔羅的奇幻世界；由數字、占星、卡巴拉等多重不同的角度，有層次地揭露七十八張紙牌的象徵內涵，逐步對卜者展現其豐富的蘊意。我尤激賞她對牌陣設計的指引，以及對靈性向度的關注。無論是塔羅新手或是老練的牌師，都能從書中獲得可貴的啟發。

——《78度的智慧》、《托特塔羅解密》譯者　孫梅君

❖ 《終極塔羅指南》試著結合塔羅圖像的象徵以及卡巴拉的宇宙論，將塔羅學的玄妙鎔鑄於一體。對寫作而言，這無疑是一件相當困難的工作。但作者麗茲‧迪恩卻以她的博學解決了這個問題。我們很難找到一項工具可以同時包含這麼多的象徵，不同的象徵間又巧妙地彼此聯繫。如果想以塔羅接觸內在靈性的讀者，想必會受益頗豐。

——愛智者書窩版主、諮商心理師 鐘穎

❖ 除了牌面符號的解析，還有星座、卡巴拉系統的連結，深入淺出，無論對初學者或已入門都是十分理想的參考書。每張牌都有一句話可懂的簡潔牌義，有助學習者快速掌握要領。

——Claudia Studio-女巫的塔羅‧芳療 植物系女巫Claudia

❖ 這是一本難得的塔羅譯作，版面編排非常精美。《塔羅終極指南》書中以偉特為基底，內容條理分明、配置得宜，恰與文章式的《塔羅攻略》相為呼應。是國內首度在行文中詳細說明生命之樹路徑對應的書籍，大祕儀連結詳盡之外，又有相關牌陣加強學習，更是一大創舉。

——《塔羅攻略》作者、占星協會會長 星宿老師

❖ 深奧且實用的塔羅書！最特別的是大阿爾克那的每張牌都有設計牌陣，讓讀者可以每看完一張牌的解說就實際抽牌，讓人閱讀起來一直保持微妙的學習樂趣，無論初學或進階者都可以從此書找到最需要的部分。

——獅子與貓－Mihos&Felina

❖ 占星、塔羅、卡巴拉與數字學、哲學及靈性修持，宇宙間的真理本是一家，本書為讀者將這些廣大的學問做了清楚的整理，並加上一些正確看待逆境的觀點，讓你在運勢低迷，抽到典型理解中「壞」牌時，不坐困於逆境，能用更積極的方式去應對，突破僵局，讓神秘學不再只是迷信，而是一把能帶你通往順境的鑰匙。
如果你厭倦了非黑即白的宿命論，想擁有對生命更深更廣的理解，身為長期執業的占星師的我，推薦你就從這裡開始吧！　　　　　　——Desire 塔羅占星‧能量調整／曹巧巧

❖ 對入門新手而言輕鬆易懂，進階玩家讀了功力倍增，另外還全彩圖解神祕學各種「外掛」知識：脈輪、水晶、卡巴拉。《塔羅終極指南》內容全面又不失深度，「終極」一說絕對當之無愧！

——安德魯，心靈牌卡授課講師

❖ 紮實的塔羅工具書，除了常見的正逆位牌義、象徵符號說明之外，還包含大牌的歷史，少見的對應脈輪等，最令人驚喜的巧思是大牌都有相對應的牌陣，供讀者探索內在狀態，藉由牌陣去瞭解塔羅的智慧與真諦。

——愛必

謹將本書獻給所有塔羅學人。
願你獨一無二的塔羅占卜旅程收穫滿盈。

CONTENTS

第 1 章
塔羅入門   8

第 2 章
開始占牌   14

第 3 章
塔羅牌陣   20

第 4 章
牌義解析：
大阿爾克那 The Major Arcana   29

0	愚人	The Fool	30
I	魔術師	The Magician	34
II	女祭司	The High Priestess	38
III	女皇	The Empress	42
IV	皇帝	The Emperor	46
V	教皇	The Hierophant	50
VI	戀人	The Lovers	54
VII	戰車	The Chariot	58
VIII	力量	Strength	62
IX	隱士	The Hermit	66
X	命運之輪	The Wheel of Fortune	70
XI	正義	Justice	74
XII	吊人	The Hanged Man	78
XIII	死神	Death	82
XIV	節制	Temperance	86
XV	惡魔	The Devil	90
XVI	高塔	The Tower	94
XVII	星星	The Star	98
XVIII	月亮	The Moon	102
XIX	太陽	The Sun	106
XX	審判	Judgement	110
XXI	世界	The World	114

第 5 章
牌義解析：
小阿爾克那 The Minor Arcana   118

聖杯牌組 The Suit of Cup

聖杯一	Ace of Cups	120
聖杯二	Two of Cups	122
聖杯三	Three of Cups	124
聖杯四	Four of Cups	126
聖杯五	Five of Cups	128
聖杯六	Six of Cups	130
聖杯七	Seven of Cups	132
聖杯八	Eight of Cups	134
聖杯九	Nine of Cups	136
聖杯十	Ten of Cups	138
聖杯侍者	Page of Cups	140
聖杯騎士	Knight of Cups	142
聖杯王后	Queen of Cups	144
聖杯國王	King of Cups	146

錢幣牌組 The Suit of Pentacles

錢幣一	Ace of Pentacles	148
錢幣二	Two of Pentacles	150
錢幣三	Three of Pentacles	152
錢幣四	Four of Pentacles	154
錢幣五	Five of Pentacles	156
錢幣六	Six of Pentacles	158
錢幣七	Seven of Pentacles	160
錢幣八	Eight of Pentacles	162
錢幣九	Nine of Pentacles	164
錢幣十	Ten of Pentacles	166
錢幣侍者	Page of Pentacles	168
錢幣騎士	Knight of Pentacles	170
錢幣王后	Queen of Pentacles	172
錢幣國王	King of Pentacles	174

寶劍牌組 The Suit of Swords

寶劍一	Ace of Swords	176
寶劍二	Two of Swords	178
寶劍三	Three of Swords	180
寶劍四	Four of Swords	182
寶劍五	Five of Swords	184
寶劍六	Six of Swords	186
寶劍七	Seven of Swords	188
寶劍八	Eight of Swords	190
寶劍九	Nine of Swords	192
寶劍十	Ten of Swords	194
寶劍侍者	Page of Swords	196
寶劍騎士	Knight of Swords	198
寶劍王后	Queen of Swords	200
寶劍國王	King of Swords	202

權杖牌組 The Suit of Wands

權杖一	Ace of Wands	204
權杖二	Two of Wands	206
權杖三	Three of Wands	208
權杖四	Four of Wands	210
權杖五	Five of Wands	212
權杖六	Six of Wands	214
權杖七	Seven of Wands	216
權杖八	Eight of Wands	218
權杖九	Nine of Wands	220
權杖十	Ten of Wands	222
權杖侍者	Page of Wands	224
權杖騎士	Knight of Wands	226
權杖王后	Queen of Wands	228
權杖國王	King of Wands	230

書後語	232
附錄	233
致謝	238
關於作者	239

❀ 1 ❀
塔羅入門
INTRODUCING THE TAROT

如何使用本書

本書提供了塔羅占卜者需要知道的一切資訊，包括日常問卜、運勢預測，以及直覺力和靈性的開發方法等。任何人都可以運用這本書學習到塔羅牌的占卜方法，只要具備一顆開放的心，願意信賴占牌過程出現的直覺感受，人人皆可從中獲得啟示，蒙受利益。

首先，我們會從塔羅的基礎知識開始談起，包括塔羅牌的組成結構，塔羅牌與占星學（Astrology）、卡巴拉（Kabbala），以及數字之間的關聯（詳見本書第10及19頁）。接著，你會學到如何使用牌陣來進行占卜。你可以嘗試第20到28頁的八種傳統牌陣，然後，在每一張大阿爾克那牌的牌義解析當中，我也會分別介紹一種「迷你牌陣」，全部加起來總共有三十種牌陣。尤其，大阿爾克那的二十二種牌陣是本書的創舉，我個人非常建議你以這些迷你牌陣作為靈感，創造出屬於你自己的獨特牌陣，主要目的在於讓你能夠以創意來使用塔羅牌，親身去實驗，找到最適合自己的占牌方法。牌陣的運用沒有正確與否的問題，差別只在於它適不適合你。

從29頁開始是牌義解析。剛開始，你可能會想要用關鍵詞來了解每一張牌的意義，本書第29頁以及118頁分別會有大阿爾克那牌（大牌）及小阿爾克那牌（小牌）的「牌義關鍵詞快覽表」，供你做快速查詢。每一張大阿爾克那牌的詳細牌義解析，都會列出該張牌的別稱、編號、靈數學關聯（也就是將該張牌數字編號化約之後得到的數字），有助於增加你對這張牌的理解。例如：編號XXI世界牌將編號的兩個數字加總起來：2＋1＝3，就是III號「女皇」這張牌。此外，我還列出了該牌相關聯的星座或行星、元素、希伯來字母、生命樹路徑、脈輪，以及關鍵牌義。我也會特別強調並解釋每一張牌的主要象徵符號，接著，每一張大阿爾克那牌都會有「鏡像反射」（Reflections）的說明，引導你去了解與這張大牌牌義相近的小牌。例如：大阿爾克那的VI號皇帝牌，這張牌的圖案象徵也出現在小阿爾克那的四張「國王牌」上，因此，這四張國王牌都是皇帝牌「父親」面向的鏡像反射牌。

小阿爾克那牌的牌義解析是以牌組來區分，每個牌組依序從一號（王牌）到十號，內容包括每一張牌的對應元素、占星關聯、數字編號、生命樹位置，以及關鍵牌義。宮廷牌當中的侍者及騎士牌僅列出其對應元素及關鍵牌義，王后及國王牌則多了占星關聯和脈輪這兩項。在附錄中，你可以讀到更多關於脈輪和水晶與塔羅牌的關聯資訊，最後是詞彙索引。

當你開始進行占卜解牌時，很可能會對某些特定資訊感到興趣，比如從星座到卡巴拉生命樹，或是靈數學到每一張牌的歷史演變故事和符號等等。這些項目都各有其專門的研究主題，而這本書的目標是讓你先得到這些基礎資訊，引你入門；假如你已經是老手，那麼我希望你能從這些資訊當中得到些許靈感火花，刺激你的想像，擴展你的新視野。

無論你如何使用這本書，我都誠摯邀請你與我共享這段塔羅旅程，藉由更深的體悟來啟蒙自己與眾人。

塔羅占卜對你的助益

塔羅屬於一種「原型」概念體系（archetypes，譯注：或稱原初模型、原始形象。代表同一類型的人物、物件或觀念的原始型態，可以被後來者重複模仿與重製），是以圖像的形式來呈現人們的外在環境狀況、反映我們的心智狀態和生命階段。過去六百多年來，塔羅牌一直都是人們用來作為宗教信仰指引、心靈啟悟、自我認識，以及預測未來的工具。紙牌上繪製的古老象徵符號，是為了激發我們的直覺力，讓我們能夠與自己的高我或神聖自性、靈魂本真聯繫。

正規的塔羅占卜，可以為個人帶來許多好處：

❈ 增加自我覺察力：塔羅能為你創造出一個空間，讓你專注在自己身上。

❈ 提升創造力：塔羅占卜可以為我們提供不同角度來觀看我們的問題，並找到新的解決方法。

❈ 磨練我們的直覺與心靈感應力：塔羅可以幫助你看到某件事未來可能的發展及其影響。

❈ 讓你具備能力，激勵他人尋找自己的靈性道路。

關於萊德偉特塔羅牌

近年來出現的塔羅牌樣式和種類可說五花八門，而這本書選用的是普及版偉特塔羅（Universal Waite），是原版萊德偉特塔羅牌（Rider-Waite）的改良上色版。原版萊德偉特塔羅牌的創作者亞瑟·愛德華·偉特（A. E. Waite），是「黃金黎明赫密斯派修會」（Hermetic Order of the Golden Dawn，詳見本書第10頁）的主要成員之一，出版商是英國倫敦萊德公司。這套塔羅牌是當代公認最具影響力的一套塔羅牌，激發了後來各式塔羅牌的誕生。這套牌也經常被稱為「萊德偉特·史密斯牌」（Rider-Waite Smith），用以紀念其繪製者潘蜜拉·柯爾曼·史密斯（Pamela Colman Smith），她也是黃金黎明會的成員之一。

古早紙牌：宮廷與教會

目前所知，最早的塔羅牌是出現於十五世紀的義大利北部（據說，「塔羅」tarot這個字源自於義大利文tarocchi「塔羅奇」，是一種比塔羅更早出現的義大利紙牌遊戲）。這些紙牌就是我們現在所知的「威斯康提-斯弗扎塔羅牌」（Visconti-Sforza tarots），它是在十五世紀中期由米蘭公爵法蘭切索・威斯康提（Franceso Visconti）委託藝術家所繪製。雖然教會把這些紙牌稱做「惡魔畫冊」（或許是因為有些印刷版本帶有遊戲功能），但最初的這些手繪紙牌仍是以基督宗教主題和聖像為主。這些紙牌的序列，正好象徵了一位年輕人從死亡到重生的隱喻故事，也就是0號愚人牌到XXI號世界牌（詳見本書第30頁和114頁，也因此，大阿爾克那牌的順序也被稱為「愚人的旅程」）。紙牌上的圖案有天使、四美德、惡魔，以及一位男教皇和女教皇，還有其他角色，反而會讓我們聯想到童話故事而非撒旦邪說，比如：智慧女性、母親、父親、天真無邪的小孩、老人、戀人、國王、王后、騎士，以及一位魔術師。不過，塔羅知識的出現，可能要比威斯康提公爵的時代還要更早。西元1377年，德國修士約翰尼斯（Johannes von Rheinfield）就曾經這樣寫過：「有一套圖繪紙牌，可以用來作為生命與靈魂旅程的寓言。」因此人們相信，斯諾底教派（gnostic sects，或稱靈智派）很可能早已使用這些紙牌來教導不識字的人認識二元論或正反對立面的交互作用——而這也是我們從許多塔羅牌的含義中看到的特質。因此，這些紙牌很可能早已被用來呈現基督宗教信仰，或是拿來作為傳教的工具。

神祕知識：占星學與卡巴拉

祕術（occult）這個詞可能帶有些微幽暗意味，但事實上就是「隱密知識」（hiddenknowledge）之意。十八世紀間，塔羅牌開始以祕術之名流傳開來。法國共濟會成員傑柏林（Antoine Court de Gébelin）在其著作《原始的世界》（Monde Primitif, 1781）中即聲稱，塔羅牌實際上就是古埃及的智慧之書；他甚至以掌管智慧、療癒與祕術的埃及神祇托特（Thoth）之名，稱塔羅牌為「托特之書」（The Book of Thoth）。傑柏林對塔羅的這種信念，也在十九世紀末成為玄學祕術復興風潮的一部分。1789年拿破崙遠征埃及，許多古埃及墓葬文物因而流入西方，古代知識因此得到普及。之後，巴黎的一位理髮師尚巴提斯特・阿里耶特（Jean-Baptiste Alliette，其化名「伊特拉」Etteilla其實更為人所知。）繼承了傑柏林的工作，將塔羅牌與源自希伯來傳統的密傳系統「卡巴拉」（Kabbala）兩者間可能存在的關聯建立了起來。隨後，法國薔薇十字會（French Rosicrucian）的伊萊・列維（Eliphas Levi）延續此脈發展，將二十二張大阿爾克那牌與二十二個希伯來字母結合，對應卡巴拉的二十二條生命樹路徑。

列維的研究深深影響了A.E.偉特，也就是原版萊德偉特塔羅牌的創作者，他同時也是黃金黎明赫密斯派修會的要角。「黃金黎明赫密斯派修會」是由共濟會成員威廉・韋恩・魏斯考特（William Wynn Westcott）、威廉・羅伯・伍德曼（William Robert Woodman）以及山繆・黎德・馬瑟斯（Samuel Liddell Mathers）在1888年於英國創立的一個神祕學會社。這個修會將卡巴拉、占星術、古埃及智慧匯集起來，整合出一套塔羅理論，成為當今最普遍被接受的塔羅牌系統（請參考本書附錄，大、小阿爾克那牌的關聯知識列表）。

塔羅牌發展至今多年，儘管已結合各種不同祕術知識，但本質上，這些神奇的紙牌反映的仍是創作者本身的觀念信仰。塔羅牌強大的適應力與生存能力，已經導致塔羅牌的創作生產出現氾濫現象。從巫術到蒸汽龐克，天使塔羅到吸血鬼，仙子精靈到達文西，各式各樣風格的塔羅牌充斥市面。雖然這些都頗能符合現代人的品味，但究極而言，塔羅牌乃是透過它的圖像原型對我們說話，而這些原型，正是我們自身內在無邊本我的反照。

認識塔羅牌組：大阿爾克那與小阿爾克那

　　一副標準的塔羅牌包含七十八張牌，主要分為兩大組：二十二張大阿爾克那牌（the major arcana，簡稱「大牌」）以及五十六張小阿爾克那牌（the minor arcana，簡稱「小牌」）。「阿爾克那」arcana這個字的意思就是「奧祕、祕儀」。大阿爾克那呈現的是重要生命事件或人生轉折，小阿爾克那則反映日常生活瑣事。基本上，小阿爾克那牌可以被視為是大爾克那牌細節資訊的呈現。

大阿爾克那牌

　　從編號0（愚人牌）到XXI（世界牌），這二十二張大阿爾克那牌可以單獨用來作為解祕牌，或是與小牌共同呈現，作為解牌的主牌（keys）或將牌／王牌（trumps）。雖然至今仍無人確切知道大阿爾克那牌的起源，但有人懷疑，trump「將牌／王牌」這個字源自triumphs「勝利」，是由最初盛行於義大利和法國一種叫做Trionfi「勝利之牌」的紙牌遊戲衍生而來。Trionfi紙牌遊戲當中的「將牌」即類似於大阿爾克那牌，每一張牌的地位等級有高低之分。舉例來說，聰明的魔術師可以吃掉愚人牌，而魔術師牌又被女祭司牌的智慧吃掉。知名歷史學家葛楚德·莫克利（Gertrude Moakley）也認為，大阿爾克那的人物與圖像符號，是源自米蘭的一個嘉年華狂歡會，而這個嘉年華會則是發源於古羅馬的農神狂歡節（Roman festival of Saturnalia），在這一天，市民會盛裝打扮成塔羅的將牌角色，坐在四輪馬車上繞行整個城市。如前所述，人們一般認為全世界第一套塔羅牌是由十五世紀的米蘭公爵威斯康提所訂製的（也就是保存至今的威斯康提-斯弗扎塔羅牌），因此，嘉年華會這個說法就顯得有跡可循、合情合理了。

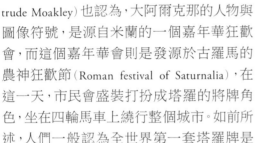

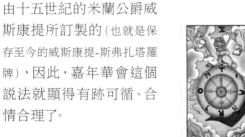

小阿爾克那牌

除去二十二張大牌，其餘的五十六張牌統稱為小阿爾克那，分為四個牌組：權杖、錢幣、聖杯、寶劍，每一個牌組包含十四張牌，從一號牌（Ace）到十號牌，再加上四張宮廷牌：侍者、騎士、王后、國王。

這四個牌組各有其主掌的元素，每一個元素對應特定的生命領域：

❊ **聖杯**：水元素；情感與人際關係
❊ **錢幣**：土元素；財富、金錢、成就
❊ **寶劍**：風元素；智識與抉擇
❊ **權杖**：火元素；本能直覺、旅行、溝通

心理學家卡爾‧榮格（Carl Jung）將人類心靈的運作方式分為四種，非常巧妙地應對了這四個牌組的含義：

❊ **寶劍／風**：我思考
❊ **權杖／火**：我渴望
❊ **錢幣／土**：我擁有
❊ **聖杯／水**：我感覺

另一種用來記憶四個牌組與四元素特質的方法如下：

❊ **寶劍／風**：我思考——頭腦
❊ **權杖／火**：我渴望——靈魂
❊ **錢幣／土**：我擁有——身體
❊ **聖杯／水**：我感覺——心

小阿爾克那的宮廷（人物）牌與四元素的對應如下：

❊ **騎士**：火
❊ **王后**：水
❊ **國王**：風
❊ **侍者**：土

於是，每張宮廷牌就成為兩種元素的組合。舉例來說，權杖騎士就是火中之火，權杖王后就是火中之水。

了解元素這個基本概念，我們就更容易掌握每一張宮廷牌的寓意。我們因此知道，結合了火與水的「權杖王后」，就是代表帶有溝通與能量（火）的情感與直覺（水）。

✸ 2 ✸
開始占牌
HOW TO BEGIN

你的紙牌、你的能量：調整紙牌頻率、淨化與保養

塔羅牌跟人一樣，也會吸收能量。塔羅占卜過程中，紙牌不僅會吸收到你的能量，也會吸收任何一位碰觸到這副牌的人身上的能量。因此，不要讓別人隨便來碰觸你個人的紙牌，這非常重要；紙牌會攜帶你的能量與意圖，對你來說是非常私人的物品。以下我會介紹幾個方法，你可以嘗試看看，用來調整一副新紙牌頻率、進行占牌前的淨化，以及紙牌未使用期間的保養方法。

為新紙牌調頻

將你自己與新紙牌連結起來的這個過程，就稱為「調頻／頻率校準」（attuning）。你與你的紙牌連結愈深，你的占牌結果就會愈精準，從占牌得到的領悟和啟發就會愈多。

在你開始啟用一副新塔羅牌來進行占牌之前，你可以先將它放在你睡覺的枕頭下方七天，來為這幅新牌調頻。你也可以每天經常看著這副牌，用手碰觸它們，讓你的能量烙印在這些紙牌上。有些占卜師也會利用視覺化觀想來幫新牌進行調頻。方法如下：

1. 將整副紙牌握在你的右手。因為我們通常會用右手來遞出物品，因此用右手握牌的意思就是，把你的能量傳遞給這些紙牌。
2. 閉上眼睛，深呼吸，觀想有一道光從上方傾瀉而下，通過你頭頂上方的頂輪，向下穿過第三眼脈輪（眉心輪）、喉輪、心輪（詳見本書第236頁），來到你的右手臂，然後穿過你的右手掌，進入紙牌裡面。
3. 觀想你的紙牌現在充滿純淨的光。假如你平常有與精靈或天使接通，你可以在這個時候請求祂們來到你身邊，在你占牌時給予你協助和保護。
4. 完成之後，就可以張開眼睛。

占牌前的淨化工作

將新牌取出，對著紙牌吹氣並敲擊牌面來清除舊能量，方法如下：

1. 單手握住整副牌，將紙牌攤開呈扇形。
2. 輕輕對著紙牌上緣吹氣。你可以用一口氣完成這個動作。
3. 接下來，將攤開的紙牌收合起來，整副握在手中，然後用另一隻手的指節敲擊整副牌正中央。這樣，這副紙牌的舊能量就清理完成，可以開始使用囉。

紙牌未使用期間的保養方法

你的紙牌攜帶著你的能量印記。跟人一樣，紙牌也會從人身上或空間吸取不相干的或負面的能量，這些外來能量都會影響你的占牌結果。因此，在你沒有使用這副紙牌期間，要好好保護它們免於受到來自外部環境（包括有形實體和無形能量上）的干擾。你可以用深色布巾，比如深紫色棉布或絲布，把它們包起來，或是收在塔羅袋或塔羅盒裡面。你也可以將它們與你最喜歡的水晶礦石收在一起——比如白水晶（號稱水晶之王，能使周遭能量保持純淨）或紫水晶（具有療癒、啟發內在洞見，以及保護功能）——讓它們的能量保持在潔淨和安全狀態。

營造你的占牌空間

首先，找一個能讓你感到舒適放鬆的安靜空間。要確定有足夠平坦、乾淨的平面可以擺放你的塔羅紙牌。大多數占卜師都會在平面上先鋪一張占卜巾，來保護紙牌本身以及紙牌的能量，避免紙牌直接跟那個平面接觸。占卜巾通常會選用絲質布料，你可以在占牌結束之後用它把紙牌包起來，當然，你也可以使用任何一種你喜歡的布料。

開始占牌之前，你可能會想要進行一點簡單儀式，以對遠古以來的塔羅占卜傳統表示敬意。我們的思想意念會創造出實相，增強我們所使用的紙牌與我們自己以及問卜者三方的關聯，如果你感受夠敏銳，你的指導靈很可能會在你占牌的過程中出來協助你。

以下是關於占卜前小儀式的幾點建議，讀完之後你也可以設計一個專屬於你自己的儀式：

1. 在占牌房間點上一支蠟燭，將它放在安全穩固的平面上。
2. 閉上眼睛，做幾次緩慢的深呼吸。
3. 觀想有一道光從上方傾灑而下，通過你的頂輪，進入你的紙牌，如同調頻那段所述，或是僅以意念默想，你會在占牌過程中盡情投入、竭盡所能做出最好的解牌。
4. 完成占牌之後，在心中默想，本次占牌已經結束，然後對你的紙牌和此次占牌得到的洞見與領悟表達感謝，最後把紙牌收起來。
5. 將蠟燭吹熄。

開始抽牌

1. 洗牌

先將紙牌淨化，然後開始洗牌，將整副牌徹底洗乾淨。整個人保持放鬆，讓你的感受和疑問浮現到意識表面，然後抽出一張牌來進行解讀。抽牌時把整副牌攤開呈扇形，或是以切牌的方式都可以。如果你只需要抽出幾張牌來進行單一問題的占卜，那麼扇形方式會比較適合，而切牌的方式則適用於需要大量紙牌來進行縝密布局的複雜牌陣，比如凱爾特十字牌陣（Celtic Cross）或生命樹牌陣。

扇形方式

為自己占牌時：將所有紙牌牌面朝下，攤開呈扇形。用你的左手（人稱「命運之手」），隨意從扇形的任何位置抽出紙牌，一張一張抽，然後將抽出的牌放在你的正前方，牌面同樣朝下，擺出你要的牌陣。

為別人占牌時：先請問卜者洗牌，然後從他（或她）手中將整副牌接過來，攤開呈扇形。請問卜者用左手從扇形的任何位置抽牌，然後交給你，由你來擺出牌陣，牌面同樣朝下。

切牌

為自己占牌時：用左手切牌兩次，將整副牌分成三落，牌面朝下擺在桌上。選擇其中一落牌作為最上落牌，疊在另外兩落牌之上。然後依據你所選用的牌陣（詳見本書第20～28頁），從已經切好的整副牌最上方依序取牌，牌面朝下，在你正前方擺出牌陣。

為別人占牌時：先請問卜者洗牌，然後請他（或她）用左手切牌，將整副牌分成三落，然後選出其中一落牌。幫問卜者把其餘兩落牌疊在一起，將他們所選的那落牌疊在這兩落牌之上。然後由你來擺出牌陣。

切牌 CUTTING THE DECK

依序疊牌 TOP OF DECK

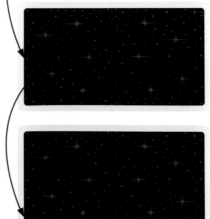

選出最上落牌 CHOSEN PILE-TOP

2. 掀牌

　　掀牌時，一律將紙牌由左向右翻開，不要由上往下翻，也不要由下往上翻，否則你可能會把紙牌方向變成上下顛倒。這個動作會讓牌面意義完全不同（詳見本書第19頁關於逆位牌的說明）。

解牌

　　如同你在這整本書所看到的，塔羅紙牌——尤其是大阿爾克那牌——包含許多符號以及可能的牌義。在你探詢眼前這些紙牌的含義時，請先想一下；想一想，這張紙牌上的圖案哪個部分最先吸引你的注意。這就是你的內在指引在引導你對這張牌做出最適切的解讀。這也表示，這些紙牌每次都能提供你不同意義的解讀。當你幫別人進行占牌時也類似這樣，你會發現，即使是同一張牌，對於不同對象，你也絕不會做出相同的解讀，因為你會依據當時的直覺，對紙牌做出個別化的解讀。

　　有時，當你開始解牌，卻無法了解這些紙牌要告訴你什麼。遇到這種情況，有幾種解決方法：

❈ 重新洗牌、重擺一次牌陣。如果第二次又出現相同或意義相近的牌，那就直接進行解牌。放鬆心情，與紙牌上的圖像調頻；不要擔心你的解讀與傳統解釋不同。將你腦袋中冒出的想法直接說出來，接下來就可以順利解牌。

❈ 牌陣中是否有出現權杖十這張牌？如果有，通常表示要占卜的那件事情才剛發生，現在不是你占牌的最佳時刻。先等個一、兩天，再重新試試看。

❈ 如果你在為別人占牌時感覺有些不順暢，這可能是反映了問卜者的心智頭腦狀態。這裡我舉一個例子來說明：在一次針對初學者舉辦的塔羅工作坊當中，某位學員跟我說：「我的腦袋一片空白。我剛剛幫羅莎擺出牌陣，但我不知道怎麼回事，完全解不出來——你能幫我嗎？」就在我開口回答之前，羅莎說：「那就是我當時的感覺呀！我的頭腦一團亂，完全無法思考。」如果你遇到這種情形，請接受這就是問卜者當下的真實感受，你可以請他（或她）先放下對這次占牌的期待，再重新開始占牌。

六種簡易塔羅占卜法

這些年來，我個人都是使用這六種技巧來學習塔羅——真希望我一開始就知道這些技巧。塔羅占卜是一條漫長的旅程，你我都是邊走邊學。試著從以下其中一、兩種技巧著手，看看哪一種最能夠激發你的直覺。

1. 捕獲直覺：從圖片看起

你會受到引導，對紙牌上的某些特定符號特別關注。每一張紙牌都充滿了象徵符號，但你會發現其中一、兩個特別吸引你注意，好像從整幅圖案當中跳出來。我把這些象徵物件稱為「直覺的鉤子」（intuition hooks）。請仔細觀察這些物件，繼續深入去連結，看看它們帶給你什麼感受。不用擔心這本書怎麼寫那些符號的含義，在你思索這些符號所代表的意義之前，把你腦中出現的感受直接說出來就好，然後想像你正在訴說一個故事。

為了順利解牌，你可以先查詢每張牌的「牌義關鍵詞」（本書第29和118頁），然後繼續回來觀看紙牌上的圖案，直到你的直覺冒出來，這才是解牌的核心關鍵，因為文字閱讀是左腦的工作，它負責邏輯思維，經常會以頭腦判斷來質疑你的解牌是否「正確」。

事實上，解牌沒有對或錯，只有如何解釋牌義的問題。當你無法順利作出占牌解讀時，你可以閱讀詳細的牌義解說，但是一開始，請先觀看圖案就好；這個技巧能夠幫助你培養解讀任何一種塔羅牌的能力，不僅限於萊德偉特塔羅。

2. 從大阿爾克那牌入手

先從大阿爾克那牌開始，當你更有自信，才進入完整七十八張牌的占卜。大阿爾克那呈現的是主要能量狀態，小阿爾克那呈現的則是次要影響力。由於小阿爾克那牌會稀釋掉大阿爾克那牌的資訊，如果一開始只使用大阿爾克那來進行占卜，你就不至於遺落重要資訊。大牌一定會為你或你的問卜者帶來最核心精要的訊息。

3. 先忽略逆位牌

初學者請先學習正位牌占卜；如果你抽到逆位牌，請將它們轉過來，一律用正位來進行解牌。有些塔羅占卜師非常篤信逆位牌占卜，有些則不信——無論他們的經驗和知識如何豐富。其實這只是個人偏好的問題，找到自己適合的方式才是最重要的。

4. 按元素來解讀四個牌組

你可以試試這個小阿爾克那牌的上手捷徑：只用元素這個概念來解讀小牌的四個牌組。例如：錢幣牌組，土元素，重點在於安全感（家庭和財務、結構和規劃）；權杖牌組，火元素，揭露的是關於言語對話、創造力，以及行動層面的問題。聖杯牌組，水元素，提醒要關注我們的情感和人際關係問題；寶劍牌組，風元素，提醒我們需要注意心理上的清明，尋找解決方法以及做出決定。

5. 按數字來解讀四個牌組

靈數學（數字學）是一種古老的神祕數字解析藝術。對應到塔羅牌的四個牌組，每個數字都有其代表意義：

* **一號牌**（王牌）：開端；新能量
* **二號牌**：夥伴關係、平衡、分化
* **三號牌**：認可
* **四號牌**：穩定與界限
* **五號牌**：不穩定與挑戰

* **六號牌**：和諧與改善
* **七號牌**：潛力與抱負
* **八號牌**：獎賞與進展
* **九號牌**：認真投入
* **十號牌**：巔峰；終點，同時也是起點；完成

數字的含義會因該牌組的元素而修正、改變——所以在含有銳利特質的寶劍牌組當中，寶劍三代表了悲傷或背叛（三把劍彼此相互對抗），而在具有慈愛特質的聖杯牌組中，聖杯三則是代表歡慶（三個人開心地聚在一起）。你可以試著將牌組的元素與每一張牌的數字結合起來，做出自己獨特的牌義解讀。

6. 按色彩來解讀每一張牌

解牌時，你可能會被紙牌上的一種或多種顏色吸引。不同顏色也代表了不同意義：

塔羅彩虹解析

* **紅色**：能量、熱情，以及物質世界
* **黃色**：覺知意識、光明，以及自我表露
* **藍色**：真相與明晰
* **綠色**：自然與成長
* **灰色**：中立；未知的結果

* **紫色**：直覺與靈性
* **黑色**：保護；壓迫
* **白色**：純粹與天真
* **橘色**：創造力與衝動

抽到逆位牌怎麼辦？

在這本書上，每一張牌的牌義解析都會包含正位牌義（upright meaning）與逆位牌義（reversed meaning）兩種解釋。正位牌就是，當你把牌掀開時，你看到的圖案是正向直立的。如果圖案上下顛倒，那就是逆位牌。

市面上專門介紹逆位牌義的塔羅書非常多。一般來說，逆位牌義通常會比正位牌義來得負面，但還是有少數例外。不過，很多職業塔羅師在解牌時都不會特別去管逆位牌，如果紙牌翻開來是逆位，他們會直接把牌轉成正位來進行解讀；他們是按照他們的直覺來解析一張牌究竟帶有正面的光還是負面的光。所以，請儘管依你個人喜好來解牌就好。

⁂3⁂

塔羅牌陣
CARD LAYOUTS

儘管各式塔羅牌陣種類繁多，但時間久了你就會發現，你使用的牌陣就是那兩、三種而已。塔羅占卜者經常會先學習這幾種牌陣來作為基礎牌陣，包括：「過去現在未來三張牌陣」、「凱爾特十字牌陣」，以及「本週運勢牌陣」。你可以每一種都試試，看哪一種你比較喜歡，除此之外，我在每一張大阿爾克那牌的牌義解析最後，也會介紹一種迷你牌陣供你參考，提供你一些靈感。

每日一牌占卜

每天幫自己占卜一張牌，是跟你的塔羅牌建立親密關係的好方法。先洗牌，然後切牌或將整副牌攤開呈扇形（請參閱第16頁），接著用左手抽出一張牌。你也可以提出一個問題，比如：「今天我該注意什麼？」

根據牌面圖案直接進行解牌，或是參閱本書第29頁開始的牌義解析。將這張牌放在你隨時可以看到的地方，或是帶在身邊。你也可以參考本書附錄第237頁，選擇一個和這張牌相應的水晶來配戴。

過去現在未來牌陣

這是一個簡易的迷你占卜牌陣。先洗牌，將牌扇形攤開或切牌，然後抽出三張牌，依序排列如下圖：

1 過去　　　　2 現在　　　　3 未來

如果想要得到更多資訊，你可以在每一個位置多抽一張牌，排列如下：

你也可以發明自己的三張牌占卜牌陣，來了解不同生命面向的狀態——例如，三張牌可分別
代表頭腦、身體、心靈；或是愛情、金錢、家庭。你也可以多擺出一張牌作為「指示牌」（接下來在第
25頁的「每週運勢牌陣」以及26頁「流年運勢牌陣」也會用到）。「指示牌」（Significator）就是對於你所要進行的
占卜預先做出總結的一張牌。例如：

如果你想要針對某一個主題來進行占卜，比如愛情，那麼你可以從整副牌當中先選出一張牌當作指示牌，而不是在洗牌之後隨機所抽出的第一張牌。比如，你想要占卜愛情，你可以把「戀人」（Lovers）這張牌先取出來，然後才開始洗牌，接著擺出三張牌牌陣，如下圖：

戀人

1. 過去影響　　　　2. 現在狀況　　　　3. 結果

❋ 如果想要詢問關於**法律**的問題，你可以選擇「正義」這張牌作為你的指示牌；

❋ 如果是詢問關於**教育**的問題，可以選擇「教皇」作為指示牌；

❋ 如果是詢問**靈性**開發的問題，可以選擇「女祭司」這張牌；

❋ 如果是詢問**家庭**或生育問題，則可以選擇「女皇」；以此類推。

問三次：是或不是？

如果你有一個疑問，想要快速得到答案，你可以試試這個三張牌占卜：

1. 洗牌，然後牌面朝下呈扇形攤開。
2. 大聲說出你的問題，或在心中默想，然後用你的左手抽出一張牌，放在最左邊。
3. 把這個問題再問一次，然後抽出第二張牌，放在中間（如下圖所示）。
4. 最後，把你的問題再問一次，然後抽出第三張牌，放在最右邊。

把三張牌都翻開，對照下方列表，來決定這三張牌分別為「肯定牌」、「否定牌」、或是「中性牌」。如果三張都是「肯定牌」，那表示你所問的問題答案是確定的；如果有兩張「肯定牌」（另一張為「否定牌」或「中性牌」），那代表事情可能會往正面發展，只是還需要一些時間才會有結果；如果三張牌都是「否定牌」，或者「否定牌」與「中性牌」的混合出現，那代表你的問題答案當然就是否定的。

假如這個牌陣出現逆位牌：逆位牌代表「否定牌」。如果你不使用逆位牌來占卜，那你可以將所有牌都轉成正位，然後再對照下表，看看你所問的問題是得到肯定答案或否定。

肯定牌

除了下方列出的「否定牌」、「中性牌」或「例外牌」之外的所有牌。

否定牌

※ 寶劍牌組：三、五、六、七、八、
　　　　　　九、十、騎士
※ 聖杯牌組：五、七、八
※ 死神
※ 惡魔
※ 高塔
※ 月亮

中性牌

※ 寶劍牌組：四
※ 聖杯牌組：四
※ 隱士
※ 吊人

例外牌

※ 寶劍二或權杖十：答案尚未可知。
※ 權杖五和權杖七：答案是肯定的，但你必須
　　　　　　　　　努力去爭取。

凱爾特十字牌陣

凱爾特十字牌陣是現今最受歡迎的塔羅牌陣之一，因為它能夠直接回答你提出的問題，或者如果你沒有確切問題要問，也可以對你目前的生活狀況有一個概括性的總覽。開始占牌之前先設定好你的意圖，一邊洗牌、一邊提出問題，或是單純做生活狀況概覽。

洗牌、抽牌之後，擺出如下牌陣。

許多塔羅占卜師會在擺好凱爾特十字牌陣之後，在10號位置牌的旁邊再多放幾張牌，用來提供更多關於未來的資訊。你也可以從這個牌陣當中取出任何一張牌，來進行「過去現在未來牌陣」的占卜（參閱第20頁），將凱爾特十字牌陣的2號位置牌拿來作為「現在牌」，另外再新抽兩張牌，第一張牌擺在「過去」位置，第二張牌擺在「未來」位置。

小提示：如果第十張牌是宮廷牌──侍者、騎士、王后或國王──其中任何一張，那麼這次占卜的結果最後決定因素則在你（或問卜者）身上。

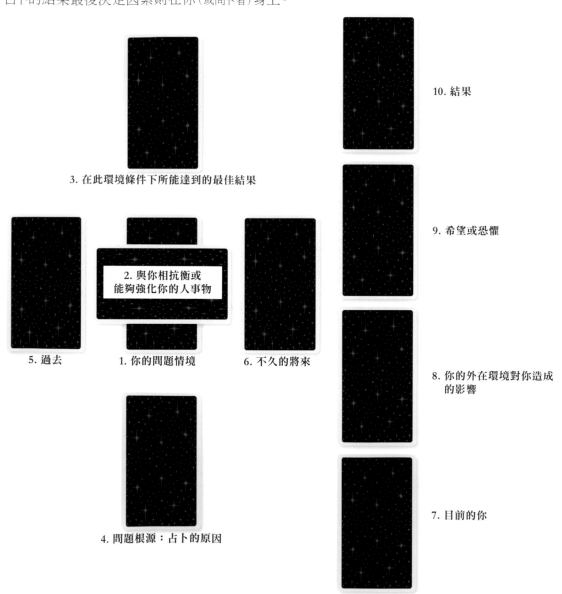

3. 在此環境條件下所能達到的最佳結果

2. 與你相抗衡或能夠強化你的人事物

5. 過去　　1. 你的問題情境　　6. 不久的將來

4. 問題根源：占卜的原因

10. 結果

9. 希望或恐懼

8. 你的外在環境對你造成的影響

7. 目前的你

找出精髓牌

　　當你使用一個牌陣、得出占卜結果之後，你可以用下面這個方法搜集到更深入的占卜資訊：把抽到的大牌數字相加總，簡化成單一數字。比如：你抽到三張大牌：II號女祭司牌、XXI號世界牌，以及XIV號節制牌，把這三個數字加起來——2＋21＋14＝37，然後3＋7＝10，就得到X號，命運之輪，這張牌代表正向轉變（參閱第70頁）。如此你便額外得到了一個不同維度的延伸資訊。

每週運勢牌陣

　　想了解「未來一週」的情況，可以使用這個牌陣。在每一天的位置放上一張牌，不一定要按照日期順序排列。

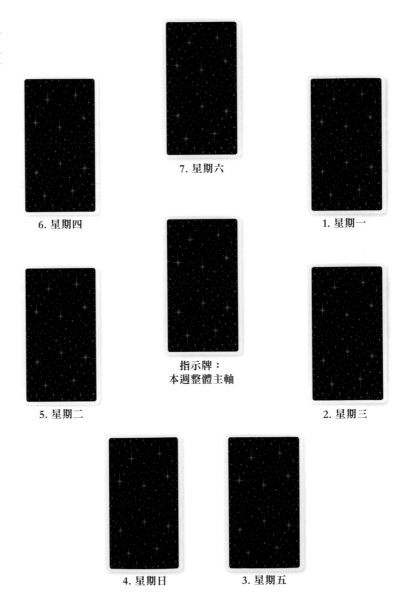

7. 星期六

6. 星期四

1. 星期一

指示牌：
本週整體主軸

5. 星期二

2. 星期三

4. 星期日

3. 星期五

每月運勢牌陣

此牌陣的擺法如下圖所示：每一週兩張牌、並排擺放，可以看到未來四個禮拜的影響趨勢。

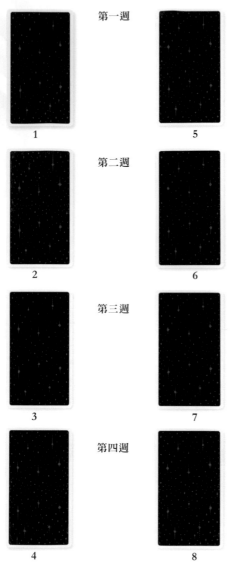

第一週 1 5

第二週 2 6

第三週 3 7

第四週 4 8

流年運勢牌陣

未來流年運勢牌陣的擺法如下：每一個月一張牌，從這個月為起點，順時鐘方向依序擺放，排出一個時鐘形狀。在這個牌陣當中，你同樣需要先抽選一張指示牌，牌面朝下，放在時鐘的正中間，然後才開始依序擺出時鐘牌陣。比如現在是八月，第一張牌就從八月開始擺起，然後是九月、十月，以此類推。

生命樹牌陣

這個牌陣反映的是十個薩弗洛斯（sephirots／spheres）能量發散體所構成的「生命樹」——也就是卡巴拉核心理念的模型圖像（詳見本書第234頁）。這些薩弗洛斯球體剛好呈現了神創造世間的整個過程：神聖意志從本源流出，創造出最頂端三個薩弗洛斯，然後能量繼續溢出，創造出底下更多的薩弗洛斯球體。薩弗洛斯就是神的創造意志的容器，而生命樹圖案上的路徑，代表神的意志從最頂端那個薩弗洛斯——「王冠」（Kether）一路向下流動，到達最底端的「王國」（Malkuth）。每一個薩弗洛斯球體或紙牌位置的含義，都對應一條清楚的路徑，可供塔羅占卜使用，不過它同時又涵蓋了傳統薩弗洛斯的意義在內，因此你也可以使用這個牌陣來了解你自身的靈性開發進程。

塔羅占卜解析

1 你目前的狀況
2 責任
3 限制以及過去
4 支持你的人事物
5 反對你的人事物
6 成就
7 魅力和情感關係
8 工作、健康，以及溝通
9 隱藏的事物
10 未來的環境狀況；結果

靈性開發進程解析

1 Kether：合一；靈性成長
2 Chockmah：智慧；陽性法則
3 Binah：理解；陰性法則
4 Chesed：愛；博愛、和平，以及律則
5 Geburah：力量與破壞；審判和負面事物
6 Tiphareth：美；孩童、重生、進步
7 Netzach：恆久耐力；人際關係與本能直覺
8 Hod：心智頭腦；溝通、創造力、智能
9 Yesod：潛意識心智；夢、奧祕、直覺
10 Malkuth：王國；外在環境

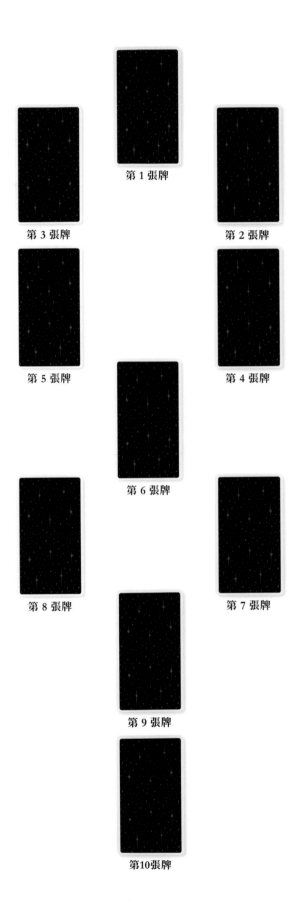

第 1 張牌

第 3 張牌

第 2 張牌

第 5 張牌

第 4 張牌

第 6 張牌

第 8 張牌

第 7 張牌

第 9 張牌

第10張牌

脈輪牌陣

這個牌陣是依據人體七大脈輪——也就是七個能量中心的位置,而設計出來的。這七個位置,剛好對應生命七個不同層面的問題。本書第236～237頁的脈輪圖增列了好幾個脈輪位置,包括:心之種子(heart seed)、高階心性(higher heart)、第四和第五眼脈輪(fourth and fifth-eye chakras)、頸動脈脈輪(alta major)、靈魂之星(soul star)、星際門戶(Stellar gateway)、大地之星(earth star),以及掌心輪(palm chakras)等,你可以依據這些資訊自行創造出更詳細繁複的牌陣。

7　人生目標;靈性修練

6　直覺與信賴

5　溝通

4　愛情與人際關係

3　能量、健康、智慧

2　創造力與計畫

1　家庭、財務、安全感

4

牌義解析：大阿爾克那

CARD INTERPRETATIONS: THE MAJOR ARCANA

牌義關鍵詞快覽

0 愚人	起始；冒險	XI 正義	決斷；平衡、法律事務
I 魔術師	行動、抱負、顯化	XII 吊人	等待；犧牲
II 女祭司	奧祕、直覺、學習	XIII 死神	過渡、變遷、新的起點
III 女皇	創造力、資源、母性	XIV 節制	協商
IV 皇帝	秩序、權威、界限	XV 惡魔	束縛
V 教皇	統合、合併、教育	XVI 高塔	崩壞與光明
VI 戀人	愛情；抉擇	XVII 星星	希望與指引
VII 戰車	前進；決心	XVIII 月亮	信心危機；深層情感
VIII 力量	管理；忍耐力	XIX 太陽	成長與復元
IX 隱士	分析；孤獨	XX 審判	過去；第二次機會
X 命運之輪	運氣；命運	XXI 世界	成功與圓滿

0 愚人 THE FOOL

- ✵ **別稱**：小丑、傻瓜
- ✵ **數字編號**：0（0號牌，也可以視情況當作XXII號牌或無編號牌使用）
- ✵ **靈數學關聯**：與其他大阿爾克那牌全部相關，也可全部無關。
- ✵ **星座或行星**：天王星
- ✵ **元素**：風
- ✵ **希伯來字母**：第一個字母Aleph
  象徵符號：牛
  代表意義：本能直覺
- ✵ **生命樹路徑**：第一條，在王冠（Kether）與智慧（Chockmah）之間
- ✵ **脈輪**：掌管靈性連結的頂輪，以及掌管生存的海底輪
- ✵ **關鍵牌義**：天真、冒險、起始開端

牌面解析

愚人是一個天真無邪的冒險家，即將展開一趟重要旅程。他抱持著滿腦子希望，十足的理想主義，而不切實際；他身上的裝扮當然也不會是為了旅行。他腳邊的小狗努力警告他危險即將發生，但愚人卻一派樂天，完全無視腳邊的懸崖，稍一不慎就可能失足。險境在即，但他還能以什麼其他方式在世間走跳前進呢？

每一個人的生命，都是從「0」這個微小卻蘊藏無窮潛力的卵蛋中誕生的。愚人就是這個宇宙的起源之卵，數字0的形狀就是他的象徵。當他展開大阿爾克那的奧祕之旅，他就是每一張牌的一部分，但同時他又站在這個序列旅程之外，不具任何形式上的價值。他是一個百分之百的新手，即將躍入塵世去探險、獲取人生經驗，並且拋開自己的身分地位，只做一個「零」、一個「無有」（no-being），空無的存在。他輕裝旅行，不攜帶任何承諾來當作行李。愚人是一個做夢的人，只接受需求和慾望的導引。

愚人通常被描繪成一位少年，必須經歷成長磨練，才能成為這個塔羅序列下一張牌上的成人：魔術師——這個人了解生命，而且清楚知道自己需要達成哪些人生目標。旅途上的愚人將會把小阿爾克那牌組的四個象徵物（聖杯、寶劍、錢幣，以及權杖）收集到他的袋子裡：這些都是他生存必要的物資——聖杯用來喝水，寶劍用來防身，錢幣用來購買食物，權杖則是他與自身高我的連結工具。在旅程的這個階段，他還無法發掘這些物品的力量和意義；要等到他完全了解自己的人生目的，才可能進入人生下一個階段，變身成一號牌的魔術師。雖然他的編號是零，但他也可以算是銜接在前一張XXI號世界牌之後的牌。有些塔羅專家甚至會把編號XXII／0號牌指派給他，以顯示愚人既是這個紙牌序列旅程的終點，同時也是起點。

愚人牌的占星對應

愚人牌的元素是風，這相當符合他的狀況，因為他即將從懸崖上踩空，進入乙太，展開隨風漂泊的旅程。愚人牌並沒有對應黃道十二宮的任何一個星座，只對應象徵獨立與自由靈魂的行星——天王星。

愚人牌與卡巴拉

愚人牌的代表字母是Aleph，也是希伯來字母的第一個字。這是一個無聲的氣音，它是氣息，是「氣」，宇宙的生命原力。生命始於一口氣，如同愚人是生命旅程上的初學、新手。Aleph也是「牛」的意思，象徵耐力，也代表本能直覺，它推動著愚人在生命旅程上不斷前進。

在生命樹路徑圖中，愚人牌被放在「王冠」（Kether）和「智慧」（Chockmah）之間的第一條路徑上，意謂著這是一條從創造邁向智慧的旅途。

正位牌義

正位愚人牌代表已經被推算過的風險。重新起頭、跟隨心的渴望，永遠不嫌太遲。旅途前方並非毫無危險，但現在正是你放膽一試的最佳時機。對於想要開創新事業、取得更高學位、學習新知識的人來說，假若所有的準備都已經到位，那麼這張牌就是張好牌；你可以抱著樂觀的心態，以嶄新的視野來面對未來挑戰。

愚人牌顯示出你有機會重新開始、再次感受青春的活力，或是可以樂觀期待一種新的生活方式；不管你是男性或女性，愚人都是你靈魂的化身，渴望去探索和發現。無論你現在開始著手什麼事情，都會很順利——倘若你在跨步之前有先看清楚情勢的話。不過，如果你已經做了決定，你就只能往前進，不能再回頭；帶著勇氣，全神貫注於你的旅途，不要遲疑。牌面上這位愚人的神情，在占卜解讀上代表輕鬆的心情，表示此刻他的前方是一條坦途。歡迎進入新世界，以輕鬆自在的心情去旅行吧！

針對特定的生活面向，愚人牌也提供一些資訊：

※ **家庭方面**：愚人牌的出現，表示家裡可能有一位年輕人第一次離家去遠方。或者，有讓你驚喜的訪客會跟你聯絡。或是，你家會有年輕的客人來訪。

※ **感情方面**：會有新的感情出現——這個時候你要隨順因緣、把握機會。

※ **事業與金錢方面**：目前的工作可能會有休假機會，或是自己開創新事業、開設新公司。排定好事情的優先順序，也是讓你工作順利的重要關鍵。

逆位牌義

你所提議的事情是否太過荒誕不可行？你眼前的機會是否風險太過巨大？逆位愚人牌呈現的是一個人不負責任的一面，只是打嘴炮，而無實際行動。在沒有考慮不利風險的情況下，愚人做出的是不明智的決定。逆位愚人沒有意識到實際條件狀況就拼命往前衝，結果變成了名符其實的傻瓜，因為太過急切和不理性，打壞了來到眼前的機會。在你投入一項新計畫之前，好好想一想，不要一股腦感情用事往前衝，先確認腳下的情勢再說。

愚人牌的象徵符號

在萊德偉特塔羅牌中，愚人這張牌包含了以下幾個象徵符號，其中有一些也重複出現在大阿爾克那牌的其他牌面上，一旦你了解這些象徵符號的意義，很快就能將這些知識應用在整副牌上。

※ **小狗**：代表直覺和自我保護、自我保留。這隻狗狗試著要去警告愚人，他快要掉到懸崖下了，但這個愚人卻對這個警告渾然不覺。這個符號也出現在XVIII號月亮牌。

※ **白玫瑰或蝴蝶**：白玫瑰代表純潔與天真無邪。有些愚人牌上會出現蝴蝶，這個符號代表夢想與精神面。白玫瑰這個符號也出現在XIII號死神牌。

※ **包袱**：愚人的包袱裡面東西很少——只有隨身必要物品以及四樣護身寶物，也就是小阿爾克那的四樣象徵器物。

※ **白色太陽**：這個符號象徵覺知意識，代表心智頭腦的運作。當太陽升起，愚人的世界霎時明亮了起來，一切事物充滿蓬勃生機。這個太陽是白色的，剛好對應愚人的頂輪，同時象徵他擁有純潔的靈魂。VI號戀人、XIV號節制、XIII號死神、XVIII號月亮，以及XIX號太陽，這幾張牌也都有出現金色太陽。

※ **紅色羽毛**：愚人帽子上的紅色羽毛，代表他的生命力。這個符號也出現在XIX號太陽牌以及XIII號死神牌。

愚人牌的歷史：從傻瓜到小丑

在古早的威斯康提-斯弗扎塔羅牌中，愚人牌上的那個小丑少年跟當今二十世紀的塔羅牌裡的愚人差異非常大。他的頭髮上插著好幾根羽毛，馬褲拉到膝蓋下，這個歷史悠久的古早愚人看起來就是一副蠢樣——他是個鄉下呆子，毫無尊嚴可言——不過，這位文藝復興時期的歐洲愚人，卻是基督教大齋節的重要象徵。他頭上的七根雞毛以及窮酸的行囊顯示出他是一名窮人。他不是宮廷裡的弄臣，而是貧窮的象徵，時而提醒我們，外在世俗之物並非一切，唯有心中所擁有的東西才更重要。

愚人這個角色的原型，來自羅馬的農神狂歡節（參見第11頁），人們在這一天會打扮成大阿爾克那牌的角色，坐在花車上遊街，愚人則是到處亂跑，去嬉弄這些角色。這也是為什麼愚人牌沒有編號的原因之一，因為他在這個遊行隊伍裡面沒有一個正式固定的位置。演變至今，愚人在標準的五十二張遊戲撲克牌裡面擔當了鬼牌（Joker）。

愚人牌的鏡像反射

　　愚人牌所代表的「新手」含義，也同樣含藏在小阿爾克那的四張一號牌中：聖杯一（新愛情）、錢幣一（新財富）、權杖一（新倡議）、寶劍一（新成就），請參閱本書第120、148、204、176頁。他也映現在權杖三，跟旅行有關；以及權杖八，跟移動、訊息、活動相關。

愚人牌占卜練習

　　先將愚人牌從你的塔羅牌中取出來，放在你正前方。然後開始洗牌，切牌或攤開呈扇形，牌面朝下。用左手抽出五張牌，然後擺出下列牌陣。你可以問這些問題：「若要朝我設定的目標前進，我需要做些什麼？」或是「我值得冒這個險嗎？」。

※ **第1張牌**：你與你目前的情況
※ **第2張牌**：潛在危險
※ **第3張牌**：可能的收穫
※ **第4張牌**：你能得到的
※ **第5張牌**：忠告與可能結果

第 2 張牌　　　第 3 張牌

愚人牌

第 5 張牌

智慧訊息

· · ·

往下跳之前，先看清楚情勢。

第 1 張牌　　　第 4 張牌

I 魔術師 THE MAGICIAN

- ✴ **別稱**：魔法師（The Magus）、雜耍者（The Juggler）、江湖郎中（The Mountebank）
- ✴ **數字編號**：I（1號牌）
- ✴ **靈數學關聯**：X（10號牌）命運之輪、XIX（19號牌）太陽
- ✴ **星座或行星**：水星
- ✴ **元素**：風；同時也是第五元素乙太、靈元素
- ✴ **希伯來字母**：第二個字母Beth（Beit）
  象徵符號：房屋
  代表意義：創造
- ✴ **生命樹路徑**：第二條，在王冠（Kether）與理解（Binah）之間
- ✴ **脈輪**：掌心輪（palm chakras），掌管實現與顯化
- ✴ **關鍵牌義**：行動、創造力、成功

牌面解析

　　牌面上我們看到一位做出動作的魔術師，一手高舉魔法權杖，身前桌面上擺放著他的四樣魔術道具，也就是四個牌組的象徵物品：五角星（或錢幣）、聖杯、寶劍、權杖，並分別代表土、水、風、火四個元素。他試圖運用這些基本材料，創造出第五個元素——乙太，也就是神話學中的「眾神之息」（breath of the gods）。曾經在大阿爾克那旅程上身為愚人的魔術師，現在準備要調和精神與物質的頻率，使其同頻共振，將願望顯化成真。作為地球與天堂的連通管道，魔術師代表了抉擇與創造。牌面上，魔術師的上方與下方皆是盛開的玫瑰與百合花，這告訴了我們，只要對自己熱愛的事物投注全部熱情，生命必能展露它的美好。

　　在大阿爾克那牌組中，魔術師牌是銜接在0號愚人牌之後，不過，魔術師也可以看作是這組大牌循環中的第一張牌，就像有些塔羅專家會把愚人牌放在世界牌之後，作為大牌牌組的第二十二張牌。魔術師是愚人的自然承接者，我們從代表宇宙起源之卵的0號愚人牌，進入到代表個體的I號魔術師牌：愚人的包袱當中已經裝有魔術師的四樣道具，準備要啟動它們的能量。經歷魔術師單一目標的旅程之後，我們會遇見II號牌女祭司，她要向我們引介生命的二元性——現在，以及未來。

魔術師的編號I，是所有數字的開端，作為第一個數字，它代表了生命最初始的能量、個體，以及與聖靈或上帝合一的狀態。與這張牌相關連的牌是X號牌命運之輪（從10化約為1），以及XIX號牌太陽，從19化約10，再化約為1，也就是魔術師牌的編號。這兩張牌都與超越地球層界的覺知意識有關。

魔術師牌的占星對應

魔術師牌的占星對應是水星，同時也對應其同源字Mercury——羅馬神話中的奇蹟之神墨丘利，以及希臘神話當中的溝通傳訊之神赫爾墨斯（Hermes），也與古埃及神話中的智慧之神托特（Thoth）有對應關連。在煉金術中，水星的形式樣態是水銀，與轉化、第五元素、乙太相關。這個元素的象徵符號是蛇，你可以從魔術師的蛇腰帶上看到這個符號（詳見「魔術師牌的象徵符號」一節）。

魔術師牌與卡巴拉

魔術師牌的希伯來字母是Beth，對應的象徵符號是房屋，意指創造。在生命樹路徑上，魔術師牌被放在第二條路徑，位置在「王冠」（Kether）和「理解」（Binah）這兩個薩弗洛斯球體之間。「王冠」代表合併統一，呼應於這張牌的編號I，「理解」則代表經驗，意謂著這是一條落實魔法與邁向合一之境的旅程。

正位牌義

現在正是行動時刻——請將你的想法和願望表達出來，與他人溝通。這是一張屬於發明家、旅行探險家、自營業者和企業家的牌，因為他向你招手，要擴大你的視野。你將會得到動力來推動你的計畫，或是採取嶄新而有創意的方法來完成目標——比如透過橫向思考、提問請教、信賴自己的內在指引、改掉拖延習慣等等。

由於魔法權杖的加持，你有能力改變你所選擇的一切事物，因此，魔術師這張牌在占卜解讀上是非常正向的一張牌。他要你傾全力發揮你的長才和天賦，施展你的權柄力量，專注於你的計畫，並充分利用你個人的優勢。在靈性層面，魔術師這張牌顯示出你與你的高我或真實本我已經連結，你的行動都帶著純粹的動機。

這張牌也顯示出你的生命正在經歷一些重大事件。以下是幾個可能出現的情形：
❋ **家庭方面**：順利賣出房子，或是你決定動手幫房子進行整修裝潢。這段時間家庭社交活動機會頻繁，會有很多訪客和娛樂活動。
❋ **感情方面**：假如你現在單身而且渴望愛情，你的願望就快實現了。假如你正在談戀愛，那麼魔術師這張牌顯示出，這份感情將會開花結果。你與伴侶之間的溝通非常良好，能夠深深理解彼此的需要。同時，這張牌也是在告訴你，只要同心合力，就有共組家庭的可能。
❋ **事業與金錢方面**：會有一個嶄新的開始，可能是找到新工作，或是目前的工作有了新方向。這張牌也顯示出，有一位務實而且熱心的人會出現，帶給你啟發。

逆位牌義

好的魔術師如果倒轉過來，就變成了騙子，所以，如果出現逆位魔術師，表示你可能已經受到某位很有魅力的人的操縱和誤導。看得到，卻得不到，一切都是表演，不是真實。在工作上，逆位魔術師牌代表創意受阻，你可能會陷入兩條道路或方法的抉擇苦惱中，進退不得。這時候，你該選擇其一，然後全力以赴。魔術師逆位可能也表示你的旅行計畫會延遲，整體上呈現人際溝通不良的情況。

魔術師牌的象徵符號

❋ **倒8字扭紋**（lemniscate）**或無限符號**：平衡、行動活躍、革新。這個符號也出現在8號（VIII）力量牌。

❋ **魔法權杖**：這是一把雙頭權杖，反映了煉金術傳統「如在其上，如在其下」（As above, so below）的宇宙觀，天堂與地球互為鏡像。權杖的象徵意義反映在魔術師的姿勢動作上（詳見下方說明）。這個符號也出現在7號（VII）戰車牌以及21號（XXI）世界牌。

❋ **四個牌組象徵器物**：這些象徵器物是魔術師施展魔法的資源道具。他藉由這四個牌組的元素提煉出第五元素——萬物的精神本質（quintessence）。

❋ **紅色斗篷**：能量與行動；務實；落實於有形物質世界。這個符號也出現在4號（IV）皇帝牌、5號（V）教皇牌以及11號（XI）正義牌。

❋ **頭帶**：代表實現願望的心智和意圖。

❋ **魔術師和他的姿勢動作**：魔術師左手向下指著地面，右手拿著權杖向上指著天空，代表他本身就是連通天與地的管道。

❋ **蛇腰帶**：魔術師腰上繫著一條蛇腰帶，象徵掌管魔術師牌的水星這個元素（參見「魔術師牌的占星對應」一節）。為了發揮腰帶的功能，這隻蛇必須用牠的嘴咬住自己的尾巴，這是煉金術的銜尾蛇（ouroborus）符號，就像倒8字扭紋一樣，代表永恆無限以及周而復始的革新——如同蛇隻不斷蛻皮更新。

❋ **玫瑰與百合**：玫瑰象徵愛情，百合花象徵真實意圖。魔術師的一切行動都是從純粹的動機而出發。玫瑰花也出現在3號（III）皇后牌的長袍、5號（V）教皇牌左下方信徒的袍子上，8號（VIII）力量牌中那位女士腰上也繫著玫瑰花環。

❋ **黃色背景**：覺知意識；清晰的洞見與支援。黃色背景也出現在3號（III）皇后牌、7號（VII）戰車牌、8號（VIII）力量牌，以及11號（XI）正義牌。

魔術師牌的歷史：從人到神

　　在塔羅牌發展歷史上，魔術師牌有各種不同職業裝扮。十五世紀的威斯康提-斯弗扎塔羅牌（Visconti-Sforza tarots）當中的魔術師，是一位有錢的商人坐在一張桌子前面。到了十九世紀，義大利米蘭的多迪塔羅牌（Dotti tarot）當中的魔術師則成了一名補鞋匠（Il Bagatto）。來到二十世紀，他已經轉型成魔法師，最後又變成一位神祇。

　　早期塔羅牌中的魔術師大多是以坐姿坐在桌子前面，到了十六和十七世紀，因為受某些馬賽風格塔羅牌的影響，大家開始接受站立姿勢的魔術師。不過，在我們使用的偉特塔羅牌當中，以站姿出現的魔術師一手指天、一手指地，擔當起了靈性啟發的角色。艾利斯特・克勞利（Aleister Crowley）在他的托特塔羅牌中，更進一步讓這位魔法師變身成長著翅膀的希臘傳訊之神赫爾墨斯，或是羅馬神話中的墨丘利，同時也代表掌管這張牌的行星——水星。傳訊之神赫爾墨斯也代表了智慧，人們相信，他就是建造金字塔的建築師，同時也是數學、占星學，以及其他工藝技術的發明者。現今塔羅牌中的魔術師確實蘊含著創造發明、創業進取、勇於展現的精神。

魔術師牌的鏡像反射

　　由於四個牌組的象徵器物——聖杯、錢幣、寶劍、權杖——全部都出現在魔術師的桌上,因此魔術師牌也被視為所有小阿爾克那牌的主宰牌。占卜時如果出現這張牌,表示你需要特別留意同時抽到的小阿爾克那牌——注意他們是屬於哪個牌組或哪個元素,從中你便能很快了解目前生活中哪一個面向是比較重要的。

魔術師牌占卜練習:魔法權杖牌陣

　　首先,將魔術師牌取出來,翻開放在你面前,如右圖所示。將其餘的牌進行洗牌,然後切牌,或是呈扇形攤開,牌面朝下。以左手抽出四張牌,依序擺放在魔術師牌上方。你可以提出類似這樣的問題:「我可以實現的願望是什麼?」或是「我需要做哪些事情才能將理想付諸實現?」

❋ **第 1 張牌**:你目前的情況
❋ **第 2 張牌**:熱情強度
❋ **第 3 張牌**:實際技能與資源
❋ **第 4 張牌**:結果

第 4 張牌

第 3 張牌

第 2 張牌

第 1 張牌

THE MAGICIAN.

魔術師牌

智慧訊息

將你的願望付諸實現。

THE HIGH PRIESTESS.

II 女祭司
THE HIGH PRIESTESS

✴ **別稱**：女教皇（The Papess）
✴ **數字編號**：II（2號牌）
✴ **靈數學關聯**：XI（11號牌）正義、XX（20號牌）審判
✴ **星座或行星**：月球
✴ **元素**：水
✴ **希伯來字母**：第三個字母Gimel
　象徵符號：駱駝
　代表意義：智慧
✴ **生命樹路徑**：第三條，在王冠（Kether）與美（Tiphareth）之間
✴ **脈輪**：第五眼，亦即天使脈輪或靈體脈輪（angelic or soma chakra），代表通靈能力的啟動
✴ **關鍵牌義**：奧祕、智慧、靈性世界

牌面解析

　　女祭司站在一間封閉的議室或神廟裡面，左右兩邊分別立著標有B和J兩個字母的大圓柱。她的身後是一張簾幕，上面裝飾著石榴與椰棗；她的頭上頂著跟埃及女神哈托（Hathor）一樣的帶角月亮圓盤，她的腳邊有一道彎彎的新月。她手中握著一幅經卷，大半被衣服遮住，只露出T、O、R、A這幾個英文字母，顯示就是猶太教聖典《托拉》（Torah）。

　　女祭司代表神聖女性法則；在古代，她代表女教皇、童女女祭司，她身上披著藍白相襯的長袍，就是這個身分的象徵。在現代，她可以代表靈媒、占星師或是靈性導師。她的靈性道路層級是在有形價值與塵世關係之上。她的天賦是智慧，以及超脫迷障之境的知識，是屬於諸神天界、指導靈與天使世界的智慧。

女祭司的編號是II（2號牌），剛好呼應所羅門神殿的兩根大柱子（詳見本章「女祭司的象徵符號」）。在大阿爾克那牌組中，她的對手牌是V（5號）教皇。跟女祭司一樣，教皇也是精神導師，但他的工作場所是對眾人公開的——而女祭司卻是隱身於她封閉的精神小花園，穿行於塵世大地與諸神天界之間，兩個世界僅隔著一道石榴簾幕。她過著二元並存的生活。女祭司牌接在代表合一與外在顯化的I號魔術師之後，還有III號女皇之前。她揭露的訊息是：我們需要超覺意識以及對於真我的覺知，如此才有辦法全心投入與他人建立良好豐盛的關係，體現大地女神「女皇」的生命境界。

她的靈數學關聯是：XI號牌正義（11號牌，1+1=2），以及XX號牌審判（2+0=2）。這兩張牌都顯示出對於明辨力、智慧，以及慎重決定的強烈需求。

女祭司牌的占星對應

女祭司的對應元素是水，是掌管感性情緒的元素，她的行星是月球。月球主掌直覺力、陰性週期循環，以及大自然的潮汐律動。她頭頂上的王冠剛好顯示出上弦月、下弦月，以及滿月的形狀（詳見本章「女祭司的象徵符號」）。

女祭司牌與卡巴拉

女祭司牌的卡巴拉字母是Gimel，也就是希伯來字母的第三個字，字面上的意思是駱駝，也代表智慧之意。在生命樹路徑上，她被放在第三條路徑，介於「王冠」（Kether）和「美」（Tiphareth）這兩個球體之間，代表與上帝的合一以及和諧／重生，是一條通往內在寂靜之境的旅程。

正位牌義

隱密的知識、直覺力、通靈經驗，以及預示夢境，都是女祭司的天賦。這是一段隱居孵化的時期，轉向內在，深化你與自身高我的連結關係，信賴你的內在直覺。在日常生活的部分，保密是關鍵。如果你正在醞釀一項祕密或計畫，最好不要隨便向他人透露。

在你的靈性成長道路上，女祭司牌代表學習以及一位心靈導師。如果占牌時出現代表心靈天賦的這張牌（以及X號牌命運之輪），那表示你應該聽從你的直覺，與你的指導靈連結。假如你第一次進行塔羅占牌就出現這張女祭司，那通常表示塔羅占卜會在你的靈性成長道路上占有一席之地。

以下是女祭司牌在這幾個面向上揭露的訊息：
❈ **家庭方面**：這段時間會很安靜。家庭成員之間的關係會比較平淡；很可能你剛剛經歷過家人的分離。
❈ **感情方面**：你可能會暫時處於單身狀態，或者，假如你現在身邊有伴侶，你或對方會選擇暫時與對方分開生活，或是不向對方透露心事。
❈ **事業與金錢方面**：成功在即，但是新的合約或工作會需要再醞釀一段時間才會出現，你只能耐心等待。

逆位牌義

女祭司逆位可能代表了這位心靈導師不適合你，或是你目前選擇的那條道路是錯誤的。你可能聽了不好的建議，或是有人正在試圖說服你不要相信你的直覺。也可能表示某些祕密應該要被公開出來；隱蔽了太久的知識，很可能會是有害的。

女祭司牌的歷史：女教皇

　　威斯康提-斯弗扎塔羅牌（詳見第10頁）當中的女祭司，和米蘭公爵的親戚瑪利亞·威斯康提（Maria Visconti）長得十分相像，而米蘭公爵就是訂製全世界第一副塔羅牌的人。瑪利亞是一位修女，也是古列爾米教派（Guglielmite sect）的成員，這個教派認為基督會在西元1300年重返地球，化身為一位女教皇。而這位瑪利亞修女，就是眾所周知的曼福得修女（Sister Manfreda），後來被選為第一位女教皇，因此女祭司這張牌也被稱為「女教皇牌」（The Papess）。不過，她的宏願尚未實現，就被當作異端邪說，在1300年推上了火刑臺。

　　除此之外，這張女教皇牌據說也與聖瓊安（St. Joan）的傳說有關，故事記載於十三世紀多明尼加修士史蒂芬·波本（Stephen of Bourbon）纂寫的編年史當中。傳說在九世紀時，一位叫作瓊安的英國婦女與一位本篤會修士私奔，她隱藏自己的女人身分，將自己打扮成男兒身，並改名為英格蘭的約翰（John of England）。她的情人過世之後，她遊歷至羅馬，成為受人敬重愛戴的教育家，最後被選為教皇。不過，她卻在一次騎馬遊街布道當中因為分娩的疼痛而昏倒，女兒身的真實身分也因此曝光。最後她是怎麼死的呢？眾說紛紜，有的說是在小孩出生之後難產而死，有的說是被眾人用石頭活活砸死，有的則說是被免職之後遭到處死。不過，她的小孩活了下來，最後據說成為羅馬奧斯蒂亞（Ostia）教區的主教。

　　在十七與十八世紀馬賽風格的塔羅牌中，女祭司頭上戴著三層冠冕，除了這點之外，這位博學的婦女跟我們在萊德偉特塔羅當中看到的女祭司非常相似，都是身穿長袍、坐在椅子上，手捧經書。

女祭司牌的象徵符號

※ **兩根柱子**：柱子上的兩個縮寫字母B和J，就是舊約聖經歷代志裡面所羅門神殿前的那兩根柱子「波阿斯」（Boaz，力量之意）以及「雅斤」（Jachin，建立之意）的名字，柱子上方裝飾著石榴（詳見下方石榴符號說明）。波阿斯代表水元素和土元素，雅斤代表火元素和風元素。兩根柱子一黑一白，代表了二元共存的概念——陰與陽、黑暗與光明、塵世與天堂，這也是女祭司所棲居的二元異世界。這兩根柱子形成一個通往其他次元世界的門戶，引領人們去體驗更深層的本我。V號教皇牌和XI號正義牌也都有出現這個符號，象徵平衡。

※ **卷軸**：女祭司手上握著猶太教聖典《托拉》，這是一幅闡述卡巴拉哲學奧義的手寫經卷。它象徵了女祭司的靈性知識。X號命運之輪這張牌上也有這個符號。

※ **石榴**：在女祭司身後的簾幕上，石榴代表女性生殖能力，也與埃及女神哈托（詳見以下的月亮符號）有關連。石榴也是猶太教聖典的象徵——據說這種果子有613顆種子，剛好呼應《托拉》聖典中的613條戒律。

※ **簾幕**：象徵物質俗世之外的另一世界。

※ **椰棗**：代表男性能量，與代表女性能量的石榴互補。

※ **月亮**：象徵著隱藏在太陽或外在人格之下的潛意識與感性情緒面。牌面圖案上的上弦、下弦與滿月，剛好與埃及女神哈托／愛希斯所配戴的王冠相呼應，這位掌管生命與生育的女神，就是太陽神「拉」Ra的生身母親。月亮這個符號也同樣出現在XVIII號月亮牌。

※ **藍白相襯的長袍**：白色代表純潔，讓人聯想到傳統的童真修女。藍色代表真實，有「忠誠、忠實」之意。

女祭司牌的鏡像反射

我們可以在以下這些小阿爾克那牌上看到女祭司牌的不同面向：

❋ 寶劍王后，代表意志力，以及跟隨你的道路
❋ 錢幣八，代表研究、知識，以及收穫報償

女祭司牌占卜練習：諭示

首先，將女祭司牌取出來，翻開放在你前方桌面靠左。其餘的牌進行洗牌，然後切牌，或是呈扇形攤開，牌面朝下。以左手抽出三張牌，依序擺放在女祭司牌右邊，如圖所示。你可以提出類似這樣的問題：「現在我需要知道什麼訊息？」或是「這個人會為我帶來正面影響嗎？」。

❋ **第 1 張牌：**你所詢問的這個人或這件事情
❋ **第 2 張牌：**你需要知道的訊息
❋ **第 3 張牌：**結果

| 女祭司牌 | 第 1 張牌 | 第 2 張牌 | 第 3 張牌 |

智慧訊息

• • •

發掘你的靈性面。

III 女皇 THE EMPRESS

* **別稱**：聖母（The Mother）
* **數字編號**：III（3號牌）
* **靈數學關聯**：XII（12號牌）吊人、XXI（21號牌）世界
* **星座或行星**：金星
* **元素**：土
* **希伯來字母**：第四個字母Daleth
  象徵符號：門
  代表意義：造詣成就
* **生命樹路徑**：第四條，在理解（Binah）與智慧（Chockmah）之間
* **脈輪**：心輪，代表愛；以及臍輪，代表生育
* **關鍵牌義**：豐盛、慷慨、創造力

牌面解析

女皇牌是大地聖母的原型，是創造力與豐盛的象徵。她的盾牌上有一個金星符號，在占星學上對應金星，而其同源字Venus維納斯，就是羅馬神祇中掌管愛情的女神。在古羅馬時代，維納斯並不僅僅是主掌愛情，更是大地母親、大自然的化身。

她安坐於人間天堂，腳邊長滿茂盛的穀物，一條河流從後方蜿蜒而下，垂落成一道瀑布，注入豐沛盎然的水池。所有樹木都生長茂密。此時正值夏天，是收穫豐盛的季節。女皇微微側身，斜倚著座椅上的鋪墊與長枕，彷彿自己是從室內被移植到花園中的一株植物。在塵世當中生活的她，雙腳定根於土地，同時隨順生命因緣自然流動。她的姿態和寬鬆的長袍，顯示出她有孕在身，有些塔羅牌還很明顯地把她畫成一位身懷六甲的女皇。女祭司是陰性月亮和處女，於內在孵化著自身的性靈，與朦朧的靈魂層界相通，而女皇牌在這裡則完全展現出她作為一位俗世女性的魅力。她展現女性特質中屬於陽光、物質俗世、豐滿肥沃的一面，這些性格同時也顯露在這張牌的鮮黃、大紅、大橘、大綠色彩上。

女皇的編號III，是充滿動力與創意的數字，而且代表聖母、聖父、聖子三位一體。在早期的塔羅牌中，比如威斯康提-斯弗扎塔羅，女皇牌上有一隻黑色老鷹，跟IV號皇帝牌中出現的徽記一樣，因此很明顯，她是一位女皇帝，而不只是王后；小牌當中的四張王后牌是她的不同面向（詳見本章「女皇牌的鏡像反射」）。作為IV號皇帝的配偶牌，女皇也代表妻子與傳統男女關係。女皇牌的靈數學關聯牌是XII號吊人牌——代表懸而未決的時期，或者可能是懷孕期——以及XXI號世界牌，代表誕生或創造的喜悅。

女皇牌的占星對應

女皇牌對應的是象徵愛情的行星——金星，代表溫暖、感情、光明與豐盛富足。

女皇牌與卡巴拉

女皇牌的希伯來字母是Daleth，意思是門，成就之意。身為母親，她代表了一道通往新生命的大門。這剛好跟她的塔羅伴侶皇帝牌的希伯來字母Hei「窗戶」相互補，是靈魂之屋的兩個面向。

在卡巴拉生命樹路徑圖中，女皇牌被放在「理解」與「智慧」這兩個球體之間的第四條路徑上。「理解」（Binah）代表女性慧智，「智慧」（Chockmah）代表男性慧智。男性與女性這兩顆種子共同在女皇體內孕育新的生命。

正位牌義

女皇牌的禮物是豐盛及物質上的舒適、滿足與安全感，以及情感上的支持。對兒童和家庭而言，這是一張吉祥牌，表示家庭非常和諧；假如你希望建立家庭、懷孕生子，女皇牌預示你將會順利懷孕、勝任母職。你的創意計畫豐沛勃發，經濟上也有很好的收入。女皇擁有豐富的資源，因此如果你抽到這張牌，那表示你可以安心，因為你所有的需要都可以得到滿足。同時，這張牌也顯示出你身邊有一位母親形象人物一直在支持你、滋養你，對你影響深遠。在占牌當中，如果這張牌出現在「你／你目前的情況」這個位置上，那表示你對別人來說是一位好母親，對你自己亦然。

女皇牌在以下這些層面的可能意義如下：
❋ **家庭方面：**裝修或擴建房子，房屋修繕；考慮搬到更大的空間；照料一座花園。
❋ **感情方面：**很幸福——如果是單身，那表示這是展開新感情的好時機。家人之間關係和諧。
❋ **事業與金錢方面：**很有安全感；財源流動順暢——在工作上，你擁有很多資源可以去支助其他人，而且擁有很多好的創意可以來執行你的工作計畫。

逆位牌義

女皇逆位代表經濟上出了問題，或是家人之間有爭執。這很可能導致家庭中出現操控的情形，或是帶來破壞性的影響。女皇逆位也可能顯示出你的工作創意受到阻礙，以及有人一直對你過度需索。這些爭執和要求的結果對你產生極大壓力，甚至可能影響你的「生育能力」——這可以是字面上的意義，指懷孕生小孩，也可以是象徵上的意義，指找到時間和心靈上的平靜來催生創意。

女皇牌的象徵符號

❋ **星星冠冕**：半冠或者全冠，鑲著十二顆星星，這是畫作中聖母瑪利亞經常出現的象徵標記。新約聖經啟示錄12章1-2節提到：有一位婦人（後人認為是瑪利亞）「身披日頭，腳踏月亮，頭戴十二星的冠冕。」這十二顆星可能就是代表以色列的十二支派，有些塔羅學家則認為是象徵十二星象。十二這個數字象徵團結合一。

❋ **月冠花環**：女皇將月冠花環佩戴在皇冠下方，代表平和與成就。這個代表勝利的符號也出現在權杖六、聖杯二以及聖杯七。

❋ **石榴**：女皇衣服上的石榴圖案代表生育、死亡以及重生，同時也和希臘神話當中司管穀物和大地豐饒的地母神狄米特（Demeter）有關，相傳她的女兒普西芬妮（Persephone）就是在冥界吃了石榴籽，而決定了她一生的命運（詳見「女皇牌的歷史」）。這個符號也出現在II號女祭司牌。

❋ **珍珠項鍊**：七顆珍珠，象徵著智慧，同時也代表人體的七個主要脈輪——海底輪、臍輪、太陽神經叢、心輪、喉輪、第三眼脈輪、頂輪（詳見本書第236頁）。這七顆珍珠也對應七顆古典行星（指太陽、月亮、水星、金星、火星、木星、土星）。

❋ **繪有金星記號的盾牌**：金星記號——一個圓圈下方一個十字，象徵愛情女神維納斯，代表愛情、美以及創造力。它的具體化身就是太陽和地球。

❋ **權杖**：是權力地位的象徵。女皇統治其國土，享有十足的權力與威望。權杖頂端的圓球和女皇的手部位置，剛好呼應了金星記號的形狀（見上一段的金星記號）。

❋ **穀物**：滿地成熟的穀物，正等待收割，象徵收穫、生育，以及豐盛富足（詳見「女皇牌的歷史」）。

❋ **黃色背景**：代表覺知意識、清晰的眼光，以及支持。這個顏色也出現在I號魔術師牌、VII號戰車、VIII號力量，以及XI號正義牌。

女皇牌的歷史：女神的源起

在許多古代宗教神話的核心信仰當中，女皇就是大地之母，比如：羅馬神話中的維納斯和戴安娜、蘇美神話中的女天神伊南娜（Inanna）、凱爾特神話中的布麗姬女神（Brigid）、埃及女神哈托和愛希斯、聖母瑪利亞、北歐神話中的女神弗蕾亞和弗麗嘉（Freyja and Frigg）、希臘神話中的阿芙蘿黛蒂（Aphrodite）和蓋亞（Gaia），以及印度神話中的雪山神女帕爾瓦蒂（Parvati）。

牌面最前方是遍地成熟的穀物，顯示出女皇牌和希臘神話當中司管穀物和大地豐饒的地母神狄米特有關。狄米特的女兒普西芬妮被冥界之神黑帝斯（Hades）劫走，狄米特為了討回女兒，因而威脅欲令大地荒蕪、米穀不生，最後經太陽神阿波羅出面協調，普西芬妮終於得以返回母親身邊，條件是，返家之前普西芬妮不能吃喝任何東西，但最後，在黑帝斯的設計之下，普西芬妮吃下了六顆石榴籽（就是女皇衣服上的水果圖案）。從此，普西芬妮被下了詛咒，一年當中只有春天到夏天這六個月得以返家與母親團聚，從秋天到冬天這六個月則必須與黑帝斯一起待在冥界。這個神話故事也隱喻了四季的輪迴律動，即是大地之母「女皇」的化身。

女皇牌的鏡像反射

我們可以在以下這些小阿爾克那牌上看到女皇牌的不同面向：

❋ 聖杯王后，關於愛情與滋養──心的層面

❋ 錢幣王后，關於慷慨大度與安全感──肉體層面

❋ 寶劍王后，關於智慧──心智頭腦層面

❋ 權杖王后，關於創造力與溝通方面──靈魂層面

❋ 錢幣九，關於金錢、奢華、自我權柄方面

女皇牌占卜練習：開發創意與豐盛富足

首先，將女皇牌取出來，翻開放在你前方。其餘的牌進行洗牌，然後切牌，或是呈扇形攤開，牌面朝下。以左手抽出三張牌，依序擺放在女皇牌的左邊、上面以及右邊，如圖所示。你可以提出類似這樣的問題：「我可以如何開發或增進我的創意？」或是「我要如何讓我的生命更加豐盛富足？」。

❋ **第 1 張牌**：你／你目前的情況

❋ **第 2 張牌**：富足的來源──你該期待和關注的事情

❋ **第 3 張牌**：結果

第 2 張牌

第 1 張牌　　　女皇牌　　　第 3 張牌

智慧訊息

生命是豐盛的。

IV 皇帝 THE EMPEROR

★ **別稱**：祖父（The Grandfather）
★ **數字編號**：IV（4號牌）
★ **靈數學關聯**：XIII（13號牌）死神
★ **星座或行星**：牡羊座
★ **元素**：火
★ **希伯來字母**：第五個字母Hei（Heh）
   象徵符號：窗戶
   代表意義：進展
★ **生命樹路徑**：第五條，在美（Tiphareth）與智慧（Chockmah）之間
★ **脈輪**：海底輪，代表安全感
★ **關鍵牌義**：控制、安全感、秩序、野心

牌面解析

　　皇帝牌是父親的原型，男性權力與陽性氣慨的一個象徵。他的鬍鬚顯示出他是一位成熟而有智慧的男人，也是塔羅牌中另一位蓄鬍男人「隱士」的前導人物，再過幾年，皇帝就會轉變成這個角色。但現在，他依然容光煥發，隨時準備採取行動捍衛他的國土，我們可以從他皇帝聖袍之下的戰甲看出端倪。

　　他的編號是IV，象徵帶來穩定與秩序的四個羅盤方位。皇帝對自己的地位很有自信，抬頭挺胸安穩坐在他的石雕寶座上，椅背高聳、穩如泰山，寶座背後的風景，是一座看似荒蕪不毛的岩脊。但這座山脈峰峰相連幾乎等高，像是在保護著皇帝以及他的寶座，而寶座高於後方的岩石山脈，顯示這片奇異景象乃在他的掌控之中。一條小河從他身後奔流而過，蜿蜒流淌於山腳下，象徵在他的領導之下，這片土地有成長與耕耘的潛能。皇帝是一位先驅領頭羊，是真實不欺的牡羊，從寶座上的四隻公羊頭可以看出；他的意志驅使他不斷向前邁進。

由於皇帝清楚自己的國土疆界在哪裡，因此對於自己的影響力所及範圍是務實的。他是透過理性協調的正當方式來維護和防禦自己的疆界，而非使用暴力。

在大阿爾克那牌組中，皇帝接在他的配偶牌III號女皇之後，在V號教皇之前。在傳統社會裡，這個順序反映出他們的不同權力地位，母親在父親之下，最頂端的神職祭司最接近上帝。在靈數學上，皇帝牌的關聯牌是XIII（13號牌）死神，也許剛好連結皇帝的戰士面向，肉體的死亡始終都是封建王朝統治者生命當中非常重要的一部分。皇帝和死神也是大阿爾克那牌組中唯二兩位露出腳部盔甲的人物。

皇帝牌的占星對應

皇帝牌對應的星座是牡羊座，牡羊是黃道十二宮裡面的第一個星座（3月21日至4月20日），他擁有熱情與決心這兩項領導者必備的特質。掌管牡羊座的是戰神瑪爾斯之星——火星，從皇帝身上穿的戰甲就可看得出來。這個火熱的星球，也呼應牌面上皇帝寶座後方的橘色風景以及他身上的紅袍，紅袍同時也是他的主權象徵。

皇帝牌與卡巴拉

皇帝牌的希伯來字母是Hei，意思是「進展」。Hei的另一個意思是「窗戶」或「入口」，穿過這個入口，覺知意識之光泉湧而出。他了然明白自己是誰，以及他在這個世界的位置。皇帝牌被放在生命樹路徑的第五條，也就是代表美麗與重生的「美」（Tiphareth）與代表陽性法則的「智慧」（Chockmah）這兩個球體之間。

正位牌義

在占卜解牌中，皇帝牌可以代表一個擁有威權力量的人以及代表統治與野心的傳統陽性面。作為III號女皇牌的配偶牌，他代表了丈夫或是忠實和值得信賴的其他親密夥伴。他善於控制自己的情緒，安於自己的角色。他不會去討好別人，因為他需要保持一致性、遵守標準律則。儘管他或許擁有遠大的志向抱負，傳統對他來說依然是幸福的關鍵。

作為自我的一個整體影響力的象徵，他帶來的是平衡、安全感，以及傳統價值。他顯示出了我們對於生命的主掌權以及對於領域疆界的控制權，並且預言，一切問題都會在細心規劃與專心致志之下得到克服。他代表返回秩序狀態，因此，占卜中出現這張牌，表示你的環境將會得到正面改善。你可能會得到某位你信賴的人的保護；或是，你可以信賴自己，做出正確的決定。

現在，你該讓自己活在此時此地，運用你所擁有的實際資源——智慧、決心，以及其他技能——來實現你下一階段的生活。成為領導者。

以下是皇帝牌在不同面向上可能代表的意義：

❈ **家庭方面：**井然有序、運作順利。不過，設定好疆界、保護你所擁有的一切，仍然很重要。

❈ **感情方面：**可能會有新伴侶出現，或者如果已經有穩定的感情，將會開始把焦點放在實際事務，並且計畫你們的未來。

❈ **事業與金錢方面：**財務得到有效的管理，並且開始計畫如何平衡你的支出。工作上將會得到公平合理的對待，順利往你的目標前進；對於這個新的組織結構，你可能會相當喜歡，也可能覺得創意受到壓制。

逆位牌義

皇帝逆位牌，代表對於權力的渴望而且需求過度，也代表傳統男性力量的負面部分，比如主宰、操控以及殘忍無情。貪婪是皇帝逆位牌的另一個面向。正位皇帝對自己的疆界範圍非常清楚，逆位皇帝則不知道該把自己的界線畫在哪裡，而且很可能會過度使用暴力或唇舌說服，來獲取自己想要的東西。因此，這張牌也代表你與權威人物，或是其他因為受到自身小我的操控而顯現出跋扈專橫作為的人，彼此之間有相處困難的問題。

皇帝牌的象徵符號

※ **公羊頭**：牌面圖案中有四顆公羊頭，剛好呼應此牌編號IV——寶座前方那兩顆羊頭面朝前方，頂端兩個角落的兩顆羊頭則以側面呈現。他們都是皇帝的象徵符號，雄性牡羊。在埃及神話中，太陽神「拉」的其中一個化身就是庫奴牡（Khnum），祂被描繪成羊頭人身。庫奴牡是造物之神，也是「陶工之神」（the Divine Potter），用尼羅河裡的淤泥和黏土來捏塑小孩。

※ **金蘋果與安卡符**：埃及神話中象徵生命與繁殖的符號「安卡」（ankh），代表雄性力量。皇帝右手握著安卡符——這隻手代表付出；而代表接受的左手，則握著象徵愛情與性慾的金蘋果，跟羅馬女神維納斯一樣。象徵維納斯的符號（金星記號）也出現在皇帝的伴侶女皇牌當中。因此，安卡符和金蘋果便成了他們兩人感情關係的象徵，同時也是男性形象與女性形象的原型。

※ **戰甲**：戰甲是俗世力量、防禦與行動的象徵。戰鬥就是火星的特質，而火星就是皇帝的象徵星座牡羊座的主宰星。這個符號也出現在VII號牌戰車裡。

※ **紅色斗篷**：代表能量與行動；安然自處於物質俗世。這個符號也出現在I號魔術師、V號教皇，以及XI號正義。

※ **皇冠**：力量的象徵；皇帝的皇冠佩戴在他頭部的頂輪位置，而頂輪正代表了高我，顯示出他具有獨立自主與自我引導的能力。這個皇冠是封閉型的，顯示出皇帝的自我克制力與高度的自立自信。這個符號也出現在II號女祭司、III號女皇、V號教皇、VII號戰車、VIII號力量、XI號正義、XVI號高塔，還有權杖六、寶劍一、錢幣四，以及小阿爾克那牌組中的國王牌與王后牌。

皇帝牌的歷史：溫塞斯拉斯與查理曼

在塔羅牌歷史上，皇帝牌的其中一個象徵符號就是黑色老鷹，比如在威斯康提-斯弗扎塔羅當中，皇帝的帽子上也出現黑鷹符號，而黑鷹正是威斯康提家族與神聖羅馬帝國的徽章記號（威斯康提家族的黑鷹徽章就是神聖羅馬帝國御賜的）。牌面上的那位皇帝，很可能就是波希米亞國王溫塞斯拉斯（Wenceslas，西元1205～1253年），後來入贅神聖羅馬帝國皇帝腓特烈一世的家族；其他文獻資料則認為，這位皇帝可能是神聖羅馬帝國的第一位皇帝查理曼（Charlemagne，西元742～814年）。而在1701～1715年間的馬賽塔羅裡面，皇帝是採側坐的姿勢，跟我們現在在錢幣或撲克牌當中看到的國王側面或其他達官顯要人物側面圖一樣。

皇帝牌的鏡像反射

我們可以在以下這些小阿爾克那牌上看到皇帝牌的不同面向：

❀ 錢幣四，關於財務的穩定
❀ 聖杯國王，關於愛與直覺──心靈層面
❀ 錢幣國王，關於慷慨與安全感──肉體層面
❀ 寶劍國王，關於智力方面──心智頭腦層面
❀ 權杖國王，關於創意與溝通──靈魂層面

第 3 張牌

第 4 張牌

皇帝牌占卜練習：了解自己的界限

首先，將皇帝牌取出來，翻開放在你前方，如圖所示牌陣位置。其餘的牌進行洗牌，然後切牌，或是呈扇形攤開，牌面朝下。以左手抽出四張牌，依序擺放在皇帝牌的左下、右下、左上、右上，如圖所示。你可以這樣詢問：「我應該考慮搬家嗎？」或是「我如何才能更有安全感？」。

❀ 第 1 張牌：你／你目前的情況
❀ 第 2 張牌：過去的問題
❀ 第 3 張牌：你所期待或害怕的事情
❀ 第 4 張牌：結果

皇帝牌

第 1 張牌

第 2 張牌

智慧訊息

一切都在掌握之中，
你受到很好的保護。

THE HIEROPHANT.

V 教皇
THE HIEROPHANT

* **別稱**：祭司（The High Priest）、教宗（The Pope）
* **數字編號**：V（5號牌）
* **靈數學關聯**：XIV（14號牌）節制
* **星座或行星**：金牛座
* **元素**：土
* **希伯來字母**：第六個字母Vau（Vav、Wav）
  象徵符號：釘子或連接器
  代表意義：仁慈
* **生命樹路徑**：第六條，在仁慈（Chesed）與智慧（Chockmah）之間
* **脈輪**：業力輪（Causal），也就是第四眼脈輪，代表靈性連結
* **關鍵牌義**：教育、合一、靈性、導引

牌面解析

　　教皇牌上呈現的是一位正統宗教人物。頭上戴著教皇的皇冠，手中握著權杖，為兩位跪在他面前的求道者做出賜福的手勢。他是天主教信仰的領袖，象徵團結一體。他的頭銜之一是「大祭司」（Pontifex Maximus），意思就是「最偉大的橋梁建造者」；他是天堂與人間的橋梁。他向我們示現自身內在與外在世界結合的可能性，肉體與靈魂結合，自我內在的陽性面與陰性面結合。作為神職人員，他也負責主持婚禮，將兩個人的肉體與靈魂相結合。

　　教皇也是正統教育的象徵。他的別稱是祭司或教宗，在萊德偉特塔羅牌中，Hierophant教皇這個名稱，是來自古希臘的hierophantes（神聖導師），負責看守艾盧西斯祕儀（Eleusinian Mysteries）的祭司（詳見「教皇牌的歷史」）。透過他，我們得以經由學習，找到並跟隨一條更高超的生命道路。他可能是一位演說家或激勵人心的領袖，祭司、占星師、薩滿，或祕教上師。

在大阿爾克那牌組中，教皇介於IV號皇帝以及VI戀人之間。透過一名傳道祭司，我們開始要從皇帝的俗世領土進入到精神領域。教皇之後，我們遇見戀人，看見上帝的信使大天使拉斐爾，穿越這三張牌的旅程之後，我們從人間俗世的界域向上提升，瞥見神性。

教皇的編號是V，這是一個除不盡的數字，也是屬於人類這個族群的數字，表示教皇是人與神之間的溝通媒介，如同他右手的姿勢，象徵天堂與人間（詳見「教皇牌的象徵符號」）。在靈數學上，教皇牌的關聯牌是XIV號節制（14號牌，1+4＝5，也就是V）。節制牌上的天使以及這位教皇，兩者都是上帝傳遞訊息的管道。

教皇牌的占星對應

教皇牌對應的星座是金牛座，金牛是黃道十二宮的第二個星座（4月21日至5月21日），由感性的金星所主掌，元素是土，這也顯示在他的大紅袍上（詳見「教皇牌的象徵符號」）。這個擁有穩定個性的星座，代表了承諾與忠誠、重視根基與務實。

教皇牌與卡巴拉

教皇牌的希伯來字母是Vau，意思是釘子或連接器，這個字母的形狀很像一個大寫英文字母I，頂端多了向左偏的一筆畫。Vau這個字的深層含義就是「仁慈」。教皇牌被放在生命樹路徑的第六條，也就是在代表慈悲與神聖之愛的「仁慈」（Chesed）與代表慧智與陽性法則的「智慧」（Chockmah）這兩個球體之間。「智慧」（Chockmah）也被稱為「眾父之父」（Father of Fathers），顯示出教皇就是永恆的父神，他在精神上的相對面就是聖母女神——III號牌女皇。

正位牌義

教皇正位代表支持、自我實現以及成長擴展。無論在情緒面或靈性面，此刻都是好好發展人際情感關係的時機，也適合思考哲學的問題，讓自己成為在靈性上更加覺醒的人。教皇牌的出現，顯示你有機會整合頭腦與精神面，讓自己的覺知意識提升到更高的層次。也就是說，你可以透過不間斷的學習、聽從好的建議，來培養自己的天賦。

教皇除了提供明智的建議，他本身也代表了體制與傳統價值觀——這些觀念制度可能讓你安心，也可能是一種檢視，你有多大的意願去聽從或遵守這個價值。即使他的框框不適合你，教皇也提供了一個機會，讓你去質疑和定義你自己的價值觀。

作為一名精神導師，教皇為你指出的道路是：加入團體社群，比如透過讀書會或課程，讓自己學習新的技巧。教皇也代表優秀的判斷力與公平性：教皇希望你要校準好你的道德羅盤，好讓你在面對抉擇時，可以做出正確的判斷。

以下是教皇牌在不同面向上可能代表的意義：

※ **家庭方面**：擴大你的財產所有權；邀請人們來到你家中，分享你的興趣。
※ **情感關係方面**：對感情做出承諾；婚姻；為關係中的神聖性而慶祝。
※ **事業與金錢方面**：公司生意發達；制定方向、做出決定；激發領導力與成長。

逆位牌義

　　教皇逆位牌，代表領導能力不佳。這張逆位牌顯示出，在工作或是靈性成長道路上，你可能受到一個無能的人或是自我主義很重的人所誤導。這張逆位牌代表你遇到一位很差勁的上師——這位充滿批判心的老師，他的志趣是拓展自己的野心，而非真正關心你的利益福祉。在工作上，教皇逆位牌也表示這個機構需要重組，因為內部充滿了糟糕的議案、不信任的氛圍，以及不符合道德訴求的決策。你最好趕快離開，去尋找你自己的道路，不需要強留在這個老師身邊，或是硬要去執行一個不符合你需要的計畫。請做一個自由的靈魂。

教皇牌的象徵符號

❖ **教皇的皇冠**：三重冠是教皇威權力量的象徵。三層相疊代表了神聖的三位一體。

❖ **教皇的牧杖**：教皇手上的三層十字架，代表聖父、聖子、聖靈三位一體，人間地上、天堂、靈界三位一體，本我、高我、基督（本我的完全實現）三位一體。教皇的袍子上也有三個十字，紅色的袍子代表人間地上，而金色的牧杖則代表天堂。

❖ **交叉的鑰匙**：牌面下方兩把交叉的金鑰匙，代表耶穌交給使徒彼得的天國之鑰。耶穌對彼得說：「凡你在地上所捆綁的，在天上也要捆綁。」天國與地上乃是一體，這是一個提醒，教皇的鑰匙代表了合一。

❖ **賜福的手勢**：教皇兩根手指向下彎、兩根手指朝天伸直，代表所有可見與不可見之事物——也就是有形的物質人間與無形的天堂。這四根手指都屬於同一隻手，就像交叉的鑰匙，描繪出我們已知與未知的世界是如何融併結合。

❖ **紅袍**：代表能量與行動；存在於物質世界。這個符號也出現在I號魔術師、IV號皇帝，以及XI號正義。

❖ **玫瑰與百合**：紅色玫瑰象徵愛情，白色百合象徵純潔。這個符號也出現在I號魔術師牌當中；VIII號力量牌中的女士身上繫著玫瑰腰帶；III號女皇的長袍上也有玫瑰花圖案。

教皇牌的歷史：神祕儀式

　　在萊德偉特塔羅牌中，Hierophant（教皇）這個字是來自希臘文的「hierophantes」，是由ta hiera（神聖儀式）和phainen（到來）組合起來的，意思就是「引領他人進入聖境的人」。Hierophantes也是希臘祕密宗教艾盧西斯（Eleusis）的大祭司。這是古希臘時期位於雅典北部的艾盧西斯非常著名的一種入教儀式和慶典。這個儀式是以祕密方式進行，儀式典故源自地母神狄米特以及被黑帝斯擄走的女兒普西芬妮的故事（見本書第42頁）。大祭司Hierophant這個職位一直都是由歐墨爾波斯家族（Eumolpidae）成員所壟斷，因為據說其家族的祖先就是海神波塞冬（Poseidon）和雪神喀厄妮（Chione）所生的孩子。大祭司是負責看守艾盧西斯祕儀的人，以極具催眠魔力的優美聲音聞名——或許是這個緣故，很多占卜師在解讀教皇這張牌時，經常會強調「聆聽」的重要性。

　　在早期的塔羅牌中，教皇牌（Hierophant）原本的名稱是教宗（Pope），大約到了十七、十八世紀，由於宗教上的敏感因素，於是改了名稱。例如，1818年的柏桑松塔羅（Tarot de Besancon），就將教宗牌改名為邱比特（Jupiter），而1770年的比利時塔羅（Belgian tarot）則稱教宗牌為酒神巴克斯（Bacchus）。

教皇牌的鏡像反射

我們可以在以下這些小阿爾克那牌上看到教皇牌的不同面向：

❈ 權杖九，代表不計一切代價捍衛自己的信仰；保護已知的知識
❈ 聖杯六，熟悉某種知識、和諧、過往
❈ 聖杯二，關於愛情伴侶關係

教皇牌占卜練習：尋找心靈導師或靈魂伴侶

首先，將教皇牌取出來，翻開放在你前方。其餘的牌進行洗牌，然後切牌，或是呈扇形攤開，牌面朝下。以左手抽出三張牌，依序擺放在教皇牌的左方、右方以及下方，如圖所示。你可以這樣詢問：「這時候我可以遇到一位心靈導師嗎？」或是「我與這個人有靈魂上的連結嗎？」。你可以使用本書23頁介紹過的「是或不是？」大阿爾克那牌陣，來詢問第3張結果牌。

❈ **第1張牌**：你目前的情況
❈ **第2張牌**：你所需要的導師或你所詢問的這個人
❈ **第3張牌**：結果

第1張牌   第2張牌

教皇牌

第3張牌

智慧訊息

· · ·

傾全力展現你自身的天賦。

VI 戀人 THE LOVERS

* **別稱**：愛人（The Lover）、愛情（Love）
* **數字編號**：VI（6號牌）
* **靈數學關聯**：XV（15號牌）惡魔
* **星座或行星**：雙子座
* **元素**：風
* **希伯來字母**：第七個字母Zain
  象徵符號：劍
  代表意義：深情
* **生命樹路徑**：第七條，在美（Tiphareth）與理解（Binah）之間
* **脈輪**：心輪，代表愛與療癒
* **關鍵牌義**：愛情與關係，成熟、決定

牌面解析

　　一對戀人來到一座奇異花園，那裡各式奇異花朵盛開，還有蛇隻在說話。全身發光的大天使拉斐爾，身後的太陽綻放耀眼光芒，這位主掌愛和療癒的天使，正在為這對戀人主持婚禮。

　　戀人一起站在伊甸園中，但是夏娃的眼神卻是望向大天使拉斐爾，這位天使高舉他的右手，正在對他們發出警告，如果他們偷吃了善惡知識樹上的果子，他們就會被逐出伊甸園，結束他們在這座純真樂園生活的日子——這是一個隱喻，暗示著在我們被迫與現實妥協之前，一段感情是如何的完美無瑕。而這個男人亞當，他的眼神直直凝視著夏娃，彷彿就是塔羅旅程當中的那位愚人。他們可能會被稱為「戀人」，但實際上他們卻還沒成為「戀人」，有沒有看到他們之間的那些雲？這些雲朵預示了他們的「墮落」（the Fall），以及他們即將在俗世現實生活中面對到關係上的障礙。在伊甸園中，一切看似完美，但夏娃和亞當才剛開始要相互認識，一起學習「愛」的課題。自此，我們知道蛇會引誘夏娃吃知識果，而這對戀人的關係將從此改變。

在大阿爾克那牌序旅程中，戀人接在V號教皇之後，其中一個意義代表了婚姻，以及我們內在男性面與女性面的統合。戀人牌之後是VII號戰車——我們已經做出關於愛的決定，緊張狀態解除，驅使我們繼續前進。

戀人的數字編號是VI，這是一個代表和諧、愛與成長的數字，也和療癒有關，因此與大天使拉斐爾有所關連。這張牌在靈數學上的關聯牌是XV號惡魔，他代表愛情的陰暗面，比如控制慾和占有欲。

戀人牌的占星對應

戀人牌對應的星座是雙子座（5月22日至6月21日），也象徵每一個人身上同時擁有男性與女性雙重面向，光明與暗影共存。愛我們內在全部的自我面向，提升我們的意識去愛上帝／宇宙／大靈，因為他是我們內在神聖火光的創造者。夏娃也是亞當的雙生子，因為她是從他創造而來。

戀人牌與卡巴拉

戀人牌的希伯來字母是Zain，意思是劍，也可代表陰莖。由於在塔羅牌中寶劍牌組屬於風元素，並且象徵清明的思想與行動，因此這張牌也與「決定、抉擇」有關。塔羅學者強納森‧狄（Jonathan Dee）也這樣提過：「一件有趣的事情值得注意，亞當和夏娃是被一位帶著寶劍的天使逐出伊甸園的。」Zain這個字也有深情、熱情的意思，或是以高我的覺知意識來生活。

戀人牌被放在生命樹路徑的第七條，介於代表美麗、重生與揚升意識的「美」（Tiphareth），以及代表理解、女神、女性（陰性）法則的「理解」（Binah）這兩個球體之間。

正位牌義

戀人牌代表情感關係與決定。這張牌預示了你將會遇到一位新的伴侶或事業良機，而你現在的選擇對於你的未來將極具關鍵。戀人正位牌，代表現在進入你生命中的這個人將會為你帶來正面影響，而且為你獻上真愛——如果你能聽從內心真正的指引，而非聽從頭腦想法的話。假如你願意冒個險，不堅持原來的保守選擇，你很快就會發現屬於自己的伊甸樂園，那裡充滿了各種豐富的可能性。假如你已經有感情對象，很可能現在你必須做出決定，是否你們要再往前一步、進入到更深的關係。戀人這張牌代表的課題是，能夠根據你的長遠未來而非短期近利來做決定的能力。因此，你必須做出成熟的決定，來支持你內在真正的需求——包括得到尊重、親密關係、真愛，以及信賴——然後找到一位真正在情感上適合你的人。

無論你現在的情況是哪一種，這張牌帶來的訊息就是：聽從自己內心的真實渴望。

戀人牌的另外一層含義是，一位年輕人離開家，並做出獨立自主的決定。

※ **家庭方面**：假如你現在住的不是你夢想中的房子，那麼現在就是你去尋找能夠符合你的夢想與渴望的時候了，包括房子本身以及地點。

※ **情感關係方面**：做出符合真愛的決定——檢視你過去的情感對象，然後看看眼前的這份愛情，或是未來可能的感情對象，是否能提供你不同於以往的東西，並且讓你能夠真正實現內心的渴望。如果你目前單身，你要先愛你自己，然後，當時機成熟，適合的感情就會出現。

※ **事業與金錢方面**：事業上的決定——做出抉擇或許並不困難，但是你必須確定這是以長期利益為考量所做出的決定。要能超越眼前短期的金錢利益，看得長遠且要有志向和抱負。

逆位牌義

戀人逆位牌，代表關係失去平衡，以及你人格中的暗影面進入到這份關係之中。這段感情遭遇危機，你可能會對當初吸引你們在一起的那些價值觀產生質疑。也可能這段關係當中存在著不平等、背叛，以及不忠。戀人逆位也是XV號惡魔牌的其中一個面向，代表色慾、物質主義，以及負面模式那一面。

戀人牌的象徵符號

※ **大天使拉斐爾**：掌管愛與療癒的大天使，象徵靈性的智慧以及真愛的療癒力量。聽從你的心，將愛當作一種人生目標，可以療癒我們自己也療癒他人。這個符號也出現在XIV號節制牌（大天使麥可），以及XX號審判牌（大天使加百列）。

※ **生命樹**：在牌面的右邊，那位男人的後面；代表男性法則。樹上有十二顆果子，代表黃道十二宮星座。

※ **善惡知識樹**：在牌面左邊，那位女人的後面；代表女性法則。這棵樹的果子代表性經驗。

※ **蛇**：危險和智慧——在基督宗教當中，它象徵人類的墮落；亞當和夏娃因為吃了善惡知識樹上的果子而被逐出伊甸園。

戀人牌的歷史：婚禮與愛情

文藝復興時期的義大利，威斯康提家族委託一位藝術家繪製了這套塔羅牌，來紀念碧安卡・瑪利亞・威斯康提（Bianca Maria Visconti）與法蘭切索・斯弗扎（Francesco Sforza）的聯姻，以及義大利北部這兩個最大勢力家族的結合。碧安卡與法蘭切索在1441年結婚，兩人的肖像後來被畫在戀人牌當中，牌面中他們兩人手牽手，站在飾有家族徽章盾牌圖樣的天篷華蓋下方，華蓋上方是漂浮於半空中的蒙眼邱比特。威斯康提-斯弗扎塔羅整副牌，幾乎可說就是一本家族相本，裡面的人物並非只有碧安卡和法蘭切索，但碧安卡在戰車牌中又出現了一次，而且人們相信，女祭司牌上畫的曼福得修女（Sister Manfreda），也是威斯康提家族的成員之一（見本書第40頁）。

在十五世紀出現的馬賽塔羅當中，我們看到戀人牌面中間站著三個人——兩位女士和一位男士，牌面上方的邱比特，眼睛並沒有蒙起來，他手上拿著弓箭，準備把愛神之箭射向右邊那位女士——這顯示出圖中的男士會從這兩位女士當中選出一位來當他的伴侶。傑柏林的《原始的世界》（1781年）這本書中的塔羅牌，邱比特則是喜歡牌面左邊的那位女士。而法國神祕學家伊特拉（Jean-Baptiste Alliette，西元1738～1791）所創作的塔羅牌，雖然完全顛覆傳統塔羅的架構，但其中還是有一張等同於戀人牌的紙牌，也就是編號13的「婚姻牌」。這張紙牌上有三個人，正中間是正在主持婚禮的教士。而愛德華偉特塔羅則承接了這種三人式的構圖，但是將教士或邱比特改成天使，畫出了戀人牌的傳承淵源——聖經中的亞當和亞娃。

戀人牌的鏡像反射

我們可以在以下這些小阿爾克那牌上看到戀人牌的不同面向：

❊ 聖杯一，代表愛情
❊ 聖杯二，代表一份新的感情

戀人牌占卜練習：愛的決定

首先，將戀人牌取出來，翻開放在你前方。其餘的牌進行洗牌，然後切牌，或是呈扇形攤開，牌面朝下。以左手抽出六張牌，依序圍繞著戀人牌擺放，如圖所示牌陣。你可以這樣詢問：「我該做出什麼決定？我如何做出選擇？」

❊ **第 1 張牌**：問題
❊ **第 2 張牌**：目前情況的背景條件
❊ **第 3 與第 4 張牌**：抉擇選項
❊ **第 5 張牌**：你能採取的最佳行動
❊ **第 6 張牌**：結果

第 6 張牌

第 3 張牌　　　　第 4 張牌

第 2 張牌　　　戀人牌　　　第 5 張牌

第 1 張牌

VII 戰車 THE CHARIOT

* **別稱**：勝利（Victory）
* **數字編號**：VII（7號牌）
* **靈數學關聯**：XVI（16號牌）高塔
* **星座或行星**：巨蟹座
* **元素**：水
* **希伯來字母**：第八個字母Heth（Chet、Cheth）
  象徵符號：圍籬或圍牆
  代表意義：指引
* **生命樹路徑**：第八條，在力量（Geburah）與理解（Binah）之間
* **脈輪**：喉輪，代表真相
* **關鍵牌義**：決心、勝利、一趟旅程

牌面解析

　　戰車——或戰車御者——是一位旅人，堅定佇立於他的石雕坐騎中，兩側盤踞著一黑一白司芬克斯人面獅身像。他的身後是城堡與護城河，他即將動身出發；帶著堅毅的決心與自制力，駕著戰車持續前進，成功達成他的任務。在此當下，他關心的是現實和物質面，而非神祕事物，但他清楚知道天界在他頂上，從繪有星星圖案的頂篷華蓋，以及他腰帶上的星座符號可以看得出來。

　　戰車牌是先前的牌序旅程的高潮點，你可以看到，0號牌到VI號牌當中的某些符號都集中在這張牌上。即將啟程的戰車，與愚人牌中的那位年輕人相呼應。戰車御者肩膀上的鎧甲，跟II號女祭司牌中的新月符號一樣。他的星星皇冠跟III號女皇戴的皇冠一樣。石雕戰車和IV號皇帝的寶座一樣都是石頭雕成的，而坐騎兩側的柱子與V號教皇牌當中的柱子一樣。戰車牌上的風景，讓我們聯想到VI號戀人牌面上亞當的伊甸園老家。這位戰車御者很快就會找到他命定的人生道路。為了能夠堅心於此道，他需要將過去所有經驗融合在一起。

VII是除不盡的數字，代表融合為一，呼應於一週七天，也就是上帝創造世界萬物所用的時日，也象徵古典占星的太陽系七行星。七是三和四的加總，因此我們知道，戰車是III號女皇和IV號皇帝結合所生的孩子，他頭上戴著母親的皇冠，雙腳踩著父親的寶座。在靈數學上，戰車的關聯牌是XVI號高塔。戰車牌的暗影面是小我（ego，自我）──它會導致崩壞、失敗，這也是高塔牌的主要牌義。

戰車牌的占星對應

戰車牌對應的星座是巨蟹座（6月22日至7月23日），主星是月亮。螃蟹本身帶有硬殼，是一種能夠保護身體的行動載具，跟戰車一樣。戰車御者手上戴的防護手套，在靠近上臂的部位也有貝殼狀皺摺滾邊。

這張牌也顯示了占星學上的四個固定星座：水瓶、天蠍、獅子、金牛，以及其對應元素，人面獅身的司芬克斯就是他們的象徵。

戰車牌與卡巴拉

戰車牌的希伯來字母是Chet，意思是圍籬或圍牆，也意指車輛本身。戰車御者胸甲上的正方形圖案，也可能與希伯來文的第十三個字母Mem的正方形符號有關，在古早的卡巴拉聖典《創造之書》（Sefer Yetzirah）當中，這個符號代表國王跨越水域，並在宇宙世界中造出土地（King over Water and Formed Earth in the Universe）──意指戰車橫過河流，來到乾燥的土地，由此展開他的旅程。

在卡巴拉生命樹路徑圖上，戰車牌被放第八條路徑，介於代表權力和毀滅的「力量」（Geburah），以及代表了解與女性法則或創造的「理解」（Binah）這兩個球體之間。

正位牌義

戰車牌象徵著成功以及一次關鍵性的動身啟程。這是下定決心、專心致志的時刻，你即將展開全新方向的旅行。你已經做出決定，現在你可以開始透過這些事情來體驗真實的進展。你已經做好準備，要成為自己人生道路的主宰與導航，儘管你的世界快速擴展，你依然能夠保持鎮定優雅的態度從中得到學習。就像這位戰車御者，手握權杖驅動自己不斷往前邁進，你也需要以意志力來點燃你的渴望。

戰車可以代表一次行動或一次重要旅程，同時，在世俗物質層面，它顯示出你正在自駕旅行，或是擁有一輛新的交通工具。

以下是這張牌在其他面向上的可能意義：

❋ **家庭方面**：現在的焦點是放在離家去旅行，而不是擴建或整修你的房子。你可能有機會接待來自其他地區或國家的旅人。你與同屋簷下的人如果有任何爭執，很快就會化解。

❋ **感情方面**：你的感情穩定進展；假如在戰車前後出現的牌顯示出結束的徵兆，很可能你會回復單身，但是不要緊，這是你應走的道路。

❋ **事業與金錢方面**：事業會快速進展──你將面臨挑戰，而且躍躍欲試。在財務上，你已經踏上成功之路。

逆位牌義

戰車逆位牌代表傲慢與自我放縱。有可能是某個人或某件事已經出現失控情況。當小我取得掌控權，自私自利的需求就會被放在廣大利益之前，因此，戰車逆位牌也意謂著粗魯莽撞以及糟糕的領導力。當戰車逆向而行，而且在半路傾倒翻覆，表示旅行計畫和搬家行動受到阻攔或延遲。

戰車牌的象徵符號

❋ **戰車**：人格個性與自我展現的載具；也代表保護與前進。

❋ **一黑一白的司芬克斯**：司芬克斯象徵著諸多差異面貌的融合，因為他擁有人類的臉、老鷹的翅膀、獅子的身體，公牛的尾巴，剛好對應四個基本元素、小阿爾克那的四個牌組，以及黃道十二宮當中的四個固定星座（詳見「戰車牌的占星對應」）。這個符號也出現在X號牌命運之輪。

❋ **鎧甲與胸甲**：戰車御者的鎧甲象徵著他旅程上的護身符。在他的胸甲上有一個正方形的煉金術符號，代表土地的四個方位角。肩膀鎧甲上的兩個月亮臉，代表了烏陵與土明（urmin and thummin，希伯來語，原意分別為「光」和「完全」，引申為「啟示和真理」）這兩顆占卜石，是舊約聖經中記載，古希伯來人用來占卜和顯明上帝意旨的神聖媒介；每當有重大問題需要決斷，比如決定要不要對外征戰，人們就會拋擲這兩顆石頭來進行占卜。

❋ **戰袍**：戰車御者戰袍上的文字就是護身符。他的腰帶上還有一些不知名的符號，據說是黃道十二宮星座圖。

❋ **皇冠**：代表威權的象徵。這個皇冠上面鑲了一顆八角星，跟XVII號星星牌上的符號一樣，代表希望（詳見本書第98頁）。皇冠下方是一圈月桂花環，象徵勝利。這個符號也出現在III號女皇牌以及XVII號星星牌。

❋ **帶翼的太陽圓盤**：帶翼的太陽原本屬於埃及神祇荷魯斯所有，後來也出現在太陽神拉的頭上；這個符號也與希臘太陽神赫利奧斯（Helios）有關，他每天都騎乘他的金光戰車在天空中奔馳。在這張塔羅牌裡，這個符號代表太陽的威力以及清醒的頭腦意識。

❋ **約尼-林伽**：這個印度符號出現在戰車正前方的翼徽下面，象徵女性生殖器約尼（yoni）和男性生殖器林伽（lingam）的合體，也就是陰性面與陽性面的和諧結合。

❋ **星星篷幕**：這是象徵希望與方向的符號，也是與天堂國度的連結，戰車御者的腰帶上也有黃道十二宮的符號。這個符號也出現在XVII號星星牌。

❋ **魔法權杖**：代表威權力量、創造力，以及直覺。這個符號也出現在I號魔術師牌以及XXI號世界牌。

❋ **黃色背景**：代表覺知意識、清晰的洞見，以及支援。這個符號也出現在I號魔術師牌、III號女皇牌、VIII號力量牌，以及XI號正義牌。

戰車牌的歷史：勝利遊行隊伍

　　戰車的歷史可追溯到古羅馬時期的勝利遊行，戰爭的得勝者乘坐他們的「勝利」（triumph）戰車沿街遊行，接受英雄式歡呼，而「勝利」triumph這個字詞就是從一種叫做Trionfi「勝利之牌」的紙牌衍生而來，Trionfi紙牌遊戲當中的「將牌」trump即類似於大阿爾克那牌。這些乘坐戰車遊行的英雄，在羅馬民眾的心中就相當於他們的太陽神蘇爾（Sol），因此你可以在萊德偉特塔羅的戰車牌上看到金黃色太陽光。

　　文藝復興時期的義大利人延續了這種「勝利遊行」的傳統，讓寓言故事當中的人物乘坐在勝利馬車上，來代表每一張大阿爾克那牌。在十五世紀的威斯康提-斯弗扎塔羅牌當中，兩匹帶翼的駿馬拉著戰車，車上坐著碧安卡·瑪利亞·威斯康提王后，也就是戀人牌面上出現的那位女士（詳見本書56頁「戀人牌的歷史」）。

戰車牌的鏡像反射

我們可以在以下這些小阿爾克那牌上看到戰車牌的不同面向：

❈ 權杖三，關於擴展視野、外出旅行
❈ 權杖八，關於旅行和溝通

戰車牌占卜練習：往前邁進

首先，將戰車牌取出來，翻開放在你前方。其餘的牌進行洗牌，然後切牌，或是呈扇形攤開，牌面朝下。以左手抽出七張牌，依序圍繞著戰車牌擺放，如圖所示牌陣。你可以問這樣的問題：我「需要做什麼事來幫助我往前邁進？」或者「在這條新的道路上我能夠學到什麼？」

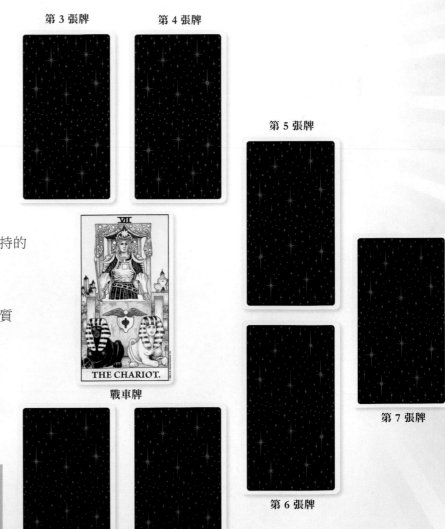

❈ **第 1 張牌**：目前情況
❈ **第 2 張牌**：過去的影響
❈ **第 3 張牌**：能夠帶給你支持的
　　　　　　事物——
　　　　　　外在環境條件
❈ **第 4 張牌**：你所需要的品質
❈ **第 5 張牌**：正向面——
　　　　　　已知的事物
❈ **第 6 張牌**：暗影面——
　　　　　　隱藏的事物
❈ **第 7 張牌**：結果

智慧訊息

負起責任，
努力追求你的夢想。

VIII 力量 STRENGTH

* **別稱**：堅毅（Fortitude）、原力（Force）
* **數字編號**：VIII（8號牌）
* **靈數學關聯**：XVII（17號牌）星星
* **星座或行星**：獅子座
* **元素**：火
* **希伯來字母**：第九個字母Teth
  象徵符號：蛇
  代表意義：勇氣
* **生命樹路徑**：第九條，在力量（Geburah）與
  仁慈（Chesed）之間
* **脈輪**：太陽神經叢，掌管自我主權
* **關鍵牌義**：耐心、張力、力量

牌面解析

　　這張牌顯示了力量牌的具象化含義：一位穿白衣的少女平心靜氣，低頭以輕柔的動作將獅子的嘴闔上。她頭頂上的倒8字無限符號，象徵她掌握了整個局面。獅子代表激情與本能，少女則代表文明禮教。儘管她身處險境，依然無所畏懼。她以心平氣和的態度與獅子溝通；她並沒有否認獅子的凶猛力量。因此，這張牌傳達的其中一個訊息是：要帶著勇氣去聆聽和接受我們內在陰暗面的聲音，我們自身的情緒動亂，不要擔心會被它吃掉。不過，這位力量牌的化身人物並不只是把獅子緊緊抓住而已，她甚至更進一步將這頭野獸的凶猛蠻力轉化為更高層次的目的。作為大阿爾克那的四張根本美德牌之一（詳見本書第75頁），力量牌代表了道德上的勝利。

　　作為兩種相反力量的調解者，力量牌與II號女祭司牌一樣，都跨足地界與天界；也與V號教皇牌同樣是天與地的媒介；也與在她前面的VII號戰車御者一樣，善於調解和駕馭自我內在的光明面與黑暗面。雖然外表上看起來相互排斥，這些對立的力量其實來自同一本源，如同太極陰陽符號，陰中有陽、陽中有陰。而下一張IX號隱士牌，就攜帶著力量牌的經驗體悟，以無比的勇氣膽量，獨自深入蠻荒曠野，去追尋自我在智慧上、情感上、靈性上的真實面貌。

力量牌的編號是VIII，代表穩定與更新，而且這個編號最早是由黃金黎明會（Golden Dawn）指定的。在更早的塔羅牌系統中，力量牌的編號是XI（或數字11），代表這張牌具有的二元性，因此與II號女祭司牌相關聯。在靈數學上，VIII號力量牌與XVII號星星牌相關聯（17號牌，1＋7＝8）。這張牌也代表了希望與更高層次的意圖。

力量牌的占星對應

力量牌對應的星座是獅子座（7月24日至8月23日），剛好與牌面上的那隻獅子相呼應。這張牌屬於火元素，與精力能量以及事業相關聯。

力量牌與卡巴拉

力量牌的希伯來字母是Teth，意思是勇氣，還有蛇，象徵從經驗體悟當中得到智慧。而獅子座的占星符號就是一隻蛇。在卡巴拉生命樹路徑圖上，力量牌被放第九條路徑，介於力量（Geburah）與仁慈（Chesed）這兩個球體之間，代表連結著宇宙大愛和秩序的那股力量。當我們擁有力量，我們就能維持在秩序狀態，雖然混亂依然存在。

正位牌義

正位力量牌的出現，顯示你正轉向你的高我尋求指引；牌中的人物也向你示範，面對壓力情境時她所展現的力量。現在，你需要勇氣、決心以及耐心，來掌控某件事（或你自己）。你需要帶著優雅的態度和敏銳度來行動，而不是魯莽使用暴力。在領導力方面，這是一張好牌，因為它的出現表示你已經準備好要承擔責任，而且立場堅定，過程或許有人會反抗，但只要你堅持下去，一定會有好的結果。在工作方面，力量牌的出現代表你已獲得最初的創意靈感，而且正在進一步使它成形。你會逐步令它趨於完美成熟，但不至於犧牲它的內在精神，或是耗盡你的精力。這個靈感概念將會具體化，成為一項資料文件檔案、一樣藝術作品或是某樣產品的最初模型。

在心理學的層次上，力量牌代表陽性能量和女性能量兩種特質的結合，並且在這兩者之間取得平衡。在健康方面，力量牌的出現代表恢復活力和生機，疾病得到痊癒，意志力將會戰勝惡習。

在其他面向上，力量牌代表的意義如下：
※ **家庭方面**：顯示出有一些強烈的意見需要支持和引導。你需要扮演中間調停人的角色。
※ **感情方面**：需要取得平衡——肉體的吸引力可能會掩蓋掉與忠誠有關的重要問題，讓關係出現危機。它也帶來一個充滿希望的訊息——假如這份感情能夠通過考驗，你們的問題將獲得改善。
※ **事業與金錢方面**：工作上出現的緊張壓力將會得到和緩的解決，不需要憑藉蠻力。

逆位牌義

力量逆位牌代表意志力薄弱，畏懼冒險、逃避衝突，無法做出明確的決定。它顯示出你可能忽視了自己的本能直覺，或是因為害怕衝突而阻止自己採取行動。這種逃避將會阻礙你的個人成長；在這樣的情況下，你只能透過經驗來學習。無論你固執反抗什麼，你都可以負起責任，接受挑戰。

力量逆位牌很明顯是代表虛弱無力，因此要注意，無論是懶散怠惰或過度擔心，都可能會比直接面對還要讓你耗神。

力量牌的象徵符號

❊ **倒8字無限符號**：代表平衡、行動，以及更新——這個無止盡循環的符號也代表了堅毅與耐心。數字8的形狀呼應VIII號力量牌的編號。這個符號也出現在I號魔術師牌。

❊ **獅子**：普遍來說，獅子就是代表力量、勇氣、威嚴以及領導力的象徵。在煉金術中，獅子代表基礎物質，能夠被提煉、轉換成黃金，如同開悟啟蒙的過程。這個符號也出現在X號命運之輪，以及XXI號世界牌。

❊ **玫瑰／野薔薇花環**：代表文明有禮、慶典，以及保護。這個符號也出現在I號魔術師牌、錢幣王后，以及權杖四。

❊ **白色長袍**：代表純潔。這個符號也出現在II號女祭司牌、XIII號死神牌。

❊ **黃色背景**：代表覺知意識、清晰的洞見和支持——相應於力量、勇氣，是一種帶有覺知意識的行動。這個符號也出現在I號魔術師牌、III號女皇牌、VII號戰車牌，以及XI號正義牌。

力量牌的歷史：弒獅者

　　女人（或男人）和一頭獅子，這個畫面經常出現在人類神話和傳說當中。其中有些故事相當療癒人心，比如《美女與野獸》這個童話故事。另一個例子是經典的羅馬寓言故事，逃亡的奴隸安德洛克里斯（Androcles）在山洞裡幫一隻受傷的獅子拔去腳上的刺。後來安德洛克里斯被主人抓回去，跟一隻獅子關在一起，人們打算用這種公開搏鬥的方式將安德洛克里斯處死，但是安德洛克里斯發現，競技場上的那隻獅子正是他的老朋友，獅子也認得他，因此沒把他咬死。奴隸安德洛克里斯後來被羅馬皇帝赦免，重獲自由，人與獅一起上街遊行，接受人們的歡呼慶祝，在他們身上灑滿鮮花——或許這就是萊德偉特塔羅的力量牌上出現玫瑰花環的由來。

　　還有一些神話，是講述人類抵禦野獸的故事。在希臘詩人諾奴斯（Nonnus）的著作當中，「弒獅女孩」昔蘭尼（Cyrene）為了保衛她父親的城堡，徒手與一頭野獸搏鬥，正巧被經過的太陽神阿波羅看到，因而對她傾心愛慕。文藝復興時期威斯康提-斯弗扎塔羅的力量牌，也描繪了希臘半神英雄海力克士（Hercules）高舉一根棍子，抵禦惡獅涅墨亞（Nemea）的情景，他後來還將這頭獅子的皮取下，帶回城裡獻給國王歐律斯透斯（Eurystheus），證明他已成功完成國王交付給他的第一項任務。

　　十五世紀的葛利格迦諾爾塔羅（The Griggoneur tarot）當中的力量牌非常特別：一位宮廷少女悠閒地坐在椅子上，雙手抱著一根斷掉的石柱。究竟她是要扶住截成兩段的柱子，不讓它們摔到地上，或者是她把這根柱子折斷的？牌面上並沒有清楚顯示。這個畫面跟參孫（Samson）摧毀非利士人的神廟或海力克士之柱的傳說可能有關，根據柏拉圖（Plato）的記載，消失的神祕大陸亞特蘭提斯，就位於海格力斯之柱之外的大西洋上。此地正是文明的邊界，因此葛利格迦諾爾塔羅力量牌當中的這位少女和她手中的石柱，很可能象徵著對於邊界的守護。可以說，她本身就是力量石柱的化身。

　　在1701～1715年的馬賽塔羅牌中，我們看到一位戴著大軟帽的女子用雙手將獅子的雙顎合攏，大軟帽的帽緣摺成倒8字無限符號，跟萊德偉特塔羅的力量牌一樣（詳見「力量牌的象徵符號」）。

力量牌的鏡像反射

我們可以在以下這些小阿爾克那牌上看到力量牌的不同面向：

❉ 權杖七，代表耐力
❉ 權杖九，代表努力不懈
❉ 寶劍一，代表決斷力
❉ 錢幣八，代表承諾

力量牌占卜練習：勇氣大考驗

首先，將力量牌取出來，翻開放在你前方。其餘的牌進行洗牌，然後切牌，或是呈扇形攤開，牌面朝下。以左手抽出五張牌，依序圍繞著力量牌擺放，如圖所示牌陣。你可以問這樣的問題：「我該堅持的是什麼？」或者「我可以放手的是什麼？」無論堅持或放下，都需要勇氣。

❉ **第 1 張牌**：問題
❉ **第 2 張牌**：你的情況
❉ **第 3 張牌**：該堅持的事情
❉ **第 4 張牌**：該放下的事情
❉ **第 5 張牌**：結果

第 5 張牌

第 4 張牌

第 3 張牌

第 1 張牌  第 2 張牌

力量牌

智慧訊息

帶著力量，
你可以發現你的更高人生目的。

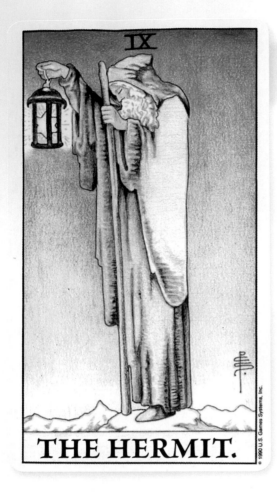

THE HERMIT.

IX 隱士 THE HERMIT

- ✳ **別稱**：老人、時間、可憐人
- ✳ **數字編號**：IX（9號牌）
- ✳ **靈數學關聯**：XVIII（18號牌）月亮
- ✳ **星座或行星**：處女座
- ✳ **元素**：土
- ✳ **希伯來字母**：第十個字母 Yod
- **象徵符號**：手
- **代表意義**：審慎思量
- ✳ **生命樹路徑**：第十條，在仁慈（Chesed）與美（Tiphareth）之間
- ✳ **脈輪**：心之種子脈論，代表靈魂記憶
- ✳ **關鍵牌義**：療癒與自我探索

牌面解析

　　隱士是一位蓄著長鬍的孤獨老人，隻身佇立在大雪紛飛的蠻荒曠野，陪伴他的僅有手中的長杖與提燈。提燈內，有一顆發光的星星，像是在指引他前方的去路。隱士需要讓自己暫時隱居起來，保持靜默和謹慎，如此他才能進行思考和計畫。也許會因而身處蠻荒曠野，但此一空間對他來說極為重要。因此，隱士牌的出現是在告訴我們，現在該是讓自己暫時獨處，打破慣例習俗的框框，找尋我們自己的靈魂道路。

　　在大阿爾克那牌組中，隱士牌接在VIII號力量牌後面、在X號命運之輪前面。當他學習了力量牌的功課之後，必須抽出時間來沉思先前獲得的經驗。隱士牌可以被視為已經臻至成熟的愚人，當初的年輕小夥子現在已經變成老人，他的出現意謂著X（10）號命運之輪即將出現，塔羅旅程的前半段即將來到尾聲。進入到下半段的大阿爾克那旅程之後，有形物質世界的種種逐漸褪去，精神靈性的追求開始向我們招手。

隱士牌的編號是IX，也可以視為三組充滿活力的三。隱士需要時間來統整他在心智頭腦、身體以及靈魂這三個層面所獲得的體驗。九也是大阿爾克那牌序個位數編號的最末一個，它意謂著，在我們能夠真正與自身天命（命運之輪）共鳴共振之前，一切活動都將暫停。在靈數學上，隱士牌與XVIII號月亮牌相關聯（18號牌，1+8=9）——代表這是一張與想像創造以及自我反思有關的牌。

隱士牌的占星對應

隱士牌對應的星座是處女座，暗示著隱士具有此等屬性特質——或許這個人是一位保有貞潔的僧侶。隱士牌的編號是IX，代表一年當中的第九個月份，也就是處女這個星座（8月23日至9月22日）。

隱士牌與卡巴拉

隱士牌的希伯來字母是Yod，意思是手，也有保守謹慎的含義在內。Yod是所有希伯來字母的基礎，如同隱士讓自己隱居起來，以此來確認自己的優先順序。

在卡巴拉生命樹路徑圖上，隱士牌被放在第十條路徑，介於仁慈（Chesed）與美（Tiphareth）這兩個球體之間，以慈愛和美來尋求救贖之道。

正位牌義

現在，你有機會放下日常例行工作，重新考慮不同的選擇，或是推進你的人生計畫。這張牌顯示出，你現在安於獨處，因為你需要空間來整理自己的思緒和感受。隱士這張牌表示你可能有實際旅行的機會，但一般而言更常代表你的心靈狀態，你很明智地選擇從某個情境中退出，讓自己重新審慎思考。這張牌也代表著打破傳統，尋找一條特立獨行的道路去面對挑戰。或許你很欣賞某位心靈導師，而當你做好準備，就如古諺說的——老師就會自然出現。屆時，你就能倚靠自己，因為你已經得到答案；你所需要的，只是一個心理上的空間，讓你可以與自己的內在智慧聯繫。假如你現在正面臨壓力、必須做出某個決定，那麼隱士牌告訴你，不要輕舉妄動，你需要給自己多一點時間。

隱士牌也代表療癒，因此如果占牌時出現這張牌，表示你擁有療癒自己以及療癒他人的能力。你可能需要去引導別人，告訴他們前進的道路。就算現在你還無法完全確定能給對方什麼樣的幫助，你的能力卻是無庸置疑。

在其他面向上，隱士牌代表的意義如下：

❋ **家庭方面：**仔細考慮你所有的選項，避免當下倉促做出重大決定。先確定事情的優先順序，專心做好計畫，不要匆匆立即行動。

❋ **感情方面：**花時間好好經營你現在的感情，或是療癒你與自己的關係。這張牌也代表暫時處於單身狀態。

❋ **事業與金錢方面：**採取不同的工作方法，稍微退回來、緩和一下。現在，你可能會專注於做研究，或是對專業培訓課程有興趣。某位老師也許可以為你引路。

逆位牌義

隱士牌逆位，代表你可能覺得孤單、沒有得到支持。不過，這比較不是指現實上的，而是心態上的孤獨，因此，你可以問問自己，是不是你正在逃避別人的幫助。這張牌也代表你因為接受了某種角色——比如受害者或是烈士——而很難放下某個習癖或固執心態。或者，它也代表你暫時

切斷了往常的社會支持系統，或是過去你所信賴的人與你絕交。如果你有這種情形，試著看看正「位牌義」當中的建議，讓自己退回內在、沉靜一段時間，聽從你自身的內在導引。

隱士牌的象徵符號

❈ **長杖：**代表自我支持。在某些塔羅牌中，長杖上面還纏繞著一條蛇，形成單條螺旋，也就是阿斯克勒庇俄斯之杖（Rod of Asclepius），在希臘文化中，這是象徵治療的標誌。

❈ **提燈：**象徵我們內在的神性之光，照耀我們的人生道路。

❈ **六角星：**是希望與指引的標誌。它的六個尖點剛好構成兩個三角形——代表天與地，或人與神，結合為一。這個符號也是隱士牌的先祖——農業與時間之神薩頓（Saturn，土星的同源字）的象徵符號（詳見「隱士牌的歷史」）。這個符號也出現在XVII號星星牌，以及III號女皇牌。

❈ **老人：**智慧的原型，老人的長鬚、頭巾，以及向下凝視的目光，都是象徵隱居與審慎思量。

隱士牌的歷史：時光老人

　　文藝復興時期的威斯康提-斯弗扎塔羅塔羅中，隱士牌的標題是「老人」（The Old Man）。在大約同時期出現的塔羅牌，隱士手中拿的都是傳統形狀的沙漏，也就是8字型的無限符號，這正好描繪出隱士牌另一個別稱——「時間」。到了十八世紀，隱士手中的沙漏變成了提燈——這很可能是後來的藝術家誤解了這張牌的含義所致。

　　在不同的塔羅牌系統中，隱士牌的圖面差異也極大。十五世紀和十六世紀的塔羅牌，隱士是一位拄著枴杖的老人。1664年的米特利塔羅奇（Tarocchi of Mitelli），隱士身上有一對天使翅膀，暗示著他正瀕臨死亡。十八世紀的旻榭塔羅（minchiate cards），隱士拄著枴杖，站在安有沙漏的墳墓旁邊，沙漏被時間之箭刺穿，隱士身邊有一隻公鹿——這是基督的象徵符號。到了十九世紀，我們看到隱士的長杖纏繞著一條蛇，變成了阿斯克勒庇俄斯之杖，這也是希臘醫療之神的符號。

　　也有文獻顯示，隱士牌和羅馬神話中的農神薩頓有關，而非與處女座的主掌神墨丘利（水星的同源字）有關。薩頓是希臘泰坦神柯羅諾斯（Chronos）的其中一個化身，他因為怕王位被自己的孩子取代，於是把孩子全都吃掉，以這種駭人的方式來阻止時間運行。在1470年的夢特格納塔羅奇（Tarocchi of Mantegna）中，第47張牌就名為「薩頓諾」（Saturno），圖面描繪著一位蓄著長鬍的人，手上拿著長杖，和我們現在普遍所看到的隱士牌一樣。

　　隱士牌也是塔羅四張根本美德牌之一「審慎」（Prudence）的代表牌。按理來說，「審慎」最有可能保留在現代塔羅中的「正義牌」（見本書第74頁）或是「吊人牌」（見本書第78頁）當中，然而，隱士牌卻是最早代表「審慎」美德的一張牌，它出現在「夢特格納塔羅奇」中，這套牌共有五十張，據說是1470年左右由佛羅倫斯人或威尼斯人所印製。這張審慎牌的圖案上有一個雙面人，他的左面是留著鬍子的男人，右面是手拿鏡子的年輕女人，身邊還有一隻龍（很可能後來演變成現代塔羅隱士牌當中的蛇）。審慎這個美德所代表的意義——謹慎思慮以及詳細計畫，也在隱士這張牌的希伯來字母Yod中被保留了下來。

隱士牌的鏡像反射

我們可以在以下這些小阿爾克那牌上看到隱士牌的不同面向：

❋ 權杖七，代表孤獨佇立，以及傳播你的信念
❋ 權杖九，代表需要保護
❋ 錢幣九，代表獨立與資源豐富
❋ 寶劍王后，代表獨立

隱士牌占卜練習：沙漏

首先，將隱士牌取出來，翻開放在你前方。其餘的牌進行洗牌，然後切牌，或是呈扇形攤開，牌面朝下。以左手抽出八張牌，依序圍繞著隱士牌擺放，如圖所示牌陣。你可以問這樣的問題：「我需要停止什麼事情或離開什麼人？」或者「在人生旅途上我能學到什麼？」

❋ **第 1 張牌**：過去事件
❋ **第 2 張牌**：過去的影響
❋ **第 3 張牌**：你的情緒感受
❋ **第 4 張牌**：你的野心企圖
❋ **第 5 張牌**：對你形成阻礙的事物
❋ **第 6 張牌**：能夠協助你往前進的事物
❋ **第 7 張牌**：期待與夢想
❋ **第 8 張牌**：結果

智慧訊息

安靜地生活一段時間。

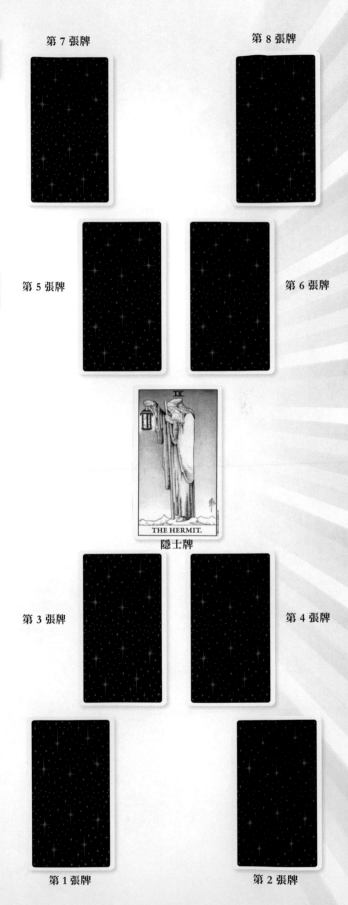

第 7 張牌　　　　第 8 張牌

第 5 張牌　　　　第 6 張牌

隱士牌

第 3 張牌　　　　第 4 張牌

第 1 張牌　　　　第 2 張牌

WHEEL *of* FORTUNE.

© 1990 U.S. Games Systems, Inc.

X 命運之輪
THE WHEEL OF FORTUNE

* **別稱**：命運（Fate）、運數（Destiny）、輪子（The Wheel）
* **數字編號**：X（10號牌）
* **靈數學關聯**：I（1號牌）魔術師、XIX（19號牌）太陽
* **星座或行星**：木星（Jupiter）
* **元素**：火
* **希伯來字母**：第十一個字母 Kaph
  象徵符號：雙手手掌或杯子
  代表意義：命運
* **生命樹路徑**：第十一條，在仁慈（Chesed）與永恆（Netzach）之間
* **脈輪**：靈魂之星脈輪，代表靈魂的連結
* **關鍵牌義**：命運、改變、直觀直覺

牌面解析

　　藍色的天空懸著一個輪子，四周被雲朵包圍，上下側共有三隻動物和一位帶翼的天使，這個輪子象徵希望、清明，以及在靈修道路上有所突破進展。滾動的輪子即是命運的輪轉，一切都在神聖法則的掌理之中。

　　在大阿爾克那牌組序列中，X號命運之輪標誌著我們的塔羅旅程已經完成一半。現在，我們要從關注外部世界人際關係的向外發展階段，轉而進入內在靈性旅程。我們要學習關於「正義」的課題，被「死神」改造，與「節制」天使見面，然後遭遇「惡魔」以及崩壞的「高塔」。經歷這一切之後，我們向上攀升，在宇宙星際間與「星星」、「月亮」、「太陽」同在，接著，我們以「審判」之眼來回顧自己的一生，歡慶我們在這個「世界」達到的成就，然後，我們再次回到最初的起點，成為0號「愚人」。

在靈數學上，命運之輪的關聯牌是I號魔術師（從10化約為1），以及XIX號太陽（19號牌，1＋9＝10）。若放在一起解讀，這三張牌會呈現出一種符咒般的儀式或秩序：我們設定「魔術師」的非凡意圖，許下符合自身「命運之輪」的願望，然後享受「太陽」的光明成果。

命運之輪的占星對應

命運之輪對應的行星是木星，也稱為幸運之星，主掌信仰與意識型態、研究與探索。輪子四周的天使和三隻動物，組合起來成為人面獅身的司芬克斯，並連結了四大元素以及黃道十二宮的四個固定星座：水瓶座（天使，風元素）、金牛座（公牛，土元素）、天蠍座（老鷹，水元素），以及獅子座（獅子，火元素）——他們的符號出現在生命之輪上，作為構成生命的四個根本元素。

命運之輪與卡巴拉

命運之輪的希伯來字母是Kaph，意思是手掌，也有命運之意。在早期的塔羅牌中，命運之輪牌畫的是一位少年站在輪子上，其中一隻手呈捧杯狀。

在卡巴拉生命樹路徑圖上，命運之輪被放第十一條路徑，介於代表法則與愛的「仁慈」（Chesed）以及代表大自然力量的「永恆」（Netzach）這兩個球體之間。

正位牌義

命運之輪正位，代表任何事情皆是可能，而且通常是正向的。機會到來、得到意料之外的受贈、新的資訊大量湧入。假如你最近遇到困難，那麼命運之輪這張牌的出現代表事情將會好轉。

這張牌帶來的影響是，你的直覺能力會提高，而且你發現自己和已經離開你生命的人能夠頻率相通——那個人突然又神奇地出現了。這也是一張相當吉祥的牌，你和你的家人溝通良好，與遠方的朋友有所聯繫。此外，命運之輪這張牌也顯露出你擁有通靈能力，也許是對你自己，或者對某位你親近的人，而且你有機會發掘自己深藏於內的面向，包括光明面與黑暗面。此刻，你可以明智運用這張牌的正向訊息力量，聆聽你的直覺，將你的願望顯化成真，因為此時你的能量振動與你的指導靈、天使，以及其他靈界協助者相當能夠同頻共振。你對於知識的要求現在也會提高，雖然你無法掌控宇宙大自然的力量，但你一定會更明白自己在這宇宙中所扮演的角色。

在其他面向上，命運之輪代表的意義如下：
* **家庭方面**：可能會出現意料之外的轉變；你會感到訝異，但這樣的改變是符合你長久利益的。
* **感情方面**：你之前的伴侶或情人又再次出現，但你需要好好考量決定，這次你的感情是不是能夠成功。不要勉強；假如這份感情對你是適合的，愛情將會順利發展。
* **事業與金錢方面**：新的資訊湧入，你的處境將得到改善。不過，你還是需要以自己的需要為優先考量，盡快適應新的挑戰。

逆位牌義

命運之輪逆位，代表你目前可能運氣不太好，但所幸，這張牌也標誌著這一輪艱難挑戰即將終了。因此，命運之輪逆位牌的最單純解讀就是：終結。正位命運之輪的利益即將到來，你只要再多花點時間整頓氣勢，很快就可以繼續向前邁進。在靈性的層次上，這張牌也顯示出你對於直覺訊息缺乏自信，或者你可能一開始就選擇了一條錯誤的靈性成長道路。一次一次不斷發願、改進，繼續朝你的目標前進吧！

命運之輪的象徵符號

❋ **輪子以及上面的銘文**：在古埃及，輪子就是太陽的象徵。這張牌的輪子上寫了四個字母：T、A、R、O，可以排列組合成rota這個字，也就是拉丁文的「輪子」。這四個字母也可以排列成Tora，剛好就是II號女祭司牌手上那幅經卷所露出的四個字母。

❋ **輪子上的煉金術符號**：輪輻上的四個煉金符號，最上方是水銀，右邊是硫磺，下方是水，左邊是鹽。據說，水銀、硫磺、鹽就是製造出神祕的「賢者之石」（philosopher's stone）的祕密配方。

❋ **輪子上的希伯來字母**：輪子上的Y、H、V、H四個英文字母，就是希伯來文「四字神名」（tetragrammaton）的音譯拉丁文字，也有人稱之為「耶和華」，是猶太教所信仰的獨一真神。

❋ **司芬克斯**：象徵眾多面向的結合，傳統上這個動物是由人面（天使）、獅身、公牛尾以及老鷹翅膀組合起來的（不過，這裡的司芬克斯沒有出現老鷹翅膀，而是換成一把劍）。司芬克斯身上的這四樣生物，分別出現在輪子的四周，並且象徵黃道十二宮當中的四個固定星座（詳見「命運之輪的占星對應」）。這個符號也出現在VII號戰車牌。

❋ **蛇**：根據亞瑟‧愛德華‧偉特的說法，牌面上的蛇就是希臘神話當中的蛇怪堤豐（Typhon）。牌面上，牠頭朝下，象徵著命運的負向面。這個符號也出現在I號魔術師，以及VI號戀人牌。

❋ **阿努比斯神**：阿努比斯是埃及神話中掌管亡靈生活的胡狼頭神，也是木乃伊製作儀式的監督者。牌面上，他出現在輪子的右下方，抬頭挺胸，我們可以感受到，他一路隨著這個輪子在運轉，轉過出生、轉過死亡，然後再度重獲新生，剛好呼應他作為亡靈守護者的角色。

❋ **天使與三隻動物**：天使、獅子、公牛、老鷹，象徵聖經當中的四位傳道人馬太、馬可、路加、約翰——也代表了新約聖經的四福音書。此外，他們也象徵四元素，同時也與小阿爾克那的四個牌組有關聯。這些符號也出現在XXI號世界牌。

命運之輪的歷史：愚人和隱士

　　述及命運無常多變的「命運之輪」，在中世紀是一個非常普遍的主題。創作於十一到十三世紀，包含254首詩歌或戲劇旁白的文學作品《布蘭詩歌》（Carmina Burana），到近代二十世紀由德國作曲家兼音樂教育家卡爾‧奧福（Carl Orff）編寫成音樂作品。原著手稿裡頭就包含了一幅輪子的插畫，和文藝復興時期第一套塔羅牌裡頭的「命運之輪」，在圖案構成上幾乎一模一樣。

　　在威斯康提-斯弗扎塔羅的命運之輪牌面上，一位富家少年安坐於輪子上方的平臺。這位少年有一對驢子耳朵，跟早期對愚人牌的詮釋一樣（詳見本書第30頁）。一位留著長鬍子的老人——也就是「隱士」——蹲伏於輪子下方。跟《布蘭詩歌》裡頭那幅輪子插畫一樣，圍繞著輪子的四位人物，每一位旁邊都有注解文字。威斯康提-斯弗扎塔羅盤面上的四個注解文，翻譯出來的意思分別是：「我即將當政為王」、「我正在當政為王」、「我曾經當政為王」，以及「我不再當政為王」。

命運之輪的鏡像反射

我們可以在以下這些小阿爾克那牌上看到命運之輪的不同面向：

❋ 寶劍六，代表前進
❋ 聖杯九，代表願望成真

命運之輪占卜練習：命運四元素

這個占卜牌陣僅會用到小阿爾克那牌，它能讓你看到該如何善用你在四個不同層面的潛力。首先，將命運之輪牌取出來，翻開放在你前方。然後取出小阿爾克那牌，依牌組歸類分成四疊，然後每一個牌組分別進行洗牌。用左手取出每一疊牌的最上面那張牌，按照圖中所示牌陣擺放。你可以問這樣的問題：「接下來會出現什麼樣的機會呢？」

❋ **第1張牌**：使你務實的事物（土）
❋ **第2張牌**：激勵你的事物（火）
❋ **第3張牌**：你的願望（天使；風）
❋ **第4張牌**：即將到來的──未來（水）

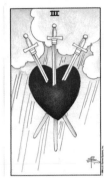

第3張牌
寶劍牌

第4張牌
聖杯牌

命運之輪

第1張牌
錢幣牌

第2張牌
權杖牌

智慧訊息

· · ·

順服於命運。

XI 正義 JUSTICE

* **別稱**：調整（Adjustment）
* **數字編號**：XI（11號牌，在某些塔羅系統中，這張牌的編號是VIII，與力量牌互換）
* **靈數學關聯**：II（2號牌）女祭司
* **星座或行星**：天秤座（Libra the Scales）
* **元素**：風
* **希伯來字母**：第十二個字母Lamed
  象徵符號：鞭子
  代表意義：公平
* **生命樹路徑**：第十二條，在美（Tiphareth）與力量（Geburah）之間
* **脈輪**：大地之星脈輪（Earth star），代表靈性扎根
* **關鍵牌義**：平衡、感知、客觀

牌面解析

　　正義牌是最易懂的塔羅牌之一，一看就能知道它的牌義。牌面上這位女性坐在一個慶典儀式舞臺的正中間，兩側各有一根石柱。她是法官，也是四美德之一「正義」的擬人化人物，手持傳統的法律象徵器物——右手握著一把直立的劍，左手提著天平。她的右腳朝前，被紅色長袍遮住，只露出前端腳尖處，她的姿勢看起來非常機敏，彷彿即將在法庭上宣布判決。跟傳統代表正義的人物圖像很不一樣，塔羅正義牌上的女子並沒有被蒙上眼睛。她視野清晰、目光明亮。

　　這張牌疼愛善人（以慈悲憐憫的天平），但嚴懲作惡之人（以報應之劍）。透由合理的程序，正義被彰顯，而且這個正義是著重在頭腦理智層面而非感性層面——如同小阿爾克那的寶劍牌組（詳見本書第176頁）。不過，或許正義並非僅存在於眼睛所見。雖然代表正義的人物身上穿著紅袍，象徵她存在於有形的物質世界，但這張牌的背景卻是代表開悟啟蒙的黃色，暗喻著有更高層次的指導者、神聖力量的存在。這張牌的構圖——人物位於兩根石柱中間——都刻意與V號教皇牌以及II號女祭司牌相似，暗喻了這張牌帶有二元性與知識智慧的含義在內。

正義牌也是塔羅四張根本美德牌的其中一張。另外三張分別是：力量、節制，以及審慎。早期塔羅最原始的審慎牌已經亡失，但它的牌義卻在「正義牌」中被保留了下來。在早期，「審慎」（prudence）的意思是智慧，而非慎重行事——例如：「法律學」（jurisprudence）這個連結字，就帶有「法律研究」與「學術理論」雙重意義。

正義牌的編號是XI。若以阿拉伯數字11來呈現，我們就得到兩個等值的數字，象徵平衡與公正。II號也是女祭司牌的編號，也因此女祭司也成為正義的靈數學關聯牌。

在十九世紀以及更早的傳統塔羅牌中，正義牌經常和VIII號力量牌的順序相對調。VIII這個數字也暗喻著平衡，因為它是由兩組四所組成的，而四是代表穩定的數字。

正義牌的占星對應

正義牌對應的星座是天秤座（9月22日至10月23日），起始日是白晝與黑夜平分的秋分日，正好呼應天秤座的符號——天平。正義牌的元素是風，它也提醒了我們，天平是懸掛在半空中。

正義牌與卡巴拉

Lamed是希伯來文的第十二個字母，剛好是二十二個字母的正中間。Lamed的意思是鞭打或激怒，意謂著權威；更深一層的含義是公平公正。

卡巴拉生命樹路徑圖上，正義牌被放第十二條路徑上，介於代表美好與覺知意識的「美」（Tiphareth），以及代表威權力量的「力量」（Geburah）這兩個球體之間。因此，正義這張牌對應於卡巴拉的意義就是：權力的完全展現。

正位牌義

正義牌正位，代表事情會有好結果。此時，過去的錯誤或失序都將得到平反。你會因為公平的體制而受益，假如你是代表可信賴的、誠實的、該受獎賞的一方。同時，在你個人生活中，你可能會扮演法官角色，運用你的視野和正直個性做出良善的抉擇，使你的未來得到保障。對於某一項與你和你周圍的人有關的議題，你可能會採取道德的立場。在法律有關的事務方面，會有一項符合你利益的判決被做出，或是某條法規被制訂出來；正義得到彰顯，秩序重新恢復。在靈性層次上，正義代表了業力的運行，或者因果法則。

正義是合理邏輯與周密思慮的結果。如果你之前生活一直處於混亂狀態，那麼，占卜當中出現這張牌是好的跡象。因為這是一張代表自主權的牌，它建議你應該要採取左腦的理性路線，取得事情的控制權。許多有影響力的人現在都站在你這邊，你的計畫一定會得到支持。要好好聆聽身邊你所敬重的人給你的建議。

正義牌在其他面向上的意義如下：
❊ **家庭方面**：關於財產的法律問題已經順利解決。合約或協議書已簽訂，你可以繼續往前邁進。
❊ **感情方面**：此時的重要課題是關於平衡與務實，要特別關注你的情感需要是否有得到滿足。在工作和感情之間尋求最佳平衡。
❊ **事業與金錢方面**：工作上你可能會受到考驗，但是結果會是好的；工作上的應徵與協調都會很順利。在財務上，經濟拮据的情況即將得到改善。

逆位牌義

由於工作、感情、金錢上都出了問題，因此生活失去平衡。某件事情的決定並不符合你的意志，很可能出現不誠實的情況或是正義無法彰顯。你受到不公平的對待，因為接受了信賴的人的糟糕建議。現在重要的是，要發出你自己的聲音，堅守你自己的價值理念——如果你是代表正確的一方。

正義牌的象徵符號

* **石柱**：代表界限與持久耐力——正義的判決是在律法的界限內被做出的。這個符號也出現在II號女祭司、V號教皇，以及VII號戰車牌。
* **劍**：劍代表判決之後所採取的行動。跟寶劍一這張牌一樣，正義牌上的劍也是劍尖朝上握著的（詳見本書176頁），象徵成功。這個符號也出現在寶劍牌組、X號命運之輪、I號魔術師。
* **天平**：代表做出判決之前的理性思維過程——同一件事情的兩面都要被放在天平上來考量。天平中間的秤砣相當於一把劍的劍環，是古代凱爾特人的正義象徵符號。
* **皇冠**：是權威的象徵，正義牌的皇冠是一種「壁形金冠」（mural crown），造型很像城堡外圍的城牆，這暗喻了正義是屬於文明社會的一部分。皇冠中央鑲著一顆正方形寶石，代表秩序。
* **簾幕**：在萊德偉特塔羅中，這道簾幕看起來是暗紅色的，而後人經常是以紫色來解讀它。有人說紫色象徵靈性，但它也可能代表進行審判的法庭與日常世界之間的脆弱界線，一旦判決被做出，簾幕就會掉落，言詞即轉變成行動。這個符號也出現在II號女祭司牌，象徵物質俗世之外的靈性世界。
* **黃色背景**：代表覺知意識、清明的洞見，以及支持。這個符號也出現在I號魔術師、III號女皇、VII號戰車，以及VIII號力量牌。

正義牌的歷史：阿斯特莉亞與瑪亞特的智慧

正義的代表人物，一般為人熟悉的是古希臘神話中的女神阿斯特莉亞（Astrea），也就是法律與正義女神泰美斯（Themis）的女兒。阿斯特莉亞和泰美斯都是歐洲古典時代的正義化身。從她們的雕像我們看到，她們一手高舉正義的天秤，一手持著指地的利劍，而且這兩位女神的眼睛都沒有蒙著布條。

在歷史上，這張正義牌有各種不同的圖案。十五、十六世紀的威斯康提-斯弗扎塔羅，正義牌面上出現的人物很可能是瑪利亞‧碧安卡‧威斯康提王后（見本書40頁），她一手提著天秤，一手持著向上直立的劍，但是，她的寶座上方有一位身穿黑色盔甲的騎士，騎著白色戰馬呼嘯而過，也許是象徵著她的判決結果——或是代表行動；這也許是在呼應死神牌上的那位騎士（見本書82頁）。1835年，一副在米蘭重製的經典塔羅牌（Classic Tarot）當中，正義牌出現了翅膀，呼應了古埃及神話中象徵無邊智慧的女神瑪亞特（Ma'at），根據文獻資料顯示，她也最早被畫上翅膀的人物之一。瑪亞特的影響力也顯現在XX號審判牌當中。由於瑪亞特秤了亡者的靈魂重量，因此，審判牌也代表了我們對自身靈魂的評價（見本書110頁）。

正義牌的鏡像反射

我們可以在以下這些小阿爾克那牌上看到正義牌的不同面向：

❋ 寶劍一，代表思緒的清明與成功。

❋ 寶劍二，圖面上出現兩把劍，代表事情處於僵局；懸而未決。

正義牌的占卜練習：權力的平衡

首先，將正義牌取出來，翻開放在你前方。其餘的牌進行洗牌，然後切牌，或是呈扇形攤開，牌面朝下。以左手抽出四張牌，依序圍繞著正義牌擺放，如圖所示牌陣。你可以問這樣的問題：「我該如何做出決定？」或者用來作為預卜：「哪一個決定對我有利？」

正義牌

❋ **第 1 張牌**：目前狀況

❋ **第 2 張牌**：劍——應該採取的行動／
　　　　　　　　即將發生的事情

❋ **第 3 張牌**：天秤——需要考量的事物

❋ **第 4 張牌**：結果

第 2 張牌　　　第 1 張牌　　　第 3 張牌

第 4 張牌

智慧訊息

以正確良善之價值行事，
必獲報償（善有善報）。

THE HANGED MAN.

XII 吊人
THE HANGED MAN

* **別稱**：叛徒（The Traitor）
* **數字編號**：XII（12號牌）
* **靈數學關聯**：III（3號牌）女皇
* **星座或行星**：海王星（Neptune）
* **元素**：水
* **希伯來字母**：第十三個字母 Mem
   象徵符號：水和海洋
   代表意義：過渡
* **生命樹路徑**：第十三條，在宏偉（Hod）與力量（Geburah）之間
* **脈輪**：第三眼，主掌直覺
* **關鍵牌義**：等待、犧牲、開悟啟蒙

牌面解析

　　這張牌的畫面非常怪異，一個男子被倒吊在樹上，從牌面標題來看，這個人似乎已經死了，但如果我們仔細審視這個男子的臉，會發現他的表情出奇平靜──安然、平穩，完全不在乎自己所身處的危險情境。他單腳倒掛懸吊，但臉上卻露出幸福的神情，而且頭部還有一圈光環。到底是怎麼回事？

　　這位吊人是被倒吊在樹上，而不是懸吊在絞刑的斷頭臺，而且這棵樹是生命之樹，它是奧祕世界的象徵符號。這棵樹枝枒茂盛，未來肯定是生機勃勃鬱鬱蔥蔥。吊人被繩子綁得很牢靠，看起來他似乎知道自己並不會從樹上摔下來。他安然懸宕於半空中，安心等待命運的安排。

　　這個吊人有很多可能的身分（詳見「吊人牌的歷史」）；甚至可能也是耶穌基督本人──因為我們在圖面上看到吊人頭部出現光環，還有一棵類似十字架形狀的樹。在十二世紀巴黎艾德溫聖詠經（Paris Eadwine Psalter）當中，耶穌基督就被描繪成倒掛在十字架上，身邊有天使服侍，另外兩個人正在他的手腕處綁上繩索。這個畫面似乎說明了這張牌的其中一個含義──犧牲。而T字形的十字架也是象徵救贖的符號，暗喻因基督被釘在十字架上而受苦的人。

由於吊人臉上表情一派悠然，一開始難免令人聯想到他對於所處情境的超凡脫俗心態，而不會想到他的受難身分，這是很自然的。吊人並不是一張關於死亡的牌。剛好相反，他安然處於懸而未決的狀態，等待外在環境改變。

在大阿爾克那牌組中，吊人落在XI號正義以及XIII號死神之間。在正義牌中，我們的價值理念已經接受審視考驗，現在，我們必須堅守它，直到我們能夠放下，平靜接受死亡到來。死亡帶來轉化，而吊人已經預備好死亡所必要的犧牲，如此他才能夠繼續上路往前進。這聽起來有點冷酷，但事實上，死亡就是一種不曾歇息的變化與轉換，而任何重大改變都需要做好準備——因此在某些情況下，吊人牌也代表等待的時刻。

吊人牌的編號是XII，這個數字由1與2構成，相加起來就是III號女皇。這兩張牌都跟「孵化」有關：吊人的等待是一種精神上的孵化，相應於北歐神話當中的神祇奧丁（詳見「吊人牌的歷史」），而女皇則是真正懷有身孕，正在等待孩子降臨（詳見本書42頁，III號女皇牌）。

吊人牌的占星對應

吊人牌的對應行星是海王星（Neptune），它也是羅馬神話當中的海洋統御者Neptune（涅普頓）的名字，因此這張牌的相應元素是「水」。此外，由於海王星主掌意識的神祕領域與想像力，因此也顯示出吊人逆位牌所隱藏的涵義：在此一反思階段，你的想像力將被激發，意識的覺知狀態也將得到提升。

吊人牌與卡巴拉

吊人的希伯來字母是Mem，意思是海洋，也有過渡時期之意。在卡巴拉生命樹路徑圖上，吊人牌被放第十三條路徑上，介於代表邏輯頭腦的「宏偉」（Hod）以及代表權力的「力量」（Geburah）這兩個薩弗洛斯球體之間。「宏偉Hod」也與創造力以及內在洞見有關，而「力量Geburah」則帶有暴力、毀壞的含義在內。吊人正好被懸在這兩種能量之間停滯不前，或許他必須好好運用他的聰明頭腦，去平衡這種懸宕狀態帶給他的沮喪和挫折。

正位牌義

很明顯，這張牌給人的第一眼印象就是「懸宕」：事情不會瞬間立即轉變，而你能做的就是耐心等待，你知道宇宙自有祂的安排。這張牌也代表你可能剛剛為某件事作出犧牲，急著想要看到回報。很不幸，你無法強迫事情按照你的時間表來走；因為有很多你不知道的因素和影響力存在。因此，或許你會遇到旅行或工作計畫延宕的事情也說不定。

如果一個人因為自己的工作創意或生產力一直沒有進展而感到沮喪，那他可能會常常抽到這張牌。不過，吊人牌的隱藏訊息就是孵化——你的工作計畫需要時間來推動。你剛好可以利用這段時間去擴展你在工作上的視野和抱負。

吊人帶來了另外一個訊息是：嘗試用新的角度來看事情。假如你目前的方法行不通，你可以試著橫向思考，或是想辦法扭轉局勢。

吊人牌在其他面向上的意義如下：

※ **家庭方面**：房屋的整修或搬家計畫可能會受到延宕。可以試著妥善利用這段等待的時間，或許會有新的點子出現。

※ **感情方面**：很可能你沒辦法從你的伴侶身上得到你想要的承諾，或者是，你不願意給出承諾。依照一般習慣，一個戀愛中的人如果不想要承認你是他的伴侶而不是朋友，通常也會出現這種懸宕狀態。如果等待時間過長，你可能會認為這段感情並不值得你投資。

※ **事業與金錢方面**：合約的簽訂或法律事務的處理現在可能會暫緩。在工作上，你的職位可能會受到公司某些決策的影響，但是你會受到保障。如果你正在找工作，目前看起來可能不會那麼順利，你會感到有點沮喪。

逆位牌義

　　吊人牌逆位，可能代表思考僵化或是殉難犧牲。你可能需要改變一下你的期待；因為你想要的很可能根本不會實現。吊人出現逆位，表示你可能要問問自己，你是不是一直幻想自己是一個犧牲者而不是勝利者。試著轉換觀點，讓自己從那些無法滿足你渴望的約定或義務中解脫出來。

吊人牌的象徵符號

※ **樹**：代表北歐神話中的戰神奧丁（Odin）被倒吊的那棵「世界之樹」（World Tree，又稱宇宙樹、乾坤樹），也是猶太教神祕信仰卡巴拉的核心主題「生命樹」（Tree of Life）。

※ **T（Tau）形十字架樹**：Tau是希伯來字母的最後一個，象徵T形十字架，耶穌基督就是被釘死在十字架上的。

※ **倒吊人**：根據愛德華‧偉特的解釋，這個倒吊人的右腿彎曲，象徵卍字形十字架的彎折部分，這是早期基督教的一個象徵符號。

※ **光環**：開悟的象徵、靈性的意符，吊人頭部的光環也象徵著保護。這個符號也出現在XIV號節制牌，帶著冠冕的大天使麥可的頭部。

吊人牌的歷史：命運的戰士

　　歷史上對吊人牌上的那個人物有很多種說法。其中一說，他可能是義大利傭兵團首領穆奇奧‧亞滇多羅‧斯弗扎（Muzio Attendolo Sforza），也與最早委託藝術家製作塔羅牌的威斯康提家族成員有關聯（詳見本書第11頁）。當時，亞滇多羅幫教皇若望（Pope John）殺了暴君奧托波諾‧德佐（Ottobuono Terzo），但事後聲稱教皇沒有付給他酬勞，因此投奔敵營為那不勒斯的拉迪斯勞國王打仗。根據英國學者傑弗里‧特雷斯（Geoffrey Trease）的說法，教皇當時對亞滇多羅叛逃投敵相當憤怒，因此請人畫了一張諷刺插畫，將這個賣國賊畫成一個倒吊的人，跟塔羅牌上的那個倒吊人一樣。

　　另一種說法是，這個倒吊人就是北歐戰神奧丁，因為他曾經把自己倒吊在白蠟世界之樹上整整九天九夜，最後通過煎熬，獲得預言的天賦能力。十八世紀祕術家傑柏林認為，倒吊人這張牌其實是印刷者造成的錯誤，這張牌原本應該是要倒過來才對。1720年左右的一套法國塔羅牌中就有一張「審慎牌」，牌面上的人物就是頭上腳下的吊人姿勢，單腳膝蓋彎曲、直立站著。不過，由於最早的吊人牌是手工印製的，不太可能發生印刷上的錯誤，因此圖中人物頭下腳上姿勢的可能性應該是更高的——而圖面上的這個人，的確就是穆奇奧‧亞滇多羅‧斯弗扎。

吊人牌的鏡像反射

我們可以在以下這些小阿爾克那牌上看到吊人牌的不同面向：

❋ 權杖八逆位，代表行動或溝通上的延遲。
❋ 權杖二逆位，代表計畫的延遲。
❋ 權杖三逆位，代表旅行延期。

吊人牌的占卜練習：反轉視野

首先，將吊人牌取出來，翻開放在你前方。其餘的牌進行洗牌，然後切牌，或是呈扇形攤開，牌面朝下。以左手抽出五張牌，依序圍繞著吊人牌擺放，如圖所示。你可以問這樣的問題：「我在等待什麼？」或者「這個時候能夠支持我的是什麼？」

❋ **第 1 張牌**：你的處境
❋ **第 2 張牌**：能帶給你情緒支持的事物
❋ **第 3 張牌**：能帶給你實際支持的事物
❋ **第 4 張牌**：反轉角度之後的情境
❋ **第 5 張牌**：結果

第 5 張牌

第 2 張牌　　吊人牌　　第 3 張牌

第 1 張牌

第 4 張牌

智慧訊息

• • • •

善用你的時間。

XIII 死神 DEATH

* **別稱**：死亡（Mortality）、轉化（Transformation）、十三（Thirteen）、有時無標題
* **數字編號**：XIII（13號牌）
* **靈數學關聯**：IV（4號牌）皇帝
* **星座或行星**：天蠍座
* **元素**：水
* **希伯來字母**：第十四個字母 Nun
  象徵符號：魚
  代表意義：衰亡與重生
* **生命樹路徑**：第十四條，在永恆（Netzach）與美（Tiphareth）之間
* **脈輪**：頸動脈脈輪（alta major），代表過去事件與前世
* **關鍵牌義**：轉化與改變

牌面解析

死神牌的圖像含義非常清楚，幾乎沒有人會有疑問。和吊人牌不一樣，倒吊人在十五世紀是普遍出現的題材，但對於當今時代的我們卻是一團謎；而死神這位冷酷無情的收割者，無論在任何時代，人們始終明白祂是人類塵世生命無可改變的部分。騎著白馬的骷髏人，頭戴盔罩、手拿鐮刀，展現勝利的姿態，像在提醒世人人命的危脆。然而，死神也是為人們帶來必要改變的使者，祂並非象徵一個人此刻或未來即將面臨肉體的死亡。祂是預示一個時代的結束，無益之物將被清除，新的階段才得以展開。沒有祂，我們便無法清楚看見新的可能。

揮舞著大鐮刀的收割者帶來豐盛收穫，這從祂手上那把旗子所畫的五支玉米穗可以看得出來。一切有價值之物都將得到拯救保留，無益之物將被清走。從萊德偉特塔羅的死神牌我們看到，從老主教到小孩，從國王到仕女，死神的力量無遠弗屆，無關你是何等身分地位，亦無論你屬哪個年齡階層。這是出現在中世紀歐洲一個相當普遍的藝術題材——「死亡之舞」（Dance of Death）。骷髏人的黑色戰甲和那匹蒼白的馬，也符合了新約聖經啟示錄當中對死神的描述，祂是帶來天啟的四騎士之一。

在大阿爾克那牌序中，死神接在XII號吊人之後，人被倒吊以致死亡，這是非常合乎邏輯的進展，但此乃意指精神上的死亡，以及經過一段時間沉思之後的重生。死神牌之後是節制牌，我們開始將過去、現在、未來融攝起來，對於自己的潛在能力有了更完整的了解。

死神牌的編號是XIII（13號牌），在西方傳統上這是一個不祥的數字，但在靈數學上它可以化約成4（1+3=4），也就是IV號皇帝牌，象徵死神將路上阻礙清除之後，新秩序將會到來。此外，牌面背景還出現了一座城市的陽光剪影：也許是日出，也可能是日落，既是結束，又是開始。

死神牌的占星對應

天蠍座是以蠍子來命名，而蠍子是一種可以用螫針迅速致人於死的動物，無怪乎牠會成為對應死神牌的星座。天蠍座的日期（10月23日至11月22日）正值樹葉掉落的秋季節，人們開始為冬藏而準備。天蠍座也與死亡和性、瀕死與創造有關聯，如同在春天帶來豐饒新生命之前，死神必須先出手將事物做一了結。

死神牌與卡巴拉

與死神牌對應的希伯來字母是Nun，意思魚，也是性慾和精子的象徵符號；性的高潮，彷彿一種微型的死亡，而Nun的另外一層含義就是衰落與重生。

在卡巴拉生命樹路徑圖上，死神牌被放第十四條路徑上，介於「永恆」（Netzach）與「美」（Tiphareth）這兩個球體之間，代表自然的循環——重生與成長。

正位牌義

死亡帶來結束與開始——而且有時候是瞬間發生的。這時，事情的進展非常迅速，而且改變的程度很深，它讓我們有機會放掉那些已經無益於我們的東西。它不像XX號審判牌象徵自我檢視的緩慢過程，死神帶來的影響是瞬間的，而且可能會讓你相當震撼。當陰森的死神逼近，你對於外部環境幾乎無可著力，不過遲早你會看到這個劇烈改變帶來的好處。你可能會與過去切割——包括感情、友誼或是工作，你會離開你不滿意的情境，因為這是唯一能夠讓你繼續前進的方法。因此，死神牌也可以代表一種釋放、一種解脫。畢竟，死神是現實世界最終的檢驗者，他會讓你看見最赤裸的真相。

死神牌在其他生活面向上代表的意義如下：
※ **家庭方面**：你需要尋找新家；你現在住的這個地方已經無法滿足你的需要。你有機會在新的環境當中落腳定居。
※ **感情方面**：一段感情結束，或者需要暫時分開。友誼方面，當時機成熟，有機會與老朋友重新聯繫。
※ **事業與金錢方面**：有可能轉換職業，或是與公司夥伴拆夥，或者停止某項可以帶來收入的工作，死神牌也代表新的機會已經出現。在財務上，這段時間會有點拮据，但收入狀況一定會改善，要堅持下去。

逆位牌義

死神逆位和正位的牌義幾乎一模一樣，差別只在於你個人的反應。你可能會感到焦慮、有壓

力，無法理解究竟發生了什麼事，因此無法接受。當死神逆位牌出現，宇宙正在告訴你，你已經無法回頭——你的感情已經無法修復，你的老闆也不會改變他的心意。如果你再重新做一次占卜，把相同問題再問一次，如果剛剛出現的是死神正位牌，那麼這次很可能會出現逆位，對於你的問題，它要告訴你的就是這個答案，沒有別的。

死神牌的象徵符號

* **旗子**：旗子上有一朵白玫瑰和五支玉米穗。玫瑰象徵更新，玉米象徵收穫。死神帶走他收穫的靈魂，然後留下穀物——也就是他所抉擇的真理。XX號審判牌也有出現聖喬治十字旗。
* **黑色盔甲**：黑色象徵失去與終結。死神受到盔甲的保護，但他所揀擇的人卻身無護具，無法躲過他手上那把鐮刀的進逼。
* **白馬**：死神的白馬，就是新約聖經啟示錄當中帶來天啟的四騎士之一，它建立起死神牌與審判牌的關聯——四騎士在最後審判日來到之前，將天啟帶來給世人。
* **紅色羽毛**：象徵生命力，但在這裡它卻現出萎靡和垂死狀態。這個符號也出現在0號愚人牌和XIX號太陽牌當中，但代表的卻是正面意涵。
* **主教與小孩**：天真的孩子與虔誠的主教，兩人都是以黃色來呈現，象徵了他們對死神的虔敬之心。他們正眼直視著死神，他們的純潔之心保護了他們免於恐懼，不像另外兩位犧牲者不敢正視死神。
* **城門**：死神的狂暴殺戮行為發生在城牆外面，因為傳統上基於衛生考量，墓地都會設在城外郊區。牌面上的城門代表天堂之門。旭日（或夕陽）則代表一個新時代即將展開，以及當下階段的結束。這個符號也出現在XVIII號月亮牌。
* **船隻**：在許多古代信仰當中，小舟或船隻都是承載靈魂前往來世旅程的象徵。圖中的河床是一片沼澤濕地，代表希臘神話當中的「冥河」，亡者的魂魄越過冥河被帶往冥界；這也呼應了死神牌的水元素。在基督信仰中，船隻也是基督和教會的古老象徵符號。

死神牌的歷史：骷髏之舞

　　大約出現於西元1441～1447年的莫德隆內版本的威斯康提塔羅（Visconti di Modrone tarot），死神騎著馬，頭上綁著繃帶，手上揮舞著一支長柄大鐮刀（跟萊德偉特塔羅裡的鐮刀很像），而且圖面上也出現主教或國王以及小孩子，這些人看起來差不多已經命在旦夕。威斯康提-斯弗扎塔羅的死神則是一位骷顱弓箭手，手上握著弓形的脊椎骨，這張死神牌的訊息非常清楚，他告訴世人，他跟愛神一樣，會隨機向人射出箭。

　　黑死病、飢荒，以及十三至十四世紀的歐洲百年戰爭，已經讓中世紀的人們意識到死亡乃是生命中的平常事，大量跟死神有關的繪畫題材一直在提醒人們生命的危脆，比如：荷蘭畫家老布勒哲爾（Pieter Bruegel the Elder）1562年的畫作「死神的勝利」（The Triumph of Death），就描繪了一齣「死亡之舞」（Dance of Death），也有人稱之為「骷髏之舞」（Danse Macabre），畫中的死神是一支靈動的骷髏大軍，沿路不分貴賤隨機斬殺活人，跟萊德偉特塔羅當中的死神一樣。後來，死神之舞演變成一種帶有諷刺意味的主題，死神也幾乎變成一個滑稽的丑角人物，引領著那群不情願被隨機挑選的人們，一步步邁向死亡。

死神牌的鏡像反射

我們可以在以下這些小阿爾克那牌上看到死神牌的不同面向：

❈ 寶劍十，代表終結。
❈ 四張一號牌（王牌），代表起始。

死神牌的占卜練習：著重於轉變

如果死神這張牌讓你感到不舒服，你可以把重點放在它的牌義上——也就是轉化、改變，讓自己習慣這張牌的圖案。將死神牌取出來，翻開放在你前方。其餘的牌進行洗牌，然後切牌，或是呈扇形攤開，牌面朝下。以左手抽出兩張牌，擺在死神牌兩側，如圖所示。你可以問這樣的問題：「什麼事情需要放掉？」或者「什麼事情會改變？」。

❈ **第 1 張牌：**過去事件——需要被釋放的東西
❈ **第 2 張牌：**結果

第 1 張牌　　　　　死神牌　　　　　第 2 張牌

智慧訊息

瞬間的變革帶來嶄新的起點。

XIV 節制 TEMPERANCE

- ★ **別稱**：技術
- ★ **數字編號**：XIV（14號牌）
- ★ **靈數學關聯**：V（5號牌）教皇
- ★ **星座或行星**：射手座
- ★ **元素**：火
- ★ **希伯來字母**：第十五個字母 Samekh
  象徵符號：支柱或拐杖
  代表意義：忍耐力
- ★ **生命樹路徑**：第十五條，在基礎（Yesod）與美（Tiphareth）之間
- ★ **脈輪**：太陽神經叢，代表個人力量
- ★ **關鍵牌義**：適度、調和、療癒、天使指引

牌面解析

一名天使手上拿著兩個杯子，正在把左手杯中的水倒入右手杯中。祂一腳踩著池岸石頭，另一隻腳踩在水中，分別代表當下此刻、明意識（石頭，或土），以及過去、感性和潛意識面（水）。一條晴朗的小徑從池邊延伸而出，穿越兩座山巒，通往可能的未來——光輝燦爛的朝陽旭日。嶄新的天地和視野映入眼簾。河岸青翠、鬱鬱蔥蔥，兩支黃色的鳶尾花正在綻放，象徵希望。天使正在調和兩個杯子的水，營造出一種和諧均勻的流動狀態，一個新的世界於焉而生。

在大阿爾克那牌組中，節制的天使坐落於XIII號死神以及XV號惡魔之間；它與死神帶來的亡失，以及受惡魔奴役而屈服於物質主義和根本慾望形成強烈對比。牌面上的天使是大天使麥可（Archangel Michael），祂是擁有保衛力量的戰士天使，在我們致力於平息與緩和不穩定力量時，提供我們靈性上的協助與導引。如果仔細看，會發現大天使麥可手上兩個杯子的水是同時上下流動的。這是一種煉金術，意謂著假如我們想要調和外界加諸在我們身上的要求，也許需要藉助一點魔法的力量。

節制是塔羅的四張美德牌之一，它的編號介於VI號戀人以及XX號審判之間。節制也是大阿爾克那牌組當中的第二張天使牌；它是對於精神連結與靈性服務的一個呼喚，這從大天使麥可前額上的太陽符號，以及胸前的護身符可以看得出來（詳見「節制牌的象徵符號」）。塔羅牌當中的三位天使也都與時間有關聯。節制牌的天使協助我們調和過去、現在以及未來的種種問題；戀人牌的天使拉斐爾召喚我們關注當下抉擇對於未來的影響；審判牌的天使加百列召喚我們審視過去的一切作為。

節制牌的編號是XIV，剛好是代表創造力的魔法數字質數7的雙倍。在靈數學上，XIV加總之後化約成5（14號牌，1+4＝5），也就是V號教皇牌。教皇牌和節制牌的大天使麥可是一位神聖的靜心冥想者。

節制牌的占星對應

射手座（11月23日至12月21日）是節制牌的對應星座。射手座也稱為人馬座，這種半人半獸的形象代表了對立事物的結合。射手座的星座符號是交叉的十字弓箭，像弓箭手正在拉弓準備將箭射出。這是一個代表縝密準確的符號，如同大天使麥可用精確的角度傾注兩個高腳杯裡的水，沒有任何一滴水灑出來。節制牌的相應元素是火，代表行動與精力能量。

節制牌與卡巴拉

與節制牌對應的希伯來字母是Samekh，意思是支柱和忍耐力。在卡巴拉生命樹路徑圖上，節制牌被放第十五條路徑上，介於「基礎」（Yesod）與「美」（Tiphareth）之間，將代表「變化」與「救贖」的這兩個薩弗洛斯球體連結起來。

正位牌義

抽到正位節制牌，表示你正面臨到潛在的不穩定情況，你需要讓自己的想法和行動都緩和下來，找出平衡與和諧之道。這不表示你只能在兩者之間選擇其一，而是要去融合這兩道相反的力量，找出新的解決方法。這張牌的出現也是在告訴你，不要抵抗，要接受事情本有一體兩面，讓最自然的那條路來引導你。你生活中若有任何失衡的地方，現在應該要好好調整。要親身去實踐；你可以不斷分析自己該做什麼，但重點是現在要去行動。

節制牌的出現也顯示出你現在與指導靈和天使有所連結。你可能會接收到徵兆，比如某位朋友或陌生人可能會給你一項建議，那就是天使派來的協助。對你來說，這可能是你靈性旅程的起點。無論你現在有什麼計畫，你所想像的一切都可以被實現出來。也很可能你會從一樣發明或一件古代藝術作品當中得到啟發。

節制牌在其他生活面向上代表的意義如下：
* **家庭方面**：操持家務、處理孩子或父母親的問題是一項艱鉅的工作，但你會得到經濟上和情感上的支援，沒問題，一切都會很順利。
* **感情方面**：你的感情進入了發展信賴關係的新階段。假如你目前單身，你可能有機會遇到新的對象；這段時間情緒起伏會比較大。
* **事業與金錢方面**：你可能會遇到一些很難處理或是很敏感的人。運用一點外交手腕，你就可以創造奇蹟。在金錢方面，你要多加注意收入和支出的平衡。

逆位牌義

抽到節制逆位牌，表示你的人際情感關係處在不平衡、不對等的狀態，而且金錢財務上會出現問題；你在感情和工作上的付出，並沒有得到相應的回報。這張牌的出現也顯示出你正在抗拒改變，你的現在與未來都受到過去的支配。節制逆位代表過去一些不好的回憶會重新浮現出來，對你形成阻礙。試著仔細審視一下，你現在、當前真正需要的是什麼。

節制牌的象徵符號

❋ **三角形與正方形**：正方形裡面有一個三角形，代表火元素（正立的三角形）和土元素（正方形）。愛德華‧偉特說過，這就是「七進制」（septenary）的符號，是十九世紀神智學家發展出來教義，認為人類是由七個原則所組成，包括：肉身體、星光體、氣、欲、意識思維、靈，以及「神我」（I am）。這個護身符的上方有四個希伯來字母：Y、H、V、H，也就是「四字神名」（tetragrammaton）的音譯拉丁文字，也有人稱之為「耶和華」，是猶太教所信仰的獨一真神。

❋ **兩個杯子**：杯子代表我們人生經驗的容器。節制牌上的兩個杯子，一個代表過去，一個代表未來，在這兩個象徵器物之間流動的水代表現在——過去經驗和未來的期待共同營造出當下。這兩個杯子也代表專注於當前手上的任務。

❋ **太陽符號**：大天使頭部外圍有一圈光芒，在占星學上這是代表太陽與靈光，在煉金術當中則代表黃金。這個符號也出現在XIX號太陽牌、0號愚人牌、VI號戀人牌，還有XII號吊人牌的光環。

❋ **大天使麥可**：大天使麥可是護衛大天使，協助人們斬斷恐懼、釋放過去。塔羅牌中的另外兩位天使是VI號戀人牌的大天使拉斐爾，以及XX號審判牌的大天使加百列。

❋ **鳶尾花**（愛麗絲）：鳶尾花（Iris），就是希臘神話中彩虹與希望女神愛麗絲的名字。

❋ **水池**：水象徵著社會文化習慣的淨化與再生，也代表情緒與潛意識的流動。這個符號也出現在XVII號星星和XVIII號月亮牌。

❋ **從山間**（火山）**冉冉上升的太陽**：象徵更新，在一段壓力期（群山）之後出現曙光。在XIII號死神牌當中，城門上也有一顆冉冉上升的太陽。

節制牌的歷史：追尋仁慈

在塔羅牌的發展史上，節制牌的圖案幾乎沒什麼太大變動。文藝復興時期的節制牌上是一位女子，但是沒有翅膀，到了1700年代以後，女子變成了一名天使；而圖上的兩個杯子幾乎沒有不同。

在塔羅歷史上，很可能節制牌並不只代表「節制」一種美德。在十五世紀各種版本的威斯康提-斯弗扎塔羅以及更早的塔羅牌中，曾經出現過「審慎」、「信心」、「希望」以及「仁慈」這幾張牌，但後來都亡失了。因此很有可能，留存下來的「節制牌」自然就成了「仁慈牌」的歸屬牌，如同《天主教教理》（Catholic catechism）所述：「貞潔的德行由樞德中的節制之德所推動，其目的在於以理性滲透人的情感和感官的貪求。」

節制牌的鏡像反射

我們可以在以下這些小阿爾克那牌上看到節制牌的不同面向：

❋ 錢幣二，代表衡量某個決定，以及金錢的流動。
❋ 聖杯六，代表和諧。
❋ 聖杯侍者，代表出其不意的奇異想法。
❋ 聖杯王后，代表孕育某件事情。
❋ 錢幣六，代表公平與慷慨。

節制牌

節制牌的占卜練習：調和

將節制牌取出來，翻開放在牌陣的最頂端，如圖所示。然後將剩下的牌分成大阿爾克那和小阿爾克那兩疊，然後分別進行洗牌。先從小阿爾克那牌組抽出第一及第二張牌，擺在如圖所示位置，然後再從大阿爾克那牌組抽出第三、第四及第五張牌，擺在如圖所示位置。你可以問這樣的問題：「什麼事情我需要緩和下來？」小牌的牌組元素顯示的是，目前你生活中哪個層面需要多加注意。大牌則是讓你更深刻了解，你所遭遇的情況能夠如何得到改變。

第 1 張牌
（小牌）

第 3 張牌
（大牌）

第 5 張牌
（大牌）

❋ **第 1 張牌**：哪個部分是平衡的（小牌）
❋ **第 2 張牌**：哪個部分已經失衡（小牌）
❋ **第 3 張牌**：我需要什麼指引？（大牌）
❋ **第 4 張牌**：該採取的行動（大牌）
❋ **第 5 張牌**：結果（大牌）

小提示

第一、二張小阿爾克那牌所分別代表的意義如下。
寶劍：工作、專注的焦點、決定──心智頭腦層面
權杖：計畫、靈感、旅行──靈魂層面
聖杯：情緒、人際感情──心的層面
錢幣：金錢、房屋家園、安全感──身體層面

第 2 張牌
（小牌）

第 4 張牌
（大牌）

智慧訊息

- - -

你受到指引，尋得平靜。

THE DEVIL.

XV 惡魔 THE DEVIL

* **別稱**：牧神潘恩（Pan）、誘惑
* **數字編號**：XV（15號牌）
* **靈數學關聯**：VI（6號牌）戀人
* **星座或行星**：摩羯座
* **元素**：土
* **希伯來字母**：第十六個字母 Ayin
  象徵符號：眼睛
  代表意義：清晰的目光視野
* **生命樹路徑**：第十六條，在宏偉（Hod）與美（Tiphareth）之間
* **脈輪**：海底輪，代表基礎本能
* **關鍵牌義**：奴役和誘惑

牌面解析

滿臉鬍鬚的人形野獸蟠踞於一扇門上，門的兩側各站著一個惡魔，一男一女，被拴鍊在門環上。這隻野獸的第三眼（眉心輪）位置有一個倒立的五角星，他頭頂長著羊角、腳上有甲爪，還有一對蝙蝠翅膀，看起來十足就是邪惡的縮影。他的外型為半人半羊獸，是許多古代神祇的原型，比如希臘神話中的縱慾牧神潘恩（Pan）、墮落的上帝之子撒旦、聖殿騎士崇拜的黑暗偶像巴弗滅（Baphomet），或是異教角神塞努諾斯（Cernunnos），他們的共同特點就是強大的性慾和雄性力量。

牌面上，山羊神蹲踞之處陰暗漆黑，像是洞穴。所有人都身處邪惡黑暗之中，除了他左手上的火把透露光明。他的右手高舉，像在宣示他對身前那兩個小人有控制權。這一男一女就是被逐出伊甸園的亞當和夏娃，現在他們已被奴役、已然沉淪腐敗──他們正在變成惡魔，因為他們的頭上長出了小羊角。但如果我們再仔細看，會發現他們脖子上的鎖鍊非常鬆；也就是說，如果他們願意的話，馬上就可以從惡魔身邊逃走。夏娃身邊的那顆果子讓我們想到伊甸園和禁果，亞當的尾巴上有一把惡魔叉子，顯示出這兩個人確實已經屈服於誘惑。

在大阿爾克那牌組中，惡魔落在XIV號節制與XVI號高塔之間。假如沒有學好節制的課題，我們就會從節制天使的恩典墜落到惡魔的懷中。直到我們終於學會轉過身，遠離惡魔的誘惑，這項功課才會得到深化。我們必須找到全新的生命型態，如同高塔──個己私我──被閃電擊中而摧毀傾倒。

惡魔牌的編號是XV（15號），化約之後是VI（1+5=6），也就是戀人牌。惡魔是戀人的陰暗面，墜落於物慾、貪婪、色慾之中。惡魔也是某些負面行為模式的象徵符號，比如控制慾、危險的情感外遇，以及成癮症頭。

惡魔牌的占星對應

惡魔牌的對應星座是摩羯座（12月22日至1月20日），代表這張牌的特性與潘恩及撒旦有關。摩羯座的元素是土，象徵物慾需求，而且它的主掌星是土星。土星的同源字就是羅馬神話中的時間之神薩頓。在傳統上，時間跟惡魔一樣，都是人類最終的敵人（詳見「惡魔牌的歷史」）。

惡魔牌與卡巴拉

與惡魔牌對應的希伯來字母是Ayin，意思是眼睛，也是清晰的視野之意。在卡巴拉生命樹路徑圖上，惡魔牌被放第十六條路徑上，介於「宏偉」（Hod）與「美」（Tiphareth）這兩個薩弗洛斯球體之間。宏偉代表心智頭腦，而美代表美善與重生，由此我們知道，假如我們的體悟能夠提升到某種特別境界，我們就能擺脫惡魔的掌控。

正位牌義

出現正位惡魔牌，表示一個理想或一段感情對你加諸了太多要求，使你有受奴役之感。起初你對這件事抱持著積極的態度，甚至感到很開心，現在整個情況已經完全相反，你開始看到事情原本的面貌。目前的情況相當具有破壞力，你可能感覺受到控制，或是受到負面力量的影響。這張牌代表了貪婪、誘惑，以及物慾。若要改變這種情況，你需要來點橫向思考，甚至需要一點點耍賴。直接去跟那個問題碰撞是不值得的，因為那個負面力量太過強大了；因此，如果經常抽到惡魔牌，那表示目前有些事情並不值得你花力氣去修復或還原。這張牌要告訴你的訊息是：對於那些情況，你只要走開就好，能逃多遠就逃多遠，不要駐留在那個誘惑之中。

針對感情的問題進行占牌時，如果經常出現惡魔牌，那表示你和對方的關係是靠色慾在維持的，這是一種負面的相處方式，因為關係當中有一方總是獲得比較多。從這個意義延伸出去，惡魔牌也可以代表某種成癮症頭，比如性慾、食物、藥物濫用，以及過度負面的思考模式。

惡魔牌在其他生活面向上的含義如下：

❋ **家庭方面**：在這裡，惡魔可能代表你家中有人控制慾很強，或是你遇到很麻煩的房東。精神吸血鬼或負面思維的人可能會將你的能量都榨乾。你感覺自己受到控制或是侵犯。

❋ **感情方面**：關係出現問題，比如對伴侶的控制慾、有性無愛、外遇，以及相互依賴模式。如果你已經跟伴侶分開，惡魔牌的出現表示，由於經濟上的依賴或金錢與財產的問題，使你受到過去這段關係的捆綁。

❋ **事業與金錢方面**：金融合約出現問題，工作不順利，老闆盛氣凌人，或是工作環境涉及高風險的債務問題，但是因為經濟上的困難，使你仍然持續那份工作。

逆位牌義

　　惡魔逆位牌，是塔羅牌中少數帶有希望的逆位牌之一。出現正位惡魔，表示你應該要承認此時自己身陷困境，你得開始去尋找希望。出現逆位惡魔，表示你現在所面臨的抉擇比你所想的還要容易處理。將惡魔牌上下顛倒之後，亞當與夏娃脖子上的鎖鍊就更鬆了，這表示情況並沒有你起初所想的那麼糟糕。現在是你邁步向前的時刻。

　　在健康方面，惡魔逆位表示難挨的日子即將結束。成癮和惡習可以得到改善，甚至完全戒除，你或你身邊親近的人可以期待身體恢復健康。

惡魔牌的象徵符號

* **惡魔**：這個符號代表內在或外在的壓迫。它顯示人類本性中的陰暗面，代表最低層次的本能直覺，而非更高層次的本心。
* **尾巴**：代表我們生命中較低層次的本能。牌面上，女人的尾巴是一顆果子，呼應伊甸園裡的禁果，表示她已經將果子吃下去了。男人的尾巴看起來像惡魔，而且跟惡魔手上的火把相同顏色，象徵腐敗放蕩。
* **鎖鍊**：代表控制和依賴，意謂情感上和物質上的連結依賴，這是一種習慣的結果，而不是非得如此不可。
* **火把**：惡魔手上的火把並無助於照亮周遭場景或事態情境；惡魔只把智慧知識和力量留給自己。
* **倒五角星**：角尖朝上的正五角星代表人性與人道。如果倒過來，就變成殘酷與闇黑力量的象徵。事實上這個惡魔的整個頭部就是這個符號的形狀，最下方鬍鬚的尖角部分就是五角星倒立的角尖，他的耳朵和羊角則分別代表五角星中間和最上方的四個尖角。

惡魔牌的歷史：邪魔的原型

　　文藝復興時期威斯康提-斯弗扎塔羅的惡魔牌是一個恐怖的雙頭怪物——一顆是惡魔頭，一顆是人頭——惡魔頭的嘴巴叼著一個裸體小人。雖然在當時食人獸是非常普遍的繪畫題材，主要描繪聖經「最後的審判」的場景，但惡魔身形的神祇則早在希臘和羅馬時代就已出現。希臘神話的時間之神柯羅諾斯吃了自己的小孩，而他就是羅馬神話中的時間之神薩頓的其中一個分身，十五世紀的夢特格納塔羅奇（Tarocchi of Mantegna）中就有一張名為「薩頓諾」的牌，圖面描繪著一位蓄著長鬍的人，手上抓著一隻吞食自己尾巴的蛇——形成銜尾蛇圓環，也就是煉金術當中代表無盡時間的符號。他的另一隻手則抓著其中一個孩子，正要往嘴裡塞，其餘四個小孩散落在他腳邊，命運多舛。

　　十五世紀中期葛利格迦諾爾塔羅的惡魔，是一個直立的人類身形，看起來像山羊，而且滿臉鬍鬚，頭上長角、雙腳帶爪，他的腹股溝處畫了一個怪異的惡魔臉，暗示著色慾帶來的危險。「褲兜裡的惡魔」這個主題，也出現在「等待最後審判的惡魔」（Devils Waiting for the Last Judgement／Livre de la vigne nostre Seigneur, France 1450-1470）這張畫作中。畫裡，生殖器上的惡魔頭伸出大長舌，明顯暗示著色慾的誘惑。

　　萊德偉特塔羅的惡魔則是傳統的牧神潘安或薩頓，這是一個跨越世代的惡魔原型之化身。

惡魔牌的鏡像反射

我們可以在以下這些小阿爾克那牌上看到惡魔牌的不同面向：

❋ 寶劍二，代表陷於困境。
❋ 寶劍八，代表限制。
❋ 寶劍三，代表衝突與背叛。

惡魔牌的占卜練習：破除魔咒

將惡魔牌取出來，翻開放在你前方。其餘的牌進行洗牌，然後切牌，或是呈扇形攤開，牌面朝下。以左手抽出四張牌，依序圍繞著惡魔牌擺放，如圖所示。你可以問這樣的問題：「是什麼東西在控制我？」或者「我該如何擺脫這個情況？」。

❋ **第 1 張牌**：目前情況
❋ **第 2 張牌**：什麼事情或什麼人困住你
❋ **第 3 張牌**：該採取的行動
❋ **第 4 張牌**：結果

第 3 張牌

第 2 張牌　　　惡魔牌　　　第 4 張牌

第 1 張牌

智慧訊息

只要勇敢踏出一步，
你就能得到自由。

XVI 高塔 THE TOWER

* **別稱**：上帝之家、命運、閃電
* **數字編號**：XVI（16號牌）
* **靈數學關聯**：VII（7號牌）戰車
* **星座或行星**：火星
* **元素**：火
* **希伯來字母**：第十七個字母 Peh（Pei）
  象徵符號：嘴巴
  代表意義：混亂
* **生命樹路徑**：第十七條，在宏偉（Hod）與永恆（Netzach）之間
* **脈輪**：頂輪與海底輪，代表天堂與人間
* **關鍵牌義**：毀滅和開悟啟蒙

牌面解析

　　高塔被閃電擊中，火焰四竄，有兩個人從塔裡被丟出來，即將摔落到地面。原本位於高塔頂端的皇冠也被炸飛，遁入黑暗之中，彷彿大自然在對地球人間宣示她的威力。在早期的法國塔羅牌中，這張牌的標題是「上帝之家」（la Maison Dieu, the House of God），讓我們想起拉比猶太教典《米大示》（Midrash）當中的故事：神為了懲罰我們的罪，放火燒了巴別塔（Tower of Babel）。聖經創世紀中的故事則不太一樣：高塔和城市並沒有被火燒掉，而是把巴比倫人的語言打亂，讓他們再也不能明白對方的意思，並把他們分散到了世界各地，高塔和城市因而被遺棄。

　　跟大阿爾克那牌組當中被認為是負面的另外兩張牌（死神牌與惡魔牌）一樣，假如我們可以接受有一個比我們更高超的力量，並且試著找出新的方法來面對生活或與他人相處，那麼你會發現，出路就在前方。如果我們一直把自己保護在象牙塔裡，那我們必定會隨著高塔的崩塌而墜地。

　　高塔標誌著覺醒的起點。在大爾克那牌組中，高塔牌落在惡魔牌之後。假如這個惡魔自尊心很強、非常自我、傲慢，那麼高塔就代表著從恩典之中墜落。這是突破與重建的必經過程，如此，新的視野和世界才能打開。假如我們想要通過高塔，進入到XVII號星星，那麼我們就必須找到一個新的立足之地，無論是在實際物質面或是精神面，試著接受新的概念、新的人群，如此才能迎接星星帶來的希望，去追尋夢想。

高塔牌的編號是XVI（16號），這個數字包含了神祕數字7的雙倍在內（詳見第58頁，VII號戰車牌）。此外，在靈數學上，XVI可以化約成為VII（1＋6＝7），也就是戰車，代表著戰車御者勇往向前的決心與意志。但是對高塔牌而言，我們的意志力幾乎無用武之地。唯有上帝的意旨才能決定成敗結果。以此角度來說，高塔牌和命運之輪（詳見第70頁）一樣，是關於命運的一張牌。

高塔牌的占星對應

高塔牌的占星對應是火星，象徵火熱與陽剛、強勁與好戰。雖然火星的能量帶有強大的破壞力，但緊接而來的就是釋放與突破。

高塔牌與卡巴拉

與高塔牌對應的希伯來字母是Peh，意思是嘴巴，也是表達、言語、言說之意，可能與上帝將巴比倫人的語言打亂有關。Peh的另外一個含義是「混沌、混亂」，象徵墜落的高塔帶來的影響。

在卡巴拉生命樹路徑圖上，高塔牌被放第十七條路徑上，介於「宏偉」（Hod）與「永恆」（Netzach）這兩個球體之間。「宏偉」代表邏輯頭腦，而「永恆」代表大自然力量。無論我們如何思維，都無法超出那股更高力量的掌控。

正位牌義

高塔牌以瞬間的變化衝擊著我們，代表一份想法、夢想、組織或感情的崩塌。這是無可避免的事實，而這股力量非你我所能掌控。高塔牌也可能表個體自我的粉碎，因此你會感覺自己非常脆弱，陷入困惑迷亂之中。但事實上，你只能臣服於高塔的威力，接受它所帶來的巨大改變，儘管目前看來效益並不是立即可見。

高塔牌帶來的正面訊息是釋放。高牆正在倒塌，但在此崩壞時刻，一切事物卻因此被照亮。這時，你可以朝高塔內部看看，看你過去是怎麼將它建造起來的——你是如何讓自己活在你一手堆建起來的心理高塔之中，你想要用它來躲避或保護什麼？現在，你可以藉著這道閃電，往高塔深處仔細看清楚。隨著高塔的崩塌消失，你會感受到未來可能的演變方向。接下來你所建造的，根基就會更穩。

有些占卜師發現，用「高塔」來形容偏頭痛非常貼切，因為它代表壓力的積聚和劇烈疼痛。也有人將高塔頂端的閃電解釋為性慾的緊張壓力狀態，以及天搖地動般的高潮釋放。

高塔牌在其他生活面向上的可能含義如下：

❈ **家庭方面**：代表你的環境突然產生變化。比如，你原本期待購入的房產最後沒有實現，或者想要建立的工作計畫遭到延遲。
❈ **感情方面**：原本藏在暗處的祕密現在化暗為明，你可能會感到震驚。此刻該是你放下過去相處模式的時候了。同時，你可能會被另一份強烈感情的吸引，包括肉體上和精神上，對你原本的生活秩序產生重大影響。
❈ **事業與金錢方面**：公司進行改組，可能是廠區裁汰，搬遷到另一個廠址——因為高塔象徵改變。某位實際掌權的人做出強硬決策，某位主管可能會被趕下臺。

逆位牌義

　　高塔逆位，表示你可能處於自責狀態，雖然你對這件事一點責任也沒有。高塔逆位的出現，也可能表示你所堅持的一項事業、工作計畫或是感情不夠堅固牢靠，以致禁不起時間考驗。假如你一直貪戀過去，為了保護自己而不願面對現實，那麼你內心所擔憂之事可能真的會發生。高塔的崩塌是無可避免的事實，因此，不需要為你無法掌控的力量而感到自責。它的影響是瞬間的，而且非常激烈，很快你就會看清自己是站在什麼位置。

高塔牌的象徵符號

* **高塔**：代表社會、保護，以及小我。孤立的高塔也可以代表過去。XVIII號月亮牌也有出現瞭望臺的符號。
* **墜落的人**：兩個墜落的人象徵上帝對人的憐憫以及大自然的力量。他們也代表災難帶來的惡果——包括對情緒面、身體面，以及財務面。
* **火**：火是火星這個星球以及羅馬戰神瑪爾斯的對應元素。象徵改變、重生，以及淨化。這個符號在XV號惡魔牌當中以火把的形式出現，代表的意義偏向負面，而在XIX號太陽牌當中則是代表正面積極的成長。
* **金色水滴**：在萊德偉特塔羅的高塔牌上，火焰呈金色水滴狀放射而出，剛好就是希伯來字母J的形狀，這個字母的意思就是火。金色水滴共有二十二滴，剛好就是希伯來字母的數目，也是傳統塔羅牌大阿爾克那牌組的紙牌數目。這個符號也出現在XVIII號月亮。
* **閃電**：象徵開悟啟蒙與淨化，原本隱藏的事物現在揭露出來。當閃電出現，我們的靈性得到喚醒，過去的負面業力也得到了清理。
* **掉落的皇冠**：皇冠是威權力量與主權的象徵。皇冠掉落表示不再擁有統御世界的權力——大自然的力量才是更為強大。我們已經不再受到小我的控制或保護。

高塔牌的歷史：懲罰與淨化

　　在塔羅牌的發展歷史上，高塔牌上的那座塔始終都是著火的，儘管細部描繪略有不同。在文藝復興時代的威斯康提-斯弗扎塔羅牌中，高塔的底部有一個十字架，象徵混亂之後的再復活。牌上描繪的畫面可能是異教徒對天主教信仰的攻擊，這在十五世紀是相當常見的創作題材。這座象徵教會權力的高塔，並沒有被神摧毀——塔端的火焰似乎是因為兩個太陽的強烈照射而引起的，這兩顆太陽代表兩股不同的政治勢力。在萊德偉特塔羅中，著火的高塔則讓人聯想到拉比猶太教典《米大示》當中所描述的巴別塔的倒塌。也可能是在描繪聖經中的所多瑪與蛾摩拉（Sodom and Gomorrah）這兩個城市，由於城裡的居民不遵守上帝戒律，充斥著罪惡，而被上帝毀滅。

　　閃電在許多神話與信仰中都是一種神奇力量的象徵：在希臘神話中，底比斯公主塞墨勒（Semele）慘死於宙斯的霹靂閃電之火下，當時，她已懷有身孕，後來宙斯將她懷中的胎兒救出，這個胎兒就是酒神狄俄尼索斯（Dionysus）——也因此，閃電也成了一種棒喝的象徵，代表高塔帶來的意識轉化。佛教也有自己的神聖閃電符號——金剛，藏文是djore，梵文是vajra，代表意識的淨化，在雷光石火中，我們此生所帶來的惡業都得以摧滅釋放。

高塔牌的鏡像反射

我們可以在以下這些小阿爾克那牌上看到高塔牌的不同面向：

❋ 寶劍七，代表失落。
❋ 寶劍三，代表悲傷和痛苦。
❋ 聖杯五，代表失敗和沮喪。
❋ 聖杯八，代表情緒動亂不安。
❋ 權杖十，代表沉重與負荷。

高塔牌的占卜練習：放下

將高塔牌取出來，翻開放在你前方。其餘的牌進行洗牌，然後切牌，或是呈扇形攤開，牌面朝下。以左手抽出六張牌，依序擺在高塔牌上方，如圖所示。你可以問這樣的問題：「需要放下什麼？」或者「我目前的事業／感情／家庭安穩嗎？」。

❋ **第 1 張牌**：基礎——過去
❋ **第 2 張牌**：這座塔的感性因素
❋ **第 3 張牌**：這座塔的經濟效益
❋ **第 4 張牌**：需要放下的東西
❋ **第 5 張牌**：感性結果
❋ **第 6 張牌**：實際結果

第 4 張牌

第 6 張牌

第 5 張牌

第 3 張牌

第 2 張牌

第 1 張牌

高塔牌

智慧訊息

· · · ·

臣服。

XVII 星星 THE STAR

* **別稱**：希望、恆星
* **數字編號**：XVII（17號牌）
* **靈數學關聯**：VIII（8號牌）力量
* **星座或行星**：水瓶座
* **元素**：風
* **希伯來字母**：第十八個字母 Tzaddi
  象徵符號：魚鉤
  代表意義：希望
* **生命樹路徑**：第十八條，在基礎（Yesod）與永恆（Netzach）之間
* **脈輪**：高階心性脈輪（Higher heart），代表宇宙之愛
* **關鍵牌義**：希望、導引、靈感、創造力

牌面解析

如同其對應星座「水瓶座」這個名稱一樣，星星牌上也有一位女子拿著兩個瓶子在倒水，其中一瓶往地上倒，另一瓶往池子裡倒。牌面畫的是夜空的星光，但我們可以清楚看到有一棵樹和一隻小鳥在這幅寧靜風景的右後方。圖中的女子與大自然融為一體，她是大地女神的化身，也就是III號牌的女皇。她赤身裸體於星空之下，呈現純潔和真實之姿，連結了宇宙本體與神聖本性。在她上方有八顆星星，其中最大的一顆就是「引導星」。星星牌象徵著希望與指引。

在大阿爾克那牌組序列中，星星牌落在XVI號高塔牌之後、XVIII號月亮牌之前。高塔崩壞之後，這位女子和她的星星的出現為一個嶄新的世界帶來希望。大自然生生不息的循環，也呈現在這張牌含藏的四個元素上：土、風、水、火（黃色引導星）。女子將瓶子裡的水慢慢倒在地面上和池子裡，療癒過去與現在。

星星牌的編號是XVII，7＋1＝8，也就是VIII號力量。力量牌的圖案，是一位穿著白長袍的女子握住獅子的嘴，試圖控制危險的本能。而在星星牌中，這位女子的覺知意識狀態已經提升。她可以允許水自然流動，相信自己並無偏離正道。在某些塔羅牌系統中，這張牌的畫面是一位身上有翅膀的女子，象徵著天使的指引。

星星牌的占星對應

星星牌的占星對應是水瓶座（1月21日至2月19日），元素是風。水代表內在領悟、覺知意識、療癒，而風代表理念與理想主義，這表示水瓶座的人經常被認為是社會的良知。

星星牌與卡巴拉

與星星牌對應的希伯來字母是Tzaddi，意思是魚鉤，也帶有希望的含義。在卡巴拉生命樹路徑圖上，星星牌被放第十八條路徑上，介於「基礎」（Yesod）與「永恆」（Netzach）這兩個球體之間。「基礎」是代表奇蹟和月亮，「永恆」則代表感官激情與直覺。因此星星牌是這些面向交互影響的結果，融合太陽與月亮的特質，創造出一個新的「人間地球」。

正位牌義

星星正位能帶來希望與指引，因此，假如你最近感覺事情不怎麼順利，那你要有信心，因為你的好運就快要來了。星星是一個擁有強大祈願力量的符號，此刻你可以開始發出祈求，包括身體上的健康和心靈上的幸福。星星牌有助於美與創造力的流動，就像牌面水瓶中的水。無論是工作計畫或是情感關係，你都可以盡情發揮、表現，將你的愛、天賦與才能全部展現出來。星星牌允許你閃耀發光，展現你的星星特質，你所有的表現都會得到欣賞。由於星星牌的影響，這段時間你可能會感覺到直覺力特別強、洞察力特別深刻，對於你的天使和指導靈所傳遞的訊息，你的信賴感也會提升。

抽到星星牌也表示你的身體健康狀況良好。這是一張與療癒有關的牌，而且傳統上與占星學有關聯。

星星牌在其他生活面向上的可能含義如下：
* **家庭方面**：此時你的靈感勃發，對於家中布置風格的美感提升，因此對藝術品和裝潢設計特別感興趣。假如你夢想擁有一個家，這個願望會實現。
* **感情方面**：抽到星星牌表示你注定要跟某人在一起；這個時候你可以找到你的靈魂伴侶。其他人際關係也處於平靜和諧的狀態。
* **事業與金錢方面**：星星牌會帶來好財運。你的工作開始收到酬勞回報，因為你已經考慮好你的長期目標，而且把焦點放在最重要的事情上。你的公司會展開新的業務，或是你發現自己有一項潛在才能可以發揮運用。星星牌的出現代表你會名利雙收。

逆位牌義

星星逆位，表示你可能會輕易放棄你的計畫，而且感覺創意受阻。你可能會過度執著於某個幻想場景——畢竟，星光是如此迷人——但卻忽視實際細節。或者，你可能會以一種虛假的安全感來面對一項商機，事實上它並沒有打好根基或成功機率極小。此外，星星逆位也代表你感覺孤單，沒有得到需要的支持。

星星牌的象徵符號

❉ **八顆星與引導星**：星星代表希望與神聖指引。中間最大顆的黃色星星，根據A.E.偉特的說法，是共濟會（Freemasonry）的代表符號，稱為「華麗之星」（Flamboyant Star）或「所羅門封印」（Seal of Solomon）。（偉特本人在1901年成為共濟會的成員。）不過，所羅門之印這個護身符通常是六角（六芒星）而不是八角星，因此，或許這個星星只是象徵六角星的其中一個面向而已。這顆星也代表天狼星或金星（詳見「星星牌的歷史」）。這八顆星，每一顆都有八個芒角，象徵重生更新。八也是星星牌編號數字17的加總結果。這個符號也出現在VII號戰車牌的星星皇冠和星星圖案的車篷華蓋上。

❉ **少女**：象徵青春永駐以及充滿創造力的靈魂，她可能是希臘神話中的阿芙蘿黛蒂女神，或是埃及女神愛希斯（詳見「星星牌的歷史」）。VIII號力量牌中的少女則是象徵文明禮教。

❉ **小鳥**：這個符號可能是代表阿芙蘿黛蒂女神的白鴿，或是愛希斯女神的聖鸛（見「星星牌的歷史」）。根據塔羅學者強納森·狄的說法，埃及聖鸛可能是有意要與這張牌的希伯來字母Tzaddi連結，代表「完美的魚鉤」。因為埃及智慧之神托特有時會被描繪成為鳥人身，聖鸛正是祂的神聖象徵之一。一般來說，鳥就是自由與靈魂的象徵符號。

❉ **流動的水**：這是生命之水，象徵機智本領與療癒。少女將水倒進池中，也倒在土地上給予它滋養，就像維納斯女神和愛希斯女神將繁殖力與豐饒帶給大地。

星星牌的歷史：女神與天使

　　歷經幾世紀，星星牌上的少女與星星圖案幾乎變化很小，從最單純的威斯康提-斯弗扎塔羅圖案——一個女人手上握著一顆星星——到較為繁複的萊德偉特塔羅，加上了水池、大樹，還有鳥。

　　牌面上的這位星星少女，很可能是希臘神話中的性愛女神阿芙蘿黛蒂（Aphrodite），或是羅馬神話的愛神維納斯，因為在一些畫作中，她的手上經常出現白鴿。若是維納斯，那麼她頭頂上的那顆星星就是金星，也就是人們所稱的「晨星」（the Morning Star）。另一種說法是，這位少女是埃及的魔法與生殖女神愛希斯（Isis），因為祂與埃及聖鸛這種鳥有關。若是愛希斯，那麼祂頭頂上的那顆星星就是天狼星（Sirius），人稱「愛希斯之星」，是為尼羅河帶來肥沃的預兆。據說，每當夜空中最明亮的恆星——天狼星升起，尼羅河水就會漲潮泛濫，灌溉三角洲的河床，使田園變得肥沃。

　　在某些塔羅牌中，這位星星少女是以天使的形象呈現。因此「星星」這張牌也成了目前已經亡失的塔羅美德牌之一——「信心牌」（Faith）的代表牌。十五或十六世紀的「信心牌」圖案，是一位女性一手握著杯子，另一手持著十字架。因此很有可能，信心牌上的杯子後來演變成星星牌上的兩個水瓶，而象徵宗教指引的十字架則躍上天際，成為夜空中的八顆星星。

星星牌的鏡像反射

我們可以在以下這些小阿爾克那牌上看到星星牌的不同面向：

❋ 錢幣三，代表創造力。
❋ 聖杯六，代表和諧。
❋ 聖杯九，代表幸運與願望成真。
❋ 權杖王牌，代表創造力與靈感。
❋ 權杖六，代表勝利與肯認。
❋ 錢幣王牌，代表開始與財運。
❋ 錢幣九，代表舒適與滿足。

星星牌的占卜練習：許願

先將星星牌取出來，翻開放在你正前方。其餘的牌進行洗牌，然後切牌，或是呈扇形攤開，牌面朝下。以左手抽出五張牌，依序擺在星星牌下方，如圖所示。你可以問這樣的問題：「我會得到什麼啟發？」或者「我的願望會實現嗎？」

❋ **第 1 張牌**：你／你目前的狀況
❋ **第 2 張牌**：你的願望
❋ **第 3 張牌**：結果
❋ **第 4 張牌**：阻礙
❋ **第 5 張牌**：助力

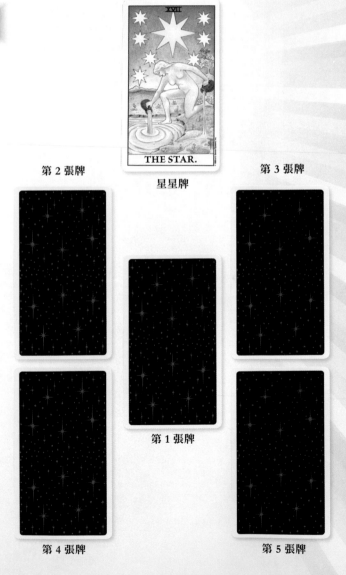

第 2 張牌　　　星星牌　　　第 3 張牌

第 1 張牌

第 4 張牌　　　　　　第 5 張牌

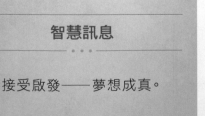

智慧訊息

• • • •

接受啟發——夢想成真。

THE MOON.

XVIII 月亮 THE MOON

* **別稱**：幻象、月神
* **數字編號**：XVIII（18號牌）
* **靈數學關聯**：IX（9號牌）隱士
* **星座或行星**：雙魚座
* **元素**：水
* **希伯來字母**：第十九個字母 Qoph（Kuf）
  象徵符號：後腦
  代表意義：隱而未顯的問題
* **生命樹路徑**：第十九條，在王國（Malkuth）與
  永恆（Netzach）之間
* **脈輪**：第三眼（眉心輪），代表直覺
* **關鍵牌義**：幻象、夢、危機

牌面解析

　　月亮是一張帶有雙重性格以及充滿不安情緒的牌，你可以看到牌面中央有兩座塔和兩隻正在咆哮的狗。其中一隻看起來像是家犬，另一隻像野犬（也可能是一隻狼），代表了我們內在兩個相反面向的衝突。牌面最上方有一顆太陽月亮臉，月亮面的臉面朝下凝視整個場景，但眼睛緊閉；太陽面，也就是日光面，隱於月光之下，完全沒有眼睛。圖面下方有一隻螯蝦，掙扎著要從水裡爬上岸；彷彿有什麼重要的事物即將浮上水面。

　　螯蝦代表充滿恐懼情緒的深層自我。他瞥見那條漫長而蜿蜒的道路，孤零零一路穿行經過兩隻狗與兩座高塔。他知道這條路先前已經有人走過，但他要不要跟著走上去呢？如果跟上去，這趟冒險值得嗎？在月光的照耀下，他眼中所見也許只是一個幻象，純粹是自己的空想。如同A. E.偉特所說：「這張牌代表了對於生命的想像，而非精神靈性的生活。」這是靈魂的暗夜，僅有隱微月光為我們指路的孤單時刻。我們就像那隻螯蝦，正在面臨衝突抉擇：究竟是要待在已知的安全地點？還是勇於面對未知的挑戰？

在大阿爾克那牌序中，月亮升起於XVII號星星和XIX號太陽之間。我們接受「星星」的指引，明白自己該前進的方向，然後讓「月亮」為我們揭露這份指引所含藏的潛在影響力，顯露我們內心最深層的疑惑和恐懼。漫長暗夜結束，「太陽」升起，成為我們對於自身行為做出最後「審判」之前的聖殿庇護所，最後，我們完成在這「世界」的旅程，重新開啟一個新的循環。而唯有體現我們的高我，也就是靈魂的智慧，我們才能療癒月亮所揭露出來的衝突。

月亮牌的編號是XVIII，18號牌，1＋8＝9，就是隱士牌的編號。月亮和隱士都代表孤獨以及自我反思的時刻。

月亮牌的占星對應

月亮牌的占星對應是雙魚座（2月20日至3月20日），元素是水。在占星學上，月亮在雙魚代表憐憫與直覺。雙魚座代表靈魂，也代表性慾和創造力。

月亮牌與卡巴拉

與月亮牌對應的希伯來字母是Qoph，意思是後腦部，也有隱藏的問題之意。在卡巴拉生命樹路徑圖上，月亮牌被放第十九條路徑上，介於「王國」（Malkuth）與「永恆」（Netzach）這兩個球體之間，「王國」代表邏輯頭腦，「永恆」代表大自然的無形力量，或是在表層底下運作的事物。

正位牌義

傳統上一般對月亮牌的解讀是：一次信心危機以及情緒不穩定時期。這張牌的出現代表你對於某件事情抱持疑慮，無法確定你看見的是否就是事實。在月光下，你看到的是幻象嗎？或者，是月光顯露了某件問題的本質，來提醒你注意呢？這段時間你可能會出現深層的情緒衝突，而且這種衝突掙扎是私密的，無法公開。

你面臨抉擇，必須作出明智決定，你需要信賴你的感受，而非頭腦邏輯。此刻，要多多留意你的直覺以及夢境內容，把它們當作可靠的資訊，將有助於你做出正確判斷。月亮牌的出現也是在告訴你，要去冒險，擴大你的生命經驗。你所看見的外在表象可能讓你不太舒服，但月亮牌希望你能沉潛得更深一些，去檢視這些騷動現象的真正原因。

月亮牌在其他生活面向上的可能含義如下：

※ **家庭方面：**你可能對你目前的生活狀況感到失望，或是正在考慮搬家或進行房屋修繕，但卻發現成本超出預期。好的一面是，你可能會找到你遺失已久的一項物品。

※ **感情方面：**對某人失望，以致心情混亂沮喪。由於對一段感情缺乏信任感，導致你可能會在愛情上做出抉擇。

※ **事業與金錢方面：**雖然目標可以達成，但最終你還是覺得這件事並不值得做。在同事相處上，你的情緒會比較激昂，而且覺得需要保護自己不受其他人負面想法的影響。財務上算是很穩定，但你想要從工作上得到更多滿足，而不只是為了薪水。

逆位牌義

月亮牌逆位，表示你可能會迴避掉負面情緒，不想去面對，以致你的需要無法得到表達或承認。創傷會再次受到忽略，無法坦露，因此，月亮逆位牌的出現是在告訴你，你仍然用過去的舊

方法在面對過去。這張牌也顯示出，你仍陷在過去的情緒模式當中尚未脫離，除非你真正去面對它，否則它會一再重複出現。

月亮牌的象徵符號

* **螯蝦**：象徵原始的自我（小我），牠並不是很安心地待在這個環境中，而是掙扎著想要爬到水面上來，像深藏在潛意識裡的恐懼。

* **狼與狗**：這兩隻犬類動物象徵對於未知的恐懼。他們也是經驗的守護者，代表通過人生某個重要階段的儀式。狼代表野性本能，狗代表已經馴服的小我。0號愚人牌中也有出現小狗。

* **瞭望塔或城門**：希臘神話冥界之神黑帝斯（Hades）的城門（詳見「月亮牌的歷史」）。在解牌上，這兩座城門代表潛意識與明意識的邊界。這個符號也出現在XIII號死神牌。

* **太陽月**：滿月、新月、太陽三者的合體。月亮代表潛意識部分，暗中影響我們在明意識世界的行為舉止，主宰沉睡未醒的太陽。太陽這個符號也出現在XIX號太陽牌、VI號戀人牌，以及0號愚人牌。

* **金色水滴**：牌面上有十五滴希伯來字母J形的水滴，代表火。它們出現在太陽下方、水池之上，整個畫面形成一種強烈的張力，象徵衝突。A.E.偉特將這些水滴稱為「思想的露珠」（the dew of thought），朝著暗月的世界（也就是直覺、想像力）的方向發散。這個符號也出現在XVI號高塔牌。

* **蜻蜓小徑**：代表未知——這條小路暗淡無光，唯有微弱的反射光線能為我們指路。這個符號也出現在XIV號節制牌。

月亮牌的歷史：烏拉妮雅、黛安娜與黑卡蒂

在塔羅發展歷史上，月亮牌出現過三個截然不同的月亮女神。夢特格納塔羅奇（Tarocchi of Mantegna）中有兩張月亮女神牌，一位是盧娜（Luna）、一位是烏拉妮雅（Urania）。盧娜手握鐮刀狀新月，騎乘戰車飛過天際，烏拉妮雅則是一手捧著圓球，另一手拿著天文學家使用的兩角規。

盧娜的形象非常近似羅馬神話中的月亮女神戴安娜（也就是希臘神話中的狩獵女神阿蒂蜜絲Artemis），通常她手上都拿著一把弓和箭。威斯康提-斯弗扎塔羅中的月亮牌就是月亮女神戴安娜，她右手拿著鐮刀形新月，左手拿著一把絞弦已經鬆脫的弓——象徵失敗與迷亂。十五世紀葛利格迦諾爾塔羅的月亮牌，則是以烏拉妮雅作為靈感人物。烏拉妮雅是天文學的繆思女神，在傳統的繪畫與雕像作品中，她總是一手拿著羅盤角規，一手拿著地球儀。在葛利格迦諾爾塔羅的月亮牌上，兩位天文學家站在鐮刀狀的新月之下，其中一人拿著角規仰望著夜空，另一人拿著角規對著一本攤開的書，看起來像在進行某種演算。

到了萊德偉特塔羅，牌面上那隻怪異的螯蝦則擁有截然不同的身世，牠最早出現於喬安斯・普拉吉惡斯・邁爾（Joannes Pelagius Mayer）在1750年製作的塔羅牌，以及法國共濟會成員傑柏林在1781年的《原始的世界》這本書中，不過，就像這張月亮牌本身的牌義一樣，表層底下隱藏的東西總是超出我們的預期。牌面上的兩座塔以及兩隻狗，皆是法力強大的「月陰女神」黑卡蒂（Hecate）的象徵符號，這位黑月女神，就是盧娜-戴安娜的陰暗面。黑卡蒂是冥界之神黑帝斯的城門守護者，因此這張牌上出現了兩座塔。狗狗是黑卡蒂的陪伴聖獸——在古代雕像作品中，黑卡蒂身邊經常伴隨著獵犬，還有一些把黑卡蒂表現成擁有三個動物頭的女神，其中一個就是狗頭。

月亮牌的鏡像反射

我們可以在以下這些小阿爾克那牌上看到月亮牌的不同面向：

❋ 錢幣二，代表衡量你的選項。
❋ 錢幣五，代表不安全感。
❋ 寶劍九，代表焦慮。
❋ 聖杯七，代表幻想與可能性。
❋ 寶劍三，代表你的心正在對你訴說的苦楚。
❋ 寶劍二，代表優柔寡斷。

第 4 張牌

月亮牌的占卜練習：隱而未露的事物

先將月亮牌取出來，翻開放在你正前方。其餘的牌進行洗牌，然後切牌，或是呈扇形攤開，牌面朝下。以左手抽出四張牌，依序圍繞月亮牌擺放，如圖所示。你可以問這樣的問題：「什麼事情需要浮現？」或者「這個危機（或靈魂探索）的結果是什麼？」

❋ **第 1 張牌：**指示牌——代表你本身
❋ **第 2 張牌：**需要解決的問題——過去或童年問題
❋ **第 3 張牌：**需要解決的問題——當前挑戰或恐懼
❋ **第 4 張牌：**結果

第 2 張牌

第 3 張牌

月亮牌

第 1 張牌
指示牌

智慧訊息

接受來自潛意識的訊息指引。

XIX 太陽 THE SUN

* **別稱**：兒童
* **數字編號**：XIX（19號牌）
* **靈數學關聯**：X（10號牌）命運之輪、I（1號牌）
  魔術師
* **星座或行星**：太陽
* **元素**：火
* **希伯來字母**：第二十個字母 Resh
  象徵符號：頭部或臉部
  代表意義：成就
* **生命樹路徑**：第二十條，在基礎（Yesod）與
  宏偉（Hod）之間
* **脈輪**：太陽神經叢，代表肉體的健康與靈魂
  的智慧
* **關鍵牌義**：成功、身體健康、節慶

牌面解析

　　這座陽光明媚、高牆豎立的花園，讓我們想起先前VI號戀人牌的那座人間伊甸園——不過，此時我們已經來到更高的意識覺醒層次。在太陽的照耀下，我們清楚看見宇宙之光。一名兒童騎在馬上準備返家，他的精神靈魂已經與靈性世界相連通。他雙臂敞開、滿懷喜悅，赤身裸體顯示出他就是大自然的孩子。心理學家卡爾·榮格（Carl Jung）將這個兒童原型視為我們人格發展的其中一個面向。因此，太陽牌也呼應了我們自身的童年，它讓我們有機會重溫我們的早年生活——那段天真無邪、快樂無比、自由自在的理想日子，完全不需要擔心成人世界的種種煩惱。以此角度而言，太陽可以說是整副塔羅牌中最讓人喜悅的牌之一，它為我們提供庇護所，帶給我們成長、成就，以及幸福。

　　兒童直接暴露於太陽光之下，象徵他處於全然覺知狀態，並且明白自己在整個宇宙當中的位置。他可以清楚看見前方的道路——他的世界完全不像前一張月亮牌那樣陰暗，因為月亮無法自己發光，僅能反射太陽的光。在大阿爾克那牌序中，太陽牌位於XVIII號月亮牌之後、XX號審判牌之前。面對了月亮牌所揭露的內在恐懼之後，現在的我們像個孩子，看見這個世界的光明，並且已經準備出發，抵達XXI號牌，然後再次輪迴轉生，回到0號愚人牌。

太陽牌的編號是XIX（19），1＋9＝10，就是X號命運之輪，也可以再進一步化約成I號魔術師。太陽體現了魔術師在人間世界的行動與創造力，並且將命運之輪所顯露的靈性曙光徹底實現；在塔羅旅程上，此時的我們開始轉向生命更高層面，邁向精神靈性的揚升。

太陽牌的占星對應

太陽牌的占星對應想當然耳就是太陽。太陽代表光明面或是自我的外在面向，以及靈魂在月亮的影響下進入暗夜之後重新恢復生機。過去以來，這張牌對應的星座都是雙子座，因為有些塔羅牌（比如馬賽風格塔羅）的太陽牌上畫的都是兩個孩子，而不像萊德偉特塔羅只有一個。

太陽牌與卡巴拉

與太陽牌對應的希伯來字母是Resh，意思是頭部，也有成功（成就）之意。在卡巴拉生命樹路徑圖上，太陽牌被放第二十條路徑上，介於「基礎」（Yesod）與「宏偉」（Hod）之間。「基礎」掌管月亮與潛意識，「宏偉」則代表理性頭腦。太陽結合這兩個面向，意謂著幸福快樂與靈性成長。

正位牌義

帶來成功與成就的太陽，是大阿爾克那牌組中最正向的牌之一。假如你正面臨艱難挑戰，那麼，太陽牌的出現是在告訴你，你生活的每一個層面都將得到改善。你的精力會更加充沛，而且如果你本身或是某位你親近的人身體健康出現狀況，這張牌的出現預示了疾病將會復原，身體恢復健康。這是一張充滿活力能量與成長契機的牌，你現在所進行的計畫全都會為你帶來利益，因此你可以好好利用這段時間充實你的創意、發展你的事業，以及培養你珍惜重視的感情關係。

這張牌也與兒童和家庭有關聯。它的出現代表家中小孩整體而言一切安好，你和好朋友之間相處愉快。很有可能你會跟老朋友、過去的伴侶或是家庭成員重新團聚。在個人心智狀態上，太陽牌顯示出你的內在兒童感到非常自在，有創意、而且受到滋養和照顧。

如果在占卜牌陣當中同時出現一些較為「負面」的牌，太陽牌也能發揮它的力量，為整體解牌帶來正面光明的結果。

太陽牌在其他面向上的可能含義如下：

※ **家庭方面：**你在家中感到舒適、安心，而且會比之前更喜歡宴請客人到你家來。尤其，太陽牌預示會有小孩子來到你的家中。

※ **感情方面：**愛情的花朵在陽光下盡情綻放，你與伴侶的愛意正在滋長，而且非常享受共處的時光。也有可能你會到陽光充足的地方去旅行，以逃離日常生活壓力。

※ **事業與金錢方面：**太陽牌的出現與金錢財運並沒有特別相關，但確實預示了你在工作職位上將有所晉升，因此有可能收入會增加。你的事業現在如日中天，你會得到你應得的認可。現在你可以好好享受你的成就。

逆位牌義

太陽這張牌幾乎不存在任何負面牌義或影響力，即使逆位也一樣。唯一要注意的是，旅行計畫可能有所延遲，但無論如何，你還是會享受到一段既快樂又滿意的旅行。

太陽牌的象徵符號

* **太陽**：象徵覺知意識、幸福快樂，以及自我展現。陽光的力量象徵精力充沛與身體健康。在靈數學上，太陽的21道光可以化約為III號女皇——或許女皇就是圖面上這位神聖孩童的母親。這個符號也出現在XVIII號月亮、VI號戀人、XIV號節制，以及0號愚人。

* **兒童**（一個或多個）：象徵天真無邪、純潔、完整無缺——這些都是快樂的內在兒童所需的要素。圖面這個孩子的頭上有六朵小花，代表他（或她）非常快樂。

* **向日葵**：代表成長、美麗和力量——圖面上的向日葵長得很高，高過圍牆，得以探見圍牆外的世界。四朵向日葵可能是象徵風、水、火、地四元素——每一樣都是生命存在不可或缺的要素。向日葵也是水精靈克麗泰（Clytie）的象徵符號，傳說她因為愛上了太陽神赫利奧斯（也就是太陽神阿波羅），但阿波羅並不喜歡她，於是她終日仰望太陽，期盼阿波羅的太陽戰車回返，最後抑鬱而終，變成了一朵太陽花。向日葵也是唯靈論教會（Spiritualist church）的代表符號——如同圖面上的兒童轉過頭來迎向太陽，彷彿也在告訴我們，追尋光明乃是我們的真實本性。

* **高牆豎立的花園**：代表邊界、安全感、保護。A. E.偉特稱之為「敏感生命的高牆花園」。

* **灰白色的馬**：代表我們靈魂的載體——也就是肉身體。這個符號也出現在XIII號死神牌。

* **紅旗**：代表精力能量與旺盛生命力。

* **紅色羽毛**：同樣代表生命力。這個符號也出現在0號愚人牌、XIII號死神牌（但是紅色羽毛是下垂的）。

太陽牌的歷史：紡紗與向日葵

最古老的太陽牌之一，也就是威斯康提-斯弗扎塔羅的太陽牌，描繪的是一位男性的小天使雙手高舉著一張光芒四射的太陽臉。這個男孩一腳直直往後伸，另一腳踩在一朵深藍色的雲上，雲下是一片風景，連綿的藍色山脈和水域，還有綠色的青草坡，畫面最下方是峭壁山岩，四個傳統元素——水、土、火（太陽），以及風（小天使腳下踩的那片雲），全都出現了。

十五世紀葛利格迦諾爾塔羅的太陽牌，和文藝復興時期威斯康提-斯弗扎羅塔羅的月亮牌（見XVIII號「月亮牌的歷史」），同樣都是阿蒂蜜絲-戴安娜女神，但在太陽牌中，她手上拿的是一支箭頭，好像正在將一條絲線拉直，或是把線纏絞在兩手之間，這條線有可能是弓的一部分，不過，塔羅學者斯圖爾特·卡普蘭（Stuart Kaplan）則認為，她是在紡紗，因此認為她應該是北歐神話中掌管婚姻家庭與紡織雲彩的女神弗麗嘉（Frigg）。另一種解釋則認為她跟希臘命運三女神有關，她們整天忙於紡織生命的絲線，丈量它的長度，然後在生命結束時將它剪斷，象徵著出生、人間生命以及死亡的過程。

到了十七、十八世紀馬賽風格塔羅的太陽牌，花園裡有兩個孩子（而不是一個），他們身後有一道圍牆。直到十九世紀的奇幻塔羅（Fanciful Tarot，西元1852年）以及女神塔羅（Gaudais deck, 1860年），太陽牌的圖案才出現花朵。不過，在這些塔羅牌中，只有萊德偉特塔羅用高聳出牆的太陽花來象徵力量、光明、光芒四射的太陽能量。

太陽牌的鏡像反射

我們可以在以下這些小阿爾克那牌上看到太陽牌的不同面向：

❈ 權杖四，代表幸福與自由。

❈ 聖杯一，代表愛與滋養。

❈ 聖杯三，代表節慶。

❈ 權杖六，代表成功。

❈ 聖杯六，代表和諧與老朋友。

太陽牌的占卜練習：四種發光之道

這個牌陣是利用土、風、火、水四個元素來進行占卜。首先將太陽牌取出來，翻開放在牌陣最上方，如圖所示。其餘的牌進行洗牌，然後切牌，或是呈扇形攤開，牌面朝下。以左手抽出四張牌，依序從左到右擺出如下牌陣。

❈ **第 1 張牌：**土（金錢與財產）——你的現實基礎

❈ **第 2 張牌：**風（抉擇）——你能採取的行動

❈ **第 3 張牌：**火（計畫如何才能執行）——溝通

❈ **第 4 張牌：**水（讓情感自然流動）

太陽牌

第 1 張牌　　　　第 2 張牌　　　　第 3 張牌　　　　第 4 張牌

智慧訊息

· · · ·

好好享受你現在的成果。

XX 審判 JUDGMENT

☀ **別稱**：天使、名聲、時間
☀ **數字編號**：XX（20號牌）
☀ **靈數學關聯**：II（2號牌）女祭司、XI（11號牌）正義
☀ **星座或行星**：冥王星
☀ **元素**：火
☀ **希伯來字母**：第二十一個字母Shin
  象徵符號：牙齒
  代表意義：更新、恢復生機
☀ **生命樹路徑**：第二十一條，在王國（Malkuth）與宏偉（Hod）之間
☀ **脈輪**：頸動脈脈輪（alta major），代表過去與前世
☀ **關鍵牌義**：評估、放下過去

牌面解析

　　審判牌描繪的是聖經中的「末日審判」，這是使徒保羅在他寫給帖撒羅尼迦教會（Thessalonians）書信中所做的預言，當末日審判時刻來到，所有人的靈魂都會被一位大天使的號角喚醒，來到上帝面前接受審判。從牌面圖案中我們看到，人們舉起雙手迎接審判之前的更新時刻。因此，審判牌代表了每個人內在的覺醒之鐘，喚醒我們去審視過去的一切行為。我們會如何來審判自己呢？

　　牌面上這位吹號角的大天使就是加百列，當啟示的號角響起，我們便能發現我們自身關係的真相。也因為這個號角的喚醒，我們重新建立與上帝的關係、與我們的精神指導者的關係，以及與天使的關係──塔羅的三張天使牌（戀人、節制、審判）當中的天使各有其含義（見本書第54頁和86頁），而審判牌的天使則代表了對於我們靈性覺醒的呼喚。

　　在大阿爾克那牌序中，審判牌接在XIX號太陽牌之後以及XXI號世界牌之前。當我們與來到太陽的聖殿庇護所，我們回想起戀人牌中亞當與夏娃的那座人間伊甸園，但在我們完成這趟旅程之前，我們必須做出一些決定，接納自己過去的一些作為，如此，我們才能進入世界牌帶來的完滿狀態，獲得新生命，然後重新回到0號愚人狀態。當最後的審判完成，新世界就會被創造出來──在那裡，愚人發現自己再次輪迴轉生，新的生命旅程於焉展開。

審判牌的編號是XX（20號），這個數字是由兩個十所組成，意謂著從過去的行為取得平衡。20可以化約為2，或大阿爾克那的II號牌（10+10=20；2+0=2），也就是穿行於塵世大地與諸神天界之間的女祭司。審判牌也與XI號正義牌（編號XI，也可化約為II）有關聯。正義牌代表外部世界對我們的審判，而審判牌則是我們內在的自我審判。這個時候的我們，反思與評估過去所言所行，將過去釋放，如此我們才能繼續往前邁進。

審判牌的占星對應

審判牌的占星對應行星是冥王星，也就是羅馬神話當中的陰間地府之神普魯托（Pluto）的同源字。冥王星也與生命的深層轉化有關。審判牌的元素是火，因此審判牌也代表淨化的火焰，或與葬禮中的肉體火化儀式有關聯。

審判牌與卡巴拉

與審判牌對應的希伯來字母是Shin，意思是牙齒。這個字母的字形是三筆向上撇的筆畫，形狀很像英文字母W，意思是指對於過去、現在以及未來三個意識層面的審決。Shin也是猶太教全能之神沙代（Shaddai）的代稱。在古早的卡巴拉聖典《創造之書》（Sefer Yetzirah）當中，Shin的其中一的意思就是「進入靈魂」，相當能夠詮釋審判牌的含義——在心理上對我們自身過去作為進行審判。跟Shin這個字有關的詞還有Sh'at haShin（Shin之時刻），也就是「第十一小時」（he eleventh hour）、「最後一刻」的意思。審判牌的出現確實是在告訴我們，時候已經到了。

在卡巴拉生命樹路徑圖上，審判牌被放第二十一條路徑上，介於代表智慧的「王國」（Malkuth）與代理性頭腦的「宏偉」（Hod）這兩個球體之間——就像審判牌要求我們根據我們過去的作為，估量我們在這人世間的位置。

正位牌義

此刻，該是對過去做出評定的時候了。巨大改變和機會已經到來，但在此之前，你必須決定你的方向，過去某些問題必須先被解決。這個過程純粹是你內在對於自身過去行為與心態的評判。正位審判牌，代表你覺得自己過去言行是正直的，你已經竭盡所能做到最好。當你完全接受自己，你就能吹響內在的號角，稱頌自己所達成的成就。正位牌另外還有一個意思，就是「廣為眾人所知」。因此，這張牌的其中一個別稱就是「名聲」（Fame）。

審判牌也預示了靈性上的覺醒，你受到召喚，要去探索自己的精神潛能。最近這段時間，你已經對自己有了更深的認識，你已經準備好要更進一步，去開發你與指導靈和天使之間的靈性連結。你會在這條路上持續收到指引訊息，你的信心和智慧將會得到增長。

審判牌在其他面向上的可能含義如下：

※ **家庭方面：**你可能會被一處古老的房產吸引，或是考慮搬回一個擁有美好回憶的地方。近期，你會需要做出關於財產方面的重大決定。

※ **感情方面：**愛情會受到評估，並且進入新的發展階段。如果你認為這段感情值得繼續，那麼你可能需要與對方和解。如果你是單身，很可能你會與舊情人重新交往，並且決定是否值得重新展開這段感情。以前的老朋友可能也會出現。

※ **事業與金錢方面：**你的成就即將得到肯認；財務狀況也會改善。

逆位牌義

　　逆位審判牌，代表你可能卡在過去事件當中，或是拒絕學習新的課題。你會發現自己一直使用舊模式來面對問題，而且無法突破、從中得到解脫。未來的計畫可能會受到拖延，你可能會覺得自己被困在原地、無法前進，但你卻無法得知真正的原因。事實上，你有能力評判你的行為和心態，然後作出決斷、繼續往前；過去已然無法改變，只能接受。要對過去的自己懷抱憐憫之心，原諒過去自己做出的決定。未來，你不必活在過去言行的陰影之下，你可以做出決定，讓自己自由。

審判牌的象徵符號

* **大天使**：象徵覺醒，牌面上這位大天使是加百列，但他號角上的旗幟卻是英格蘭守護聖者聖喬治的屠龍旗，讓人聯想到大天使麥可。麥可的元素是火，正好就是這張牌的對應元素，而我們從牌面圖案上看到的是水，也就是大天使加百列的對應元素。因此很有可能這位大天使是麥可和加百列兩者的組合。偉特塔羅還有另外兩張天使牌，分別是：VI號戀人牌的大天使拉斐爾，以及XIV號節制牌的大天使麥可。
* **號角**：號角的呼喚告訴我們，現在該是回顧過去，做出決定的時刻。號角歡呼之聲乃是戰爭的宣示，同時也代表權貴人士的現身，呼應了這張牌的別稱──「名聲」。
* **站立的亡者**：代表復活與重生。牌面圖案中的六位人物共分為兩組，一組三人，代表不同階段的過去。人物中有男人、女人和小孩，象徵我們必須去檢視我們的角色與情感關係。赤身裸體的他們，即將重新誕生於世。孩子則象徵新世代的精神。
* **敞開的棺木**：亡者突破棺木的限制，紛紛站立起來，象徵意識轉換、進入新的境界。
* **聖喬治的屠龍旗**：旗幟上有聖喬治的十字，那是英格蘭守護聖者的代表符號。紅白相間代表對立事物的融合統一。
* **大海與冰川**：水是象徵淨化的符號；過去可以被原諒、被徹底洗刷。冰川之地感覺像是一座天堂樂園，一個即將誕生的新世界。

審判牌的歷史：上帝與加百列

　　在最古老的塔羅牌當中，審判牌描繪的是一或兩位天使正在召喚亡者離開他們的墓穴，而且通常是三個不同年紀的亡者。在耶魯大學收藏的卡里版本威斯康提-斯弗扎塔羅中，我們看到一座城市高牆聳立，亡者則棲居於另一個不同界域。兩位天使之間有一座小橋，水從橋下流過，或許就是靈魂之河或冥河，載著亡者的魂魄前往另一世界轉生。

　　在某些文藝復興時代的塔羅牌中，天使被換成了上帝。大多數的塔羅牌裡，亡者都是赤身裸體，像是剛剛復活過來，對自己過去的一生進行審判和釋放，好讓自己回到完滿狀態，以期順利進入大阿爾克那牌序的最後一張牌──「世界」，然後再次回到0號「愚人」，開啟新的循環。

審判牌的鏡像反射

我們可以在以下這些小阿爾克那牌上看到審判牌的不同面向：

❋ 聖杯六，代表懷舊與團聚。

❋ 聖杯九，代表對成果感到滿意。

審判牌的占卜練習：自我靈性考核

首先將審判牌取出來，翻開放在你正前方。其餘的牌進行洗牌，然後切牌，或是呈扇形攤開，牌面朝下。以左手抽出五張牌，依序擺出如下牌陣。你可以詢問這些問題：「我該如何評定自己？」或者「過去哪一件事我需要放下？」。

第 3 張牌

第 2 張牌

審判牌

第 4 張牌

第 5 張牌

❋ 第 1 張牌：目前情況

❋ 第 2 張牌：較近的過去——
哪些事情需要審視與放下

❋ 第 3 張牌：較遠的過去——
哪些事情需要審視與放下

❋ 第 4 張牌：你面臨的阻礙

❋ 第 5 張牌：結果——你能學到什麼

第 1 張牌

智慧訊息

以喜悦之心回顧過去。

XXI 世界 THE WORLD

* **別稱**：宇宙
* **數字編號**：XXI（21號牌）
* **靈數學關聯**：III（3號牌）女祭司
* **星座或行星**：土星
* **元素**：土
* **希伯來字母**：第二十二個字母Tav（Tau）
  象徵符號：十字
  代表意義：圓滿完成
* **生命樹路徑**：第二十二條，在基礎（Yesod）
  與王國（Malkuth）之間
* **脈輪**：星際門戶脈輪（Stellar gateway），代表
  宇宙門戶
* **關鍵牌義**：完滿、成功、報償、喜悅

牌面解析

　　世界牌是大阿爾克那當中最正向的牌之一，象徵成功與完滿。牌面正中央，橢圓形桂冠當中有一個人在跳舞，兩隻手各拿著一根權杖。圖面四角有人、老鷹、獅子、牛，這些符號曾經在命運之輪出現過，象徵聖經福音書中的四位傳道人，中間的舞者也就是0號「愚人」。從卑微的起點，他展開旅程，環遊肉體與精神的世界，現在，他即將回到自己的0號牌，重新誕生。圖中的舞者，腰部以上很明顯是一位女性，但很多人認為，那塊紫色絲巾把愚人的男性生殖器遮住了。因此，這位雌雄同體的舞者代表了兩個相反對立面的完美平衡——太陽與月亮（先前的XVIII與XIX號牌）的平衡、我們內在陽性面與陰性面的平衡、明意識與潛意識的平衡。這時，世界在我們腳下，我們正向著更高階意識層界揚升。

　　A. E.偉特在其著作《塔羅圖像關鍵》（Pictorial Key to the Tarot）當中，對世界牌的解釋為：「也代表宇宙的完滿與終結，隱藏在它之內的奧祕，因為明白自己始終都在上帝之中而升起的狂喜。它是靈魂的進升狀態，是神性意識的體現，自知自明的靈魂反照。」因此，我們可以看到，世界牌是一張代表圓滿與祥和的牌。我們在世界的每個角落起舞，與自己和諧相處，也與他人和平共處。

X號命運之輪與XXI號世界這兩張牌，標誌了大阿爾克那旅程的重要關鍵點——當愚人進入生命旅程靈性探索的第二階段，命運之輪尚在半路，到了世界牌，旅程圓滿完成，並重新展開新的循環。命運之輪與世界牌之前的兩張自我反思牌分別是：隱士牌與審判牌（見本書第66及110頁）。世界牌的編號是XXI，2+1=3，III號是大地之母、女皇牌，因此世界牌也帶有豐饒生育力的含義在內，它是新生命的種子，象徵新的塔羅旅程的開端。

世界牌的占星對應

世界牌的占星對應行星以及主宰星是土星（Saturn）。這個行星象徵決定與辛勤工作，並且向你證明，你值得擁有一切成就。牌面上的四位傳道人（詳見「世界牌的象徵符號」），剛好對應四個元素、小阿爾克那的四個牌組聖杯、權杖、錢幣、寶劍，以及黃道十二宮的四個固定星座——水瓶座（風、天使）、金牛座（土、公牛）、獅子座（火、獅子）、天蠍座（水、老鷹）。

世界牌與卡巴拉

與世界牌對應的希伯來字母是Tav，以十字做為象徵符號，可以代表四個方位以及四個元素（火、風、土、水），這個字母的意思是圓滿完成，正是這張世界牌所傳達的訊息。在卡巴拉生命樹路徑圖上，世界牌被放第二十二條路徑上，介於「基礎」（Yesod）與「王國」（Malkuth）這兩個球體之間。「基礎」代表改變與魔法奇蹟，「王國」則代表大地本身完滿融合，以及誕生、生命過程、死後重生的無止盡循環。

正位牌義

正位世界牌代表勝利、完滿、你的努力獲得報償，因此之故，在占卜解牌時，世界牌可以說是最為人喜愛的牌之一。世界牌的出現意謂著深刻的喜悅與幸福，而且此刻你可以真實感受到自己值得擁有這份成就。你的承諾與奉獻已經得到回報，因此你所推行的計畫也一飛沖天。生活各個層面，包括工作、感情、財務以及家庭，也達到了相當平衡的狀態，一切都非常順利。

就在這種積極的氛圍當中，當下工作階段即將進入尾聲，你所做的事情會得到大眾的認可。現在，你會得到你應得的聲望，而且帶著自信走向舞臺中央成為眾人矚目的焦點。假如你一直在等待某個機會或是想要決定某件事情，那麼世界牌的出現代表事情將會如你所願。現在，你在靈性上也會更加精進，意識更為清明而且更能聆聽心的聲音。

在占卜解牌上，這張牌代表一個值得歡慶的時刻，比如週年紀念、生日、宴會等等，因此對於促成團體眾人的正向意識來說，這是一張非常棒的牌。這張牌的出現也代表你現在適合到世界各地冒險，計畫遠程旅行。

世界牌在其他面向上的可能含義如下：

※ **家庭方面：** 夢想的家園成真——你過去的努力現在已經可以實現，無論是建造工程或是其他裝潢工事，都會順利達成。

※ **感情方面：** 快樂喜悅——感情圓滿幸福。

※ **事業與金錢方面：** 目標即將完成。工作上可以得到報償，取得（或晉升）新職位——世界牌的出現，代表你的地位得到提升，同時擁有更大權力。這段時間你也可能會收到禮物。

逆位牌義

　　逆位世界牌，代表你已經準備好要往前邁進，但卻感覺受到阻礙，或是覺得自己不值得擁有這份成就。或者表示你有一份理想抱負始終無法實現，如果是這樣的話，現在你可能需要重新確認你真正的需要是什麼，然後調整你的期待，因為你可能為了堅持這個夢想而完全忽略了其他東西。或者，你可能會覺得在別人的光芒之下自己顯得黯然失色。不過，總體來說，逆位世界牌的負面影響力其實很小，你一定會得到你應得的成就，只是可能要再多花一點時間，成果才會明顯出現。這時候，你一定要對自己有信心。

世界牌的象徵符號

※ **天使和三隻動物：**天使、獅子、公牛、老鷹是新約聖經福音書當中四位傳道人（馬太、馬可、路加、約翰）的象徵符號。他們也分別對應四個元素以及黃道十二宮的四個固定星座（見「世界牌的占星對應」）。這些符號也出現在X號命運之輪。

※ **橢圓形桂冠：**月桂葉象徵勝利。這個桂冠的形狀如同橢圓形杏仁，象徵了人間天堂，而且它經常出現在宗教圖像上，用來作為聖者人像的外框。這個符號也出現在III號女皇、VII號戰車。

※ **桂冠上的紅絲帶：**橢圓形桂冠上下各綁了一條紅絲帶，而且呈現倒8字無限符號，象徵永恆、無止盡的時間循環，以及大自然的節奏。這個符號也出現在I號魔術師、VIII號力量牌。

※ **舞者：**牌面上舞者現出喜悅與歡慶的神情，代表了「世界的靈魂」（詳見「世界牌的歷史」）。

※ **權杖：**舞者手上的權杖象徵對立事物的完美平衡，代表完滿和諧的自我展現，以及令奇蹟發生的能力。這個符號也出現在I號魔術師牌。

世界牌的歷史：城市與世界的靈魂

　　在塔羅歷史上，世界牌出現兩種截然不同的圖案風格，其一是文藝復興傳統，另一個出現在1700年代——後者也影響了萊德偉特塔羅以及眾多當代塔羅牌的世界牌圖案。

　　在文藝復興時期的威斯康提-斯弗扎塔羅當中，兩個男性小天使共同舉著一幅圓形圖畫，畫中是一座建造在小島上的理想化城市，夜空之中群星閃耀，地下天上呈現出完美的和諧氛圍。而萊德偉特版本的世界牌圖案，則是源自十七、十八世紀的馬賽風格塔羅，圖面上有一位舞者在橢圓形的花環當中跳舞，四個角落分別是四位福音書傳道人。這位世界的舞者，以及認為世界本身擁有靈魂的這種信念，乃是屬於赫密斯派修會、柏拉圖學派以及薩滿教的信仰系統。

　　這兩種風格世界牌的共同之處就是封閉領域的概念，不管是圓形圖畫當中的理想化城市，或是舞者外圍的橢圓形桂冠，都同樣象徵著圓滿以及周而復始，也就是0號愚人牌面上的那個宇宙之卵。

世界牌的鏡像反射

我們可以在以下這些小阿爾克那牌上看到世界牌的不同面向：

❀ 錢幣十，代表家人團結相愛以及財運亨通。

❀ 聖杯十，代表家人的愛。

❀ 聖杯九，代表夢想成真。

❀ 權杖六，代表勝利。

❀ 聖杯三，代表友誼與歡慶。

❀ 聖杯六，代表團結與和諧。

世界牌的占卜練習：成功的要素

首先將世界牌取出來，翻開放在你正前方。其餘的牌進行洗牌，然後切牌，或是呈扇形攤開，牌面朝下。以左手抽出五張牌，依序擺出如下牌陣。你可以詢問這些問題：「如何才能取得成功？」或者「我會得到什麼報償？」。

❀ **第 1 張牌**：公牛（土）──安全感與財產

❀ **第 2 張牌**：天使（風）──想法與決定

❀ **第 3 張牌**：老鷹（水）──情緒感受

❀ **第 4 張牌**：獅子（火）──慾望和目標

❀ **第 5 張牌**：結果

第 2 張牌

第 3 張牌

世界牌

第 5 張牌

第 4 張牌

第 1 張牌

智慧訊息

• • • •

享受你的成就。

5

牌義解析：小阿爾克那

CARD INTERPRETATIONS:
THE MINOR ARCANA

牌義關鍵詞快覽

	聖杯		錢幣
一（王牌）	愛、生育力、起始	一（王牌）	金錢、成功、起始
二	合夥關係	二	決定
三	歡慶	三	展現天賦才能
四	無聊；停滯	四	穩定
五	失落、悲傷	五	財務損失、排除在外
六	平靜；訪客	六	慷慨善良
七	混亂；可能性	七	成功的潛力
八	分離	八	財源滾滾
九	願望成真	九	物質慰藉
十	幸福與家庭	十	遺產、生意興隆、婚姻
侍者	樂趣和社交	侍者	一份提議
騎士	夢想家；提案	騎士	可靠的男人
王后	直覺力強的女人	王后	慷慨大方的女人
國王	熱心的男人	國王	經濟優裕的男人

寶劍		權杖	
一（王牌）	成功	一（王牌）	新聞、男性生育力、起點
二	僵局	二	制定計畫
三	心碎	三	旅行
四	休息	四	假期
五	衝突	五	表達強烈意見
六	逃離衝突	六	勝利
七	竊盜	七	鼓吹；堅持立場
八	限制	八	消息
九	焦慮	九	力量
十	終結	十	負擔
侍者	流言蜚語；契約	侍者	一份訊息
騎士	戰鬥；對手	騎士	速度；一份提議
王后	獨立自主的女人	王后	有創意的女人
國王	意志堅強的男人；離婚	國王	有創意的男人

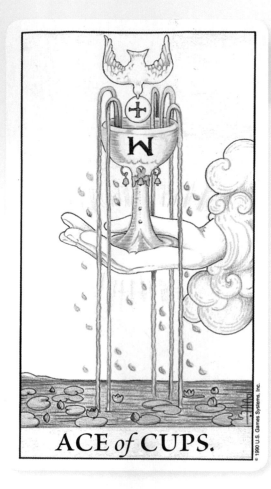

聖杯一（王牌）
ACE OF CUPS

* **元素**：水
* **占星連結**：水象星座——巨蟹、天蠍、雙魚
* **數字編號**：1
* **生命樹位置**：Kether，王冠，神性明光
* **關鍵牌義**：愛、關係、起始

牌面解析

　　從雲中伸出一隻雲手，手捧著一個聖杯，杯中湧出五道水，向下注入湖中，湖面上漂浮著朵朵睡蓮。一隻象徵和平的白鴿，從牌面上方朝著聖杯飛降而來，嘴上啣著印有十字架標誌的聖餅（聖餐）。這可能象徵耶穌的聖體或神性火花、生命原力，正朝著聖杯或子宮飛入，那是孕育肉體生命與抽象創造力的地方，在靈性層次上，它也代表了這張牌的生命樹薩弗洛斯球體——王冠，象徵神性明光。而這隻鳥，很像民間傳說大嘴啣著嬰兒的送子鳥。捧著聖杯的手是右手，也就是代表「給予」的那隻手（傳統上左手代表「接受」）。

二十六滴水珠從杯腳頂端向四方灑落,可能是代表男性精液。類似的水滴也出現在寶劍一、權杖一、XVI號高塔,以及XVIII號月亮(詳見本書第176、204、94、102頁)。萊德偉特塔羅的原始創作者A. E.偉特對這二十六滴水珠並沒有特別解釋,這個數目也許跟希伯來文的「四字神名」YHVH有關,因為這四個希伯來字母Yod、Hei、Vau、Hei的排序加起來剛好是二十六。

塔羅的四張王牌(一號牌)為各自的牌組提供了純粹能量。一號牌代表與聖靈或上帝合一的狀態。由於這個數字無法再分割,因此他們的能量是單一集中的、強大的,而且具有目的性。四張一號牌皆代表起始、衝動、新的可能,而且是以最純粹、明顯可見的形式出現。

在占星學上,這張牌對應的元素是水,代表情緒感受與生命——因此聖杯一也和懷孕有關。杯子上那個倒立的W,看起來像是正立的M——如果是正立M的話,那可能是代表母親,或是希伯來第十三個字母Mem,這個字母的關聯符號是水,代表情緒,這也讓我們聯想到,傳統上聖杯牌組攜帶的女性特質元素。

正位牌義

聖杯一帶來了愛的禮物以及人生中的感性時刻,比如:生育、懷孕、分娩,以及擔任母職;如果這個占牌跟懷孕無關,那麼它顯示的則是,身為父母親以及(或是)伴侶的角色在排序上會優於工作、金錢以及其他事情。在感情方面,這張牌代表你陷入熱戀,而且是一段極具關鍵的新關係。以現有的關係來說,這張牌象徵愛與支持。兩人感情處於正向發展狀態。

如果你正在培育一項新興趣或計畫,這張一號牌預示了創意與精進成長,因此你可以儘量把時間花在你真正感興趣的項目上,你一定會看到它們蓬勃發展。你所喜愛的工作一定會開花結果,現在你可以全神貫注於你的新穎創意、經營理念或是旅行計畫上。這張牌對靈性成長來說也是一張好牌,你可能會發現自己開始去鑽研某個信仰系統,或是其他能夠幫助你啟迪性靈的道路。

整體而言,這是充滿愛、良善、歡樂的時刻,友情滋長,享受著生活中最單純的喜悅,時時刻刻心懷感激。

占牌時如果出現一張王牌,代表該專注於該牌組所應對的生活層面,可以將它設定為解牌的主題。如果占牌時連續出現兩張以上的王牌,則其代表牌義如下:

❋ **兩張王牌**:這是一個重要的同伴關係
❋ **三張王牌**:好消息
❋ **四張王牌**:激動時刻、起點、潛力

逆位牌義

對照這張牌的正位牌義,如果是逆位,那表示與生育和創造力相關的事物都會受到阻礙。也許是缺乏空間和時間來培養你的感情或工作計畫,也或許你感覺受到對方忽略,或是剛好相反,你不堪負荷對方的情感需索。如果你詢問的是關於一段新感情,那麼很不幸,這張逆位牌顯示出這段感情會讓你失望而且陷入困惑,如果你們尚於曖昧期,那麼這段新感情也不會持久。

整體而言,這張逆位牌顯示的是不安與疑惑,雖然你很想要相信某些人,但你還是沒有辦法對他們放心。請聽從你的直覺,堅持你自己的信念;值得慶幸的是,這張牌的影響力並不會持續太久。

聖杯二
TWO OF CUPS

* **元素**：水
* **占星連結**：金星在巨蟹座
* **數字編號**：2
* **生命樹位置**：Chockmah，智慧的薩弗洛斯
* **關鍵牌義**：愛，以及新舊夥伴關係

牌面解析

　　一個男人和一個女人面對面、四目相望，將自己手上的杯子交給對方。兩人中間有一個怪異的符號：赫爾墨斯的手杖和獅子頭。兩條蛇左右纏繞著中間的帶翼棍杖，這支雙蛇杖就是希臘傳訊之神赫爾墨斯（也就是羅馬奇蹟之神墨丘利）手上所拿的魔杖，是象徵協商與權衡的一個古老符號。蛇杖頂端的獅子，雖然這副牌的原始創作者A.E.偉特沒有對它特別說明，但一般皆認為那是代表熱情與保護的象徵。

　　牌面中的女子穿著和女祭司同樣藍白相間顏色的長袍（見本書第38頁），而男子的上衣和靴子則近似0號牌愚人的穿著，上衣的顏色——黃、紅、黑——也跟愚人很像。代表起始與冒險的愚人，加上代表直覺的貞潔女祭司，兩者結合起來，為這張牌呈現出一種全新的關係型態。牌面女子頭上戴著橄欖花環，而她旁邊的愚人男子則戴著紅色花環，兩人的花環共同象徵著成功與愛。從他們手上的杯子我們知道，他們正在相互表達愛意，男人伸出手觸摸女人的杯子——這是一種性暗示，因為傳統上杯子象徵女性的子宮，如同權杖象徵男性的陰莖一樣。在卡巴拉生命樹路徑上，這張牌對應的是「智慧」這個薩弗洛斯球體，同時也帶有父親、男性陽剛氣概的含義在內。

在占星學上，這張牌對應的是位於巨蟹座的金星，這個組合對於直覺力、愛情以及情感支持帶來的提升的效果。除此，這對情人後方的田園小屋和青草綠地，也透露出家庭幸福美滿的感覺。這張牌的編號是二，代表這是一個雙人關係：包括愛情，以及其他的重要合夥關係。

正位牌義

兩個杯子代表和諧、祥和、同夥關係以及愛。在感情上，這張牌象徵現有關係進入到更深層次的承諾，比如訂婚、決定同居或是結婚（尤其當它與V號教皇牌以及錢幣十這兩張象徵「婚姻」的牌一起出現時）。由於你們兩人已經建立起更深的連結，因此你可以自由展現你的情緒感受，而且也能得到立即的回應；你感覺圓滿而滿足。聖杯二這張牌也預示了會有新的戀情出現，而且頗為熱烈，深深吸引著你陷入其中。這張牌也顯示你身邊出現志同道合的夥伴，因此這是一張好牌，無論是學業上的同儕益友，或是跟你有同樣興趣的夥伴，比如寫作、手工藝、其他各種嗜好，或是心靈療癒上的同道。無論你和誰有交往聯繫，你們的關係都會非常和諧，能夠相互支持與了解。

如果你最近以來在友誼方面出現問題，那麼，聖杯二的出現代表你們的關係會和好如初，因為一般來說，二號牌就是代表和解。只要你盡棄前嫌，過去的爭執就會得到化解。如果有任何需要協商的事務，比如簽約、財務上的獲利了結、財務託管或是重新安排工作時間與行程等等，也都會進行得很順利。

占牌當中如果出現二號牌，表示你該把焦點放在你的感受與直覺上。好好經營你所有的人際情感關係，享受彼此付出的愛意和喜悅。在占卜預測上，這張牌代表愛情：深刻的愛情即將到來，而且你值得擁有這一切。

逆位牌義

聖杯二逆位，代表關係出現緊張和壓力。由於你對愛情的期待落空，因此這份感情可能會變質腐壞。同時，這張逆位牌的出現也是在提醒你，要相信你的直覺；可能有一個祕密瞞著你，而且，傳統上來說，逆位二號牌代表不忠。雖然表面上好像一切如常，但你要多留意你的直覺感受；你的懷疑絕非毫無根據，最好能夠把你內心的擔心恐懼說出來，不要漠視它。

整體上，對既有的關係來說，聖杯二逆位也預示著這段感情可能出現不可避免的問題，但這個問題是源於生活過於忙碌而導致了緊張和壓力。如果你是屬於這種情況，請試著和對方好好溝通，或許你們只是目前缺乏相互了解，只要雙方都有意願，關係就有改善的可能。也許激情只是暫時消失了，很快它就會回復。

聖杯三
THREE OF CUPS

* **元素**：水
* **占星連結**：水星在巨蟹座
* **數字編號**：3
* **生命樹位置**：Binah，理解的薩弗洛斯
* **關鍵牌義**：歡慶、豐盛、家庭、友誼

牌面解析

　　三位少女舉起酒杯相互敬酒。她們看起來很親近，幾乎像是一體，而且從牌面圖案看來很可能代表女神的三個面相：少女、母親，老嫗──也就是人一生的全部經歷。這三位穿著不同顏色長袍的少女，也被認為是代表塔羅四張美德牌的其中三張。白衣少女代表VIII號牌力量；背對著我們的紅衣少女，代表XI號牌正義；黃白相襯長袍的少女，代表節制牌中的天使麥克。因此，將力量、正義、節制這三張牌結合起來，我們就可以看出這張牌的含義：生命力、平衡，以及重新聚合。這張牌的女性特質面向也展現在它所在的生命樹位置：Binah這個薩弗洛斯球體上，意思是「理解」，代表陰性能量法則。

　　三位少女都打著赤腳，看起來非常自在，她們的長袍寬鬆、自由擺動，三個人的姿勢看起來像在跳舞。她們全然投入於生命之中，其中兩位以右手舉杯，另一位則以左手舉杯敬酒。右手代表付出，左手代表接受，因此從她們的姿態可以看出，她們是既能付出又能接受的人。牌面上可以看到滿園盛開的花朵以及纍纍果實，因此聖杯三也意味著俗世人間的歡愉。

在占星學上，這張牌對應的是位於巨蟹座的水星，代表社交能力提升、氣氛歡樂、順其自然。這個占星組合的消極面則是，容易流於輕率和膚淺。樂園裡的這些少女是如此快樂，沒有比這件事情更重要的了，不過，在能夠享受幸福與成就的時候盡情享受，本來就對的。

三是一個動態的數字，充滿創造力。接續在代表雙人同伴關係的「聖杯二」之後，「聖杯三」理所當然就是接著創造第三個人──一個新的小孩，或者在抽象意義上，象徵催生出新的創意計畫。三也是大阿爾克那牌組女皇牌的編號，而女皇正是大地之母的原型（詳見本書第42頁）。

正位牌義

現在正是歡慶時刻！聖杯三代表了歡宴與團聚──無論是週年紀念日、受洗儀式、婚禮、生日派對，或是與好友和家人外出狂歡或週末出遊。現在是放任自己盡情狂歡來獎勵自己的時刻，舒適暢快享受他人的陪伴，無憂無慮享受單純的快樂。聖杯三也帶有一種調情的意味在內，假如你正在尋找對象，很快你就會在適當時機和心情之下遇到心儀的人。

牌面上的三位少女高舉杯子敬酒，散發豐富歡樂的氛圍，假如你嗜酒勝過喜歡白開水，或是熱愛甜食，那麼你可能會受到誘惑而過度耽溺其中。不過，無論你的嗜好是什麼，聖杯三最終極的意義就是情緒以及（或）身體的療癒。和那些能夠讓你感到快樂的人相處，會提升你的能量振動頻率，這對於因為壓力而引發或加劇的生理病痛，有正面的緩解效果。

由於三是一個代表創造力的數字，因此這張牌也顯示出，這段時間你的創造力會非常旺盛──包括懷孕生產，或是任何計畫目標，都會順利達成。專注於你的新點子，將它們分享出來，因為這段時間不管你做什麼，都會受到別人的歡迎和喜愛，甚至得到獎勵。盡情發揮你的才華和創意吧！

逆位牌義

聖杯三逆位，代表過度輕挑或放縱，有可能出軌或出現激烈的情緒。如果你目前有穩定的伴侶，很有可能會出現疏離的情況，缺乏凝聚力、無法相互理解。或者，你身邊親近的某個人可能太過自以為是、過於自負，導致原本親密的關係（愛情或友誼）產生變質。聖杯三逆位也經常代表著朋友的背叛。

由於創意受阻，創造力也急轉直下；有可能這段時間你會因為缺乏動機和支持，很難重新提起力氣做事。如果出現這種情況，這時你該好好休息，等到覺得自己比較穩定、不再受到別人情緒需索的影響時，再重新出發。

聖杯三逆位也代表身體出現煩人的問題或一再復發的毛病，需要多加注意。

聖杯四
FOUR OF CUPS

- ★ **元素**：水
- ★ **占星連結**：月亮在巨蟹座
- ★ **數字編號**：4
- ★ **生命樹位置**：Chesed，仁慈、愛的薩弗洛斯
- ★ **關鍵牌義**：不安和厭煩

牌面解析

一名年輕男子坐在樹下，雙手交叉抱胸，雙腳交盤。三個杯子整齊排列在他面前。畫面左方，有一隻手從雲中伸出，舉著第四個杯子，很類似聖杯一這張牌中，象徵新起點的雲手之杯。雖然這隻雲中之手也在男子的視線範圍中，但他的眼睛是向下看的——他拒絕接受和承認雲手遞來的這只杯子。他看起來似乎很失望，而且已經有所醒悟，對眼前草地上的這三個杯子並不滿意，並且認為第四個杯子（無論它代表什麼）必然也會跟它們一樣。這和聖杯三舉杯歡慶的畫面形成強烈對比（見第124頁）。這位年輕男子表現出一種充滿防衛的姿態，而且將自己的情緒隔離，也不想要有任何改變。

牌面上的天空一片清澈湛藍，風光明媚，和男子的心情顯然不同。他身體所倚靠的那棵樹，也是綠葉繁茂鬱鬱蔥蔥。如果他願意站起身來，四處走走，一定會被這周圍蘊藏的豐富生命所吸引。因此，這張牌也透露出一個訊息：事實上你有十足的潛力可以讓別人看見你的光，看見你有辦法像一棵大樹那樣傲然挺立，那樣深深根扎、穩固聳立，並且向外伸出枝枒，擁抱來到你身邊的一切。在卡巴拉生命樹路徑上，這張牌的對應位置是在Chesed，代表仁慈、愛的薩弗洛斯。因此若以此角度解讀，這張聖杯四代表了愛與支持隨時都能隨你取用，如果你真心想要的話。

在占星學上，這張牌連結的是位於巨蟹座的月亮，代表敏感度以及深層直覺，這點我們從牌面上這位男子雙手和雙腳都採交叉的防衛姿勢可以看得出來。這個占星組合的負面影響是：占有慾和多愁善感──對於我們擁有的東西不想放手，不管它是否會讓我們快樂。

四這個數字代表穩定，因此，在主掌情緒感受的聖杯牌組中，它代表一種「慣性」。水注定要流動，如果休息太久，它就會停滯不前。因此，聖杯四也代表潛在的不安狀態，覺得某件事情不太對勁，但是因為慣性使然，這位年輕男子無法作出決定。

正位牌義

如果你正在追求一份感情，那麼抽到聖杯四，代表你會失望。如果你因為過去曾經受到傷害，就設了一些標準將自己保護起來，只要對方不符合你的期待，就斷然拒絕，在這樣的情況下，即使你的靈魂伴侶出現，你也認不出來。在這種情況下，你就會經常抽到這張牌。所以我把這張牌取了一個名字叫做：「我怎麼都遇不到喜歡的人？」答案是：你當然可以遇到，而且一定會遇到，只要你將自己的心重新打開。你可能以為自己已經準備好可以談戀愛了，但過去的創傷還是需要療癒。這種情況可能會持續一段時間，如果你有這種狀況，那麼這時候你應該大膽去談戀愛，否則，你會發現自己又落入過去慣性的情感模式當中。

在工作和家庭方面，這張牌顯示出你正處於靜止不動的狀態──你可能對你的工作覺得無聊、厭煩，或是需要改變一下你的環境。即使是微小的變動，都會讓你感覺自己有在前進，抬頭看看四周，去尋找你需要的靈感，也許它並非遠在天邊，而是近在咫尺。

逆位牌義

聖杯四逆位，一般來說和正位意義相同，但是對現狀不滿的程度更高。或許你很渴望改變，但是不知道自己真正想要什麼。如果你是這種情況，那麼，去嘗試新的工作策略就變得很重要，你必須清楚自己究竟想要改變什麼，不管在關係上或外在環境上。試著將自己的需求表達出來，而不是繼續將它們掩蓋起來。

聖杯四倒轉過來，畫面中男子交盤的雙腳正好呼應XII號吊人彎著膝蓋的那隻腳。這張大阿爾克那牌的其中一個牌義就是懸而未決、陷入困境。不過，吊人是安然等待改變，聖杯四逆位則代表取得掌控權，讓生命發生改變。幸好，這個困境是暫時的，改變隨時都可能到來。

聖杯五
FIVE OF CUPS

* 元素：水
* 占星連結：火星在天蠍座
* 數字編號：5
* 生命樹位置：Geburah，力量的薩弗洛斯
* 關鍵牌義：失落、離去、悲傷

牌面解析

　　一個身穿黑色斗篷的人，低頭哀悼地上三個傾倒的杯子。這三個杯子在前一張牌聖杯四當中是站立的，現在已經被隨意丟在地上，裡頭紅色的血或酒、水灑了出來。一座小屋立於河岸上，河水從橋下的兩個拱形橋墩流過去。他可能是從那棟房子離開的，因此房子在這裡代表了過去的歡樂時光和安全庇護，而他現在和房子當中隔著一道河水，讓我們聯想到神話故事當中的那條分隔陰陽兩地的冥河。這條河也代表「悲傷之河」，呼應了這張牌的感傷氣氛。這位哀悼者身處他不熟悉的國度，一個悲傷之地，遠離原來舒適安全的家園——至少目前是這樣。

　　在卡巴拉生命樹路徑上，這張牌落在Geburah，也就是代表力量、毀滅以及殘酷的薩弗洛斯球體。這位哀悼者對於他所失去的東西完全無能為力，我們不知道這種狀態算不算殘忍，但是，他似乎完全沒有注意到他身後有兩個杯子沒有倒，還站立著。三個杯子已經傾倒，但還有兩個杯子可以把握——他現在需要做的就是轉過身來，看見這兩個杯子。過去發生的事已然無法改變，但是要不要將未被毀壞的東西拿來好好利用，端視他如何抉擇。

在占星學上,這張牌連結的是位於天蠍座的火星,為象徵熱情的天蠍座帶進了好戰的特質,同時,也代表與死亡和過去事件相關聯。這位哀悼者將全副心力放在那些傾倒的杯子上,而且值得注意的是,在1910年的原版萊德偉特塔羅中,他的臉很奇怪,是紅色的,跟地上傾灑出的酒或血相同顏色。或許當初畫家只是為了讓圖面呈現一致性,而用了同樣的血紅色來描繪,臉紅代表羞恥——他可能是對於自己過去的行為感到羞愧和難堪,也可能代表受到某人或某事的羞辱而臉紅。

這張牌的編號是五,在塔羅的小阿爾克那牌組中,這個數字通常代表失衡與沮喪不安。在一段時間的穩定狀態後,逐漸感到無聊厭煩,這是四號牌,然後進入五號牌的干擾和騷動——不過,在很多情況下,這是必要的,因為唯有如此,能量才可能得到轉化,帶來療癒和改變。五也是一個關於人性、人道關懷的數字。這張牌所描繪的哀傷,眾人皆有共鳴,這是我們在人生旅途中必然會經歷的時刻。

正位牌義

聖杯五是一張代表沮喪不安與失落的牌。因為分手、對親密友人感到失望或發生爭執,或者需要暫時離開造成傷害的家庭成員,以致陷入悲傷和困惑的情緒。此外,在你還沒準備好的情況下,就被迫去面對生命丟給你的難題——比如離職或離家,這張牌也經常會出現。這張牌也有可能是暗示著,你會失去某個地位,或是金錢上的損失。不過,聖杯五還是帶來了禮物:不管發生了什麼事,都不會是誤會,因為你的身體非常真實地感受到它的存在。這個時候,已經沒有任何還轉的可能。但你並沒有因此失去一切,無論如何,你還是有辦法繼續往前進。牌面右邊那兩個站立的杯子就是代表朋友、家人、同事對你的支持。

占牌中出現聖杯五,通常代表失去親人,以及隨之產生的失落與悲傷情緒。也可能表示你自己或是你在占卜中問到的這個人,正在回顧過往,希望藉此將壓力和悲傷消化掉,好讓自己重新整裝出發。

逆位牌義

聖杯五以及大阿爾克那的XV號惡魔牌,是整副塔羅牌中,逆位牌比正位牌更具正向含義的兩張牌。出現聖杯五逆位,表示你已經走過低潮期的最谷底,現在即將恢復元氣,最後終能放下過往的痛苦記憶。收拾破碎的過去,你會比之前更加強壯,有能力面對現實,繼續往前邁進。

除此,聖杯五逆位也代表你有機會與老朋友見面,以社交的角度來說就是,重新恢復生命力。

聖杯六
SIX OF CUPS

✴ **元素**：水
✴ **占星連結**：太陽在天蠍座
✴ **數字編號**：6
✴ **生命樹位置**：Tiphareth，美與重生的薩弗洛斯
✴ **關鍵牌義**：和諧、童年、和解、老朋友

牌面解析

　　牌面上這兩個人物看起來有點怪——戴著紅帽、好像發育過度的孩子把手上的聖杯遞給一個小女孩，而這個小女孩的打扮，看起來卻像是在一座塔樓莊園宅第花園裡工作的老婦人。有一個杯子立在刻有盾牌紋章的石雕臺上，另外四個杯子立在牌面最前方。這張牌的構圖很像一幅童話，讓我們聯想起小時候讀過的故事，像是小紅帽或是年輕王子吻醒沉睡百年的老公主。無論我們如何解讀這個虛構的故事場景，整個畫面都會讓我們聯想起童年和過往記憶。

　　牌面左邊的塔樓和守衛象徵保護，盛開的花朵則代表精神的綻放與愛情。五角星形的花朵，看起來像是白色曼陀羅或洋金花，過去經常被當作藥草，用來調製壯陽藥或毒藥；它們看起來也很像是某種牽牛花，由於這種花只在早晨盛開，因此也象徵我們回到生命最初的童年與過往時光。無論是哪一種，它們都代表一種超脫塵世的心靈狀態，因為白色曼陀羅和牽牛花都可以拿來當作致幻劑使用。因此，這張牌也暗示了我們的心與頭腦並沒有活在當下時刻。

在占星學上，聖杯六對應的是位於天蠍座的太陽，這個組合代表忠誠，以及與家人、同伴的緊密聯繫。天蠍主掌深層情緒以及過去經驗，因此這張牌也顯示出童年經驗為你帶來的影響。聖杯六對應的生命樹位置在Tiphareth，這是象徵美與重生的薩弗洛斯球體，因此這張牌也代表你和以往生活中的人重新取得聯繫。

六這個數字代表寧靜與和平。六星芒的大衛之星是由兩個三角形組成，代表著人間天堂的概念——這提醒了我們，可以在塵世生活中將內在的神聖面與靈性面實踐出來，達到身心靈的和諧狀態。聖杯六這張牌的兩個主題就是過去與當下現在。它的挑戰在於，如何整合我們一路以來的人生經驗、調和過往回憶與當下現實、創造美好未來——這個概念最終會在聖杯十這張代表家庭與情感表露的牌中得到完滿實現。花園石雕臺上斜角交叉的十字，就是「聖安德魯十字」（saltire cross），正好是羅馬數字X（10）的形狀，再一次強調了在地球實踐慈愛精神的理想概念。

正位牌義

聖杯六正位，代表美好回憶，以及以愉快心情緬懷童年時光。如果你有孩子的話，他們會讓你回想起自己的童年，或者，你會鬆開自己內在孩童的韁繩，讓他毫無顧慮地出來遊戲。這段時間，你也會重溫跟過去有關的人事物，比如：和老朋友團聚、與遠方的家人聯繫，或是落葉歸根返回家鄉。這張牌也可能預示了你會旅行返家，或是回到你曾經有過深刻記憶的地方。從某個角度來說，回顧過去對你的當下現況也會有所助益，因為，與老朋友共同談論往事或互相交流，將能帶給你新的靈感、發現新的道路。

整體而言，這段時間你在人際關係中會找到適當的平衡點，維持在和諧共處的狀態。聖杯六也代表憐憫與仁慈，因此如果你過去受到不好的待遇，現在這個情況將會得到改善。甜蜜幸福的日子就在前方，任何阻撓或不安都會得到緩解與彌補。

在愛情上，可能有機會舊情復燃，你需要權衡一下，是否值得回復這段感情。

逆位牌義

聖杯六逆位，代表你被過去回憶所掌控，而且可能過度美化了那些經驗。聖杯六逆位也代表你沉溺於過去，不肯讓自己往前走。你需要讓某段感情留在過去，而不是重新讓它復活。意料之外的訪客或聯繫可能會讓你遁入某些回憶，這時，你需要讓那些事件安息，將它們放下，因為這些人對你未來的生活而言已經無足輕重。

聖杯七
SEVEN OF CUPS

* **元素**：水
* **占星連結**：金星在天蠍座
* **數字編號**：7
* **生命樹位置**：Netzach，永恆耐力、本能與慾望的薩弗洛斯
* **關鍵牌義**：機遇和極端

牌面解析

　　七個杯子漂浮在空中，一個全身罩著黑影的人似乎正在看著這些杯子，甚至好像正在對它們下命令。每一個杯子都各自立在一小朵雲上，和聖杯一的圖案類似，而且像是把聖杯一乘以七倍，為我們帶來七種潛能禮物或七個起始點——不過，只有我們才能判別出哪一個真正可行。這時的我們，就像牌面前方那位黑影人，身處陰暗之中，試圖區分何者是幻想、何者是現實。

　　每一個杯子都裝著一樣象徵物。第一個杯子是一張男性的臉，他有一頭捲髮，呼應了大阿爾克那XIV號節制牌上的大天使麥可，象徵更高層次的主宰力量。你也可以將它視為自己的倒影，象徵你未來的潛能。中間的杯子是一個蓋著布的人，象徵隱而未見的事物，也可以視為基督或揚升意識的象徵，而那位黑影人可能從中有感應到某個尚未被揭露的神聖計畫。

第三個杯子裡的蛇代表智慧和奉承。（蛇這個符號也出現在VI號戀人、X號命運之輪。）下排最左邊是蓋在岩石上的塔樓，看得出是一座幻想的城堡——如同A.E.偉特所言：「這些圖像最特別之處在於它們所蘊藏的荒誕幻想精神。」第五個杯子是滿溢的珠寶，代表富足與豐盛。第六個杯子是一個勝利標誌的花環，跟權杖六的花環一樣，但是杯身上面卻映著一個骷顱頭陰影，像在對這個正面象徵物提出疑問——就算花環是所有象徵物當中最明顯帶有正向意涵的東西，事實可能並非如表面所見那麼簡單。花環可以代表比死亡更為重要的名聲或聲譽，就像在大阿爾克那旅程中提到的，經歷戰爭而贏得勝利的遊行隊伍（見本書第11頁）。第七個杯子是一隻吐著叉舌的蠑螈或龍。究竟我們聽到的是謊言還是真相，誰知道呢？

這張牌上的七個符號，彼此相互映照，你中有我我中有你，根據偉特的說法，它們是「倒影、情緒感受、想像，是你在沉思冥想的玻璃杯上看見的事物」。其實，他們並不是真實的。

在占星學上，聖杯七連結的是位於天蠍座的金星，這個占星組合代表瘋狂熱情和極端反應。當這張牌出現逆位時，表示此人容易有強迫性的思維。聖杯七對應的生命樹位置在Netzach，這是代表恆久耐力與慾望的薩弗洛斯，在這張牌上，我們可以將它解讀為持續不斷的幻想。

七是一個神祕的數字。對於太陽神阿波羅，也就是著名的德爾菲神諭（Delphic oracle）的創建者來說，七是一個神聖數字，一星期有七天、人類的惡行有七大罪、世界有七大奇蹟（見本書第58頁戰車牌）。七也代表可能性：它是代表天堂的三以及代表俗世人間的四的加總，因此象徵了在俗世人間建造天堂，將理想付諸實現的可能。

正位牌義

聖杯七正位，代表抉擇與困惑——儘管牌面上有七種讓人驚奇的機會選項，但這些選項和物件卻是虛幻不實的。目前還看不出來哪一個是真實可行的，哪一個是幻想，因為每一樣東西都浮在空中，就像牌面上這七個漂浮在半空中的杯子。你必須加以明辨，從每一條道路找出真正可行的方法，但最終你還是需要根據你的直覺與感受來做出抉擇。這不是理性邏輯的測驗，你要跟隨自然之理的流動，信賴你的內在覺知。不要倉促做決定。在感情上，這張牌代表會有新的戀情再次出現，財務狀況也會改善。

聖杯七也是一張關於實踐夢想的牌，代表一項新的計畫已經展開，任何事情都有可能發生，延伸的意義就是夢想與願景。

逆位牌義

聖杯七逆位，和正位意義差不多，但是可能比較容易出現極端情緒。要小心對於某件事過於理想化，逃避現實中存在的困難，所帶來的危險。在情感方面，這張牌代表容易被表象欺騙，比如，你的新戀人很可能對你不忠。這個時候，不要冒然許下承諾。要避免讓自己陷入麻煩當中；先冷靜下來，往後退一步，看清事實再做選擇也不遲。

聖杯八
EIGHT OF CUPS

* **元素**：水
* **占星連結**：土星在雙魚座
* **數字編號**：8
* **生命樹位置**：Hod，宏偉與心智頭腦的薩弗洛斯
* **關鍵牌義**：分離、改變、情感智能

牌面解析

　　跟XVIII號月亮牌一樣，我們又看到太陽和月亮相結合的臉。哪一面能取得主宰呢？是太陽（心智頭腦）還是月亮（衝動和直覺）？此刻正值夜晚十分，是屬於月亮的王國：在她的光芒照耀下，我們的英雄轉身離開他熟悉的環境，只接受本能直覺的導引。太陽仍會在翌日升起，那是屬於計畫與務實的時刻，而現在，他必須隨順當下因緣流動，跟著流水前往新的目的地。

　　這位披著斗篷的人已經找到他要前進的路。一條由低矮石塊鋪陳的狹長道路，一路通往鬆軟的河岸，他手拄拐杖，堅定地沿著道路前行。他的拐杖讓我們聯想到魔術師的魔法權杖，或是隱士的長杖，同樣象徵內在的指引。他身上的紅色斗篷顯示出他有能力實現他的願望。我們也感覺到，他似乎是幾分鐘前才剛剛離開他的那些杯子——上排三個杯子當中留了一個縫隙，剛好可以從中看見他的身影，彷彿他才剛剛跟這些杯子道別。他背對著我們，堅定地往右邊的山巒走去，象徵面對新的挑戰，美好的經驗即將來臨。在他遊歷整座山之後，我們知道，我們的英雄將會獲得截然不同的視野。

聖杯八的占星連結是位於雙魚座的土星。土星，這個任務取向的行星，落進充滿想像力的雙魚座，構成了現實與理想之間的潛在衝突。或許，化解之道就在這張牌的生命樹路徑圖上。Hod，代表雄偉之意的薩弗洛斯球體，在這張牌中象徵了對於心智頭腦的掌握力，也就是：尋得解決之道與方向。

八這個數字代表圓滿完成。它結合了兩組象徵穩定的四，不過，在聖杯牌組的解讀當中，四代表不滿和厭煩，所以，聖杯八就是雙倍的厭煩，或是處在一種停滯不前的局面。人際溝通、創造力、金錢各方面都停止流動，一定要重新尋找出路才行。

正位牌義

聖杯八正位，代表這段時間處於焦躁不安狀態，感覺好像失落了什麼東西。工作和感情方面，從外表看來似乎和諧無事，但你的直覺卻告訴你不是這樣。最終結果很可能是離開。傳統上，聖杯八預示了你可能會從某個情境中撤離，或是因為發現結果可能並不圓滿，而終止一項協議。但你不該草率做出決定，一定要等到確定自己不可能從中獲益或是做出貢獻了，才這樣做。如果選擇的時間點正確，遇到的麻煩會比較少，就像牌面上這個人選在夜晚時分上路，時間對的話，你就可以安安靜靜迅速離去。當然，傷心是難免的，但不致感到後悔──假如你是在適當時間離開的話。

如同這位穿著紅色斗篷的人沿著河岸行走，現在的你也該隨順因緣而行。很快你就會恢復精神活力，朝著你真正有興趣的方向前進，也會滿意你所達到的成就。

占牌時出現這張牌，表示你早已經在心情上離開某件事情，現在只差行動而已。這張牌也顯示出你可能會展開一趟旅程，可能是實際上的旅行、或者精神靈性的成長旅程。

逆位牌義

你在堅持什麼呢？不妨做個檢視：你是不是依然耽溺於過去，即使你明知道目前的生活狀態需要改變？聖杯八逆位代表你做出了錯誤的判斷，以致太快跳離，或是遲遲不肯離開，你無法看到還有其他選項存在。這個時候，你已經無法用邏輯思維來解套；就像聖杯八所在的生命樹位置Hod（宏偉）──代表心智頭腦及其策略的薩弗洛斯，理性頭腦的選擇或許會讓你感覺自己還能掌控整個局面，但是能帶領你往前進的，其實是你的直覺。這時，時間點的選擇非常重要，你要相信你自己，你會知道什麼時候行動是最正確的，而且不會有壓力。除此之外，聖杯八逆位也代表一種被遺棄的感覺，因為有人有不顧你的尊嚴，急著把你拋下，自行離去。

聖杯九
NINE OF CUPS

★ **元素**：水
★ **占星連結**：木星在雙魚座
★ **數字編號**：9
★ **生命樹位置**：Yesod，基礎與潛意識心智的薩弗洛斯
★ **關鍵牌義**：幸福快樂

牌面解析

　　一名男子坐在椅子上，身後桌面擺著九個杯子，呈半圓形方式將他環繞。這位男子滿懷自信、神采奕奕，可以看得出他的生活非常快樂而且成就圓滿。這些杯子都是獎杯，是他過去付出努力所得到的獎勵，他展示給所有人看。這是一張充滿真實快樂幸福氛圍的牌；這個男人所擁有的東西已經近乎完滿。桌面蓋著一張藍布，看起來像是宴會場合，派對即將展開。作為宴會主人的角色，他穩如泰山，非常開心可以將自己的財富與他人分享。對於自己的富裕，他感到怡然自在。他直挺挺坐在矮腳椅上，頭戴帽子，腳穿襪子——剛好兩者都是紅色的，代表充滿活力生機、盡情享受生命之歡樂。

　　幸運的木星現在落入充滿理想主義的雙魚座，在占星學上，聖杯九代表著好運、財富、歡樂，以及慷慨無私的精神。由於雙魚座天性具有人道主義情懷，因此聖杯九當中的這位英雄理所當然樂意慷慨與人分享。這張牌的生命樹位置在Yesod，意思是「基礎」。由月亮所主宰、象徵潛意識的Yesod，將直覺力與邏輯思維結合起來，維持在平衡狀態，使它符應我們的人生目標。

作為聖杯牌組當中的第九張牌，代表情緒得到完整表露，情感得以自然流動。九也代表心智頭腦、身體以及靈魂三位一體，展現出我們人性當中的完美和諧狀態。從這個角度來看，聖杯九象徵全然表露的喜悅。圖面上的九個杯子，彼此緊密相連，形成一個半圓，象徵了親密與聯繫。

正位牌義

聖杯九被稱為塔羅中的「願望牌」，因為它能夠預言夢想成真。無論你許下什麼的願望，現在它都會實現。繁榮、慷慨、樂觀帶來歡心喜悅，還有各種宴會派對和娛樂。

在感情方面，聖杯九代表新的戀情以及友情得到回報。無論之前你心裡有什麼感受，現在你都能夠將它們表露出來，因為對方會用他們的心來感受。苦苦等待戀情的日子已經結束；如果愛情已經滋長，它一定會有圓滿結局。你與朋友的感情會更親密，彼此更能心意相通。由於你能夠真實表露自己，對方也會以真實來回應。由於能夠真誠相待，你與他人的溝通也會更加順暢，新的工作會進來，正在進行的工作會得到更多報償。這段時間的你，人際交流順利、生活充滿歡笑，對所擁有的一切充滿感激。

如果你正在醞釀一個新的工作計畫或想法，聖杯九的出現代表這件事會進行得很順利，好好聆聽你的直覺，去從事你感到快樂的活動，享受豐盛的成果。在占星學上，這張牌連結的是位於雙魚座的木星，這個組合有助於提升你的想像力、藝術嗅覺以及無私之心，因此，你可以把握這段時間將你的理念分享出去。保持獨立自主在這段時間也很重要。

聖杯九正位也代表身體健康、壓力得到釋放，過去的負面情緒如水流逝。現在正是好好欣賞當下喜樂歡愉的時刻。

逆位牌義

聖杯九逆位，代表受到小我掌控，出現自我中心、與人情感脫節的狀況，因此顯現出自命不凡的心態。占牌時出現聖杯九逆位，通常意謂著自戀傾向，比如，你發現別人無法看見他們努力追求眼前利益之時所忽略的東西。這可能會影響到你個人的人際關係以及工作上的溝通，因為當別人為了追求眼前利益而汲汲營營時，你一個人卻獨自在一旁感到受傷。無論如何，你都可以問問自己，你是不是在團隊中因為過度想要爭取認同，而排擠了別人。

在個人或工作上，不確定的規則會導致誤解，你的計畫可能會受到拖延。這時你的創意會出現阻礙，走走停停、不太順利。試著讓自己保持在平衡狀態，以固定進度前進，有助於疏通受阻的水流，讓理想和計畫能夠延續下去。這時候你可能不會有新的創意出現，但是這無損於你的價值，你的理念所擁有的力量也不致受到減損。

現在，你要多多關心自己以及你的人際關係，因為你的精神現在處於低迷狀態；不妨稍微蟄伏一下，等待熱情重新燃起。

聖杯十
TEN OF CUPS

* **元素**：水
* **占星連結**：火星在雙魚座
* **數字編號**：10
* **生命樹位置**：Malkuth，王國，生命經驗的
  薩弗洛斯
* **關鍵牌義**：繁榮、喜悅、家庭和樂、滿足

牌面解析

　　這是一個非常完美理想的家庭和樂畫面：母親、父親，還有他們的兩個小孩正在快樂地跳舞。我們看到他們的房子蓋在河流上游，而在河流下游，這對夫婦仰望著天空中，十個閃閃發光的金杯成列排在彩虹弧光上。這條河汩汩奔流，樹木繁茂生長，天空萬里無雲，一片晴朗。從他們身上的穿著可以看得出來，這家人生活富裕，而且似乎正在為某項成就而歡欣慶祝。這裡是他們的「王國」，也就是這張牌所在的生命樹位置：Malkuth，代表生命經驗的薩弗洛斯。還有什麼地方比這裡更讓人感到安心和滿足的呢？

　　這張牌的重點完美的理想。這是完美的生活寫照，因為畫面上出現了十個金杯；彩虹也是象徵希望和獎賞的符號。我們只看到這對夫婦的背影，雖然這兩個孩子全神貫注於自己的遊戲，但他們自得其樂，同時他們的父母親高舉雙手，似乎在感謝上天賜予與他們的一切。

　　在靈數學上，十代表圓滿與完美。因此聖杯十這張牌代表了最極致的幸福。在這十個杯子當中，其中四個杯身碰在一起，這或許是在反映畫面中的四個人彼此關係緊密。

聖杯十的占星連結，顯示出這張牌的重點在於感性面，而非頭腦理智面：火星的好戰性格在柔情又具有理想性格的雙魚座當中被削減了，因此這張牌著重的是直覺和情緒感受。

正位牌義

聖杯十正位，可算是小阿爾克那牌組當中最正向積極的牌之一，將愛的利益與家庭帶來的安全感表露無遺；這張牌中的小孩子代表愛，而且通常表示小孩子在社會和學校方面的表現都非常好，學業成績優異。因此抽到這張牌也代表夫妻之間感情很好、家庭和樂，或是朋友之間相處融洽愉快。在工作上，聖杯十代表與生意夥伴以及其他人際網路都相處和諧。一致為共同利益打拚，而不是相互競爭，會是你力量的來源。事實上，整體來說，現在你無論是參與體育活動、各種委員會、合唱團，或是團體旅遊與任何合作計畫，一切都會非常順利。

在感情方面，情感的表露會比較積極。夥伴之間彼此信賴，關係穩定，比之前更能相互支持與鼓勵。家庭當中不同世代之間也相處和諧，沒有爭執。這張牌的出現也經常代表可能會有結婚、宴會，以及其他重要慶典的機會出現。父母與小孩之間、小孩與祖父母之間，還有其他家族成員之間，將會更有向心力，生活更加美滿充實。假如你一直在尋找新家，那麼聖杯十的出現代表你的願望會成真，你一定會找到你滿意的房子。

在工作計畫方面，這張牌的出現代表你之前的辛勤努力終將開花結果。在財務上，聖杯十預示了你財運極佳，你會得到一切應得的報償。

逆位牌義

聖杯十出現逆位，雖然還是保有這張牌的正向氛圍，但是友誼或家庭成員當中隱隱出現一些感情的變化。有一項家庭問題需要解決，因為你的日常行程被打亂，或是感覺到關係當中有些意見不合；同時，你可能覺得自己沒有受到尊重，因為長輩的關係，讓你無法有足夠的時間和孩子相處。因為溝通不良，你與朋友或家人的聚會計畫可能會有變數。而且，為了保持表面和諧，你可能沒辦法說出真心話。

聖杯十逆位帶來的影響是，友誼會出現問題，結果可能造成你的朋友圈當中，有一兩位離開你，或是新加入的朋友讓你感覺不舒服，破壞了你在團體中的興致。不過，其他你喜歡的人會很快進入這個圈子，取代他們的位置。

務必記得，這些不順利都是暫時的，並不是什麼嚴重的問題，因為聖杯十的最大特色在於，即使逆位，它還是一張好牌。

PAGE *of* CUPS.

© 1990 U.S. Games Systems, Inc.

聖杯侍者
PAGE OF CUPS

☆ **元素**：水中之土
☆ **關鍵牌義**：愛的消息

牌面解析

　　一位童話故事裡的侍者，手中捧著一個聖杯，眼睛注視著杯裡的一條魚，那條魚也注視著他，好像在跟他說話。這條魚在這裡象徵了夢想和情緒感受，因此聖杯侍者此時正在思考，究竟什麼才是他內心真正的渴望和衝動。在民間傳說與中國神話當中，魚是繁榮興旺的象徵；遠古時代凱爾特神話英雄芬恩‧麥克庫爾（Fionn MacCumhail），因為吃了智慧鮭魚而擁有過人的智慧；在基督宗教之外的異教信仰中，魚一直是生育力的象徵，代表女性的生殖器。在希臘和羅馬時代，遭到迫害的基督徒也用魚來作為象徵靈魂的祕密符號。不過，聖杯侍者牌面上的這隻魚並沒有這麼深層的寓意，而是帶有調皮的魔法和輕鬆的心態——這正好是這張牌的關鍵牌義之一。

侍者站在乾燥的土地上，身後有一條流動的水；或許杯子裡的魚就是從這條河或海洋跳上來的。這張牌的元素是「水中之土」，表示情感、思緒以及理念——也就是「水」——也可以變成像「土」一樣堅實的物質。聖杯侍者的衣袍上繪有蓮花圖案，而蓮花在傳統上代表純潔，因此象徵這位侍者的心純淨沒有汙染。他的衣服顏色是藍色與粉色相襯，代表同時具備靈性與愛。帽子上的那條圍巾往下垂繞在肩膀上，呼應了水的流動曲線。由此，我們可以看到他的情緒是明顯外露的。圍巾的其中一端摺成扇貝的形狀，這又是另一個象徵，和魚的棲息地相呼應。

　　塔羅的侍者牌與騎士牌一般來說可以代表人或是影響力，而另外兩張宮廷牌（王后與國王）則是明確代表某個人。占牌時，你可以先把重點放在侍者的牌面圖案，讓直覺來導引你做出最適當的牌義解讀，然後再參考本書的牌義解說（本書第8頁第一章也有相關說明）。

正位牌義

　　代表影響力：聖杯侍者代表社交能力、好伴侶，以及歡樂氣氛。無論你是何種年紀，侍者的出現代表你會感覺自己年輕有活力。由於侍者是傳訊的信使，因此聖杯侍者也代表你的生活中會出現影響你心情的好消息，比如，人際關係、小孩，以及財務狀況（可能直接影響到你的人際關係）。在愛情方面，聖杯侍者代表你很有可能會遇到新戀情。戀情的對象並不是這位侍者，侍者只是一個傳訊人，但他會帶來訊息，讓你知道愛情即將降臨在你身上。雖然你可能急著想要談戀愛，但最好還是保持理智暫緩一下。你還有其他的責任，比如工作或考試，暫時還不能拋下不顧。

　　這張牌的出現也有利於你的想像力與創造力，因此這時你適合做出新的規劃，改善你的家中布置和生活方式。假如你長久以來都處於不安和困惑狀態，聖杯侍者向你保證，你會度過難關，一切都會平安無事，好日子不遠矣。財務方面也會有所改善。

　　代表某個人：這是一位有藝術氣質的人，因為聖杯侍者是一位夢想家。他熱愛人群，心思很敏銳、直覺力很強，而且天性大方慷慨，但有時候會慷慨過頭。他是一位好朋友，會熱心介紹別人加入他的朋友圈。聖杯侍者也常常代表一個心思敏感的小孩，或是你關心的某位年輕人。

　　在牌陣中代表「你」：現在值得好好享受生命的歡愉。

　　牌陣中出現侍者牌：如果占牌時有兩張以上的侍者牌接連出現，其牌義如下。

※ **兩張侍者：**兩張都正位，代表友誼，其中一張或兩張都是逆位，代表敵對競爭。
※ **三張侍者：**大量社交活動。
※ **四張侍者：**一群年輕人組成的社團。

逆位牌義

　　聖杯侍者逆位，代表會出現挫折與不負責任的情況。付出的心力沒有得到實際成果；你會感覺生命只是工作，沒有半點樂趣可言。如果是代表某個人，聖杯侍者逆位表示這個人情緒不成熟，只是希望得到別人的關注，因此你不能信賴他的意見，他在乎的只是自己的需要而已。此外，這個人可能一直活在自己幻想的世界，一受到挑戰就變得防衛心很強。在家庭關係中，可能有一個小孩覺得很難表露自己的感受。

　　聖杯侍者逆位也代表太過迷醉於某件事——宴會派對實在太多了！現在你需要冷靜下來，回到正常軌道上。

聖杯騎士
KNIGHT OF CUPS

* **元素**：水中之火
* **占星連結**：水瓶座和雙魚座
* **關鍵牌義**：一項提議

牌面解析

　　這真的是一位神氣自豪的騎士。他的英雄頭盔頂上飾有希臘傳訊之神赫爾墨斯的翅膀，挺身跨騎在一匹駿馬之上，他的衣袍金光閃閃而且平整優雅，比較像是一般外出裝扮，而不是為了打仗。如同所有傳統騎士必然有其追求之物，聖杯騎士追求的是愛情，這點可以從牌面上的兩個元素看出來：他伸手舉著一個空杯，即是象徵愛情的聖杯；而蜿蜒流經山谷的小河，象徵他將跟隨情感自然流動。他盔甲是藍色的，代表真實、忠誠（和II號女祭司的藍色長袍一樣），而衣袍上紅色的魚則象徵熱情，以及信仰（參見本書第140頁聖杯侍者）。

　　這張牌的元素是「水中之火」。這兩個元素的結合構成了情感上的衝突：火與水會相互抵消，因此聖杯騎士偶爾會表現出虛張聲勢的逞能逞強，一下子又顯得過度敏感。他的話語可能很吸引人，但實際上要行動時又非常猶豫——這並不是已婚騎士的理想特質。說實話，我們寧可讓一位果斷的寶劍騎士、或行動英雄權杖騎士來保護我們與捍衛疆土。聖杯騎士的個性比較像是法國吟遊詩人克雷蒂安・德・特魯瓦（Chrétien de Troyes）的作品《亞瑟之死》（Le Morte d' Arthur）當中那些理想化的騎士——當時的人求愛總是遵循著嚴謹的儀式。由於愛情是遙不可及的理想，因此，追求不到的女子便成了眾騎士瘋狂癡迷的對象，這與俗世生活當中真實互有回應的交往關係相去甚遠。不過，這就是我們的聖杯騎士：滿身才華、高談闊論。但他的甜言蜜語會落實為承諾嗎？

塔羅的騎士牌和侍者牌一般來說可以代表某個人或是某種影響力，而另外兩張宮廷牌（王后與國王）則是明確代表某個人。占牌時，你可以先把重點放在騎士的牌面圖案，讓直覺來導引你做出最適當的牌義解讀，然後再參考本書的牌義解說（本書第8頁第一章也有相關說明）。

正位牌義

代表影響力：占牌時出現聖杯騎士，代表你可能會經歷感情的波動，比如可能會有一個新的追求對象（甚至不只一個），如果你已經有對象，那麼你們的戀情會滋長，而且（或是）有其他美好的事情激發了你的想像力，比如美景、大自然，暫時放下工作或日常事務，抑或是從事有創造力的活動等等。可能有新朋友會進入你的生活圈。

代表某個人：滿懷理想與夢想、具有藝術氣質，而且纖細敏感，這是一位真正浪漫的騎士。占牌當中出現這張牌，代表愛情滋長，甚至可能會有求婚的機會，如果你身邊有伴侶，那麼這絕對是一張好牌。不過，如果是新的戀情對象，那最好小心以對。聖杯騎士是一個理想主義者，想要談戀愛，卻又很難明白表達他的真實情感。他可能會躲在理想伴侶的性格後面——外表看起來英勇而慷慨，但實際上你卻無法從他的行動看出他真正的心思。在愛情發展初期，這種表現是可以理解的，但如果真實行動始終無法與甜言蜜語相符，那麼你就要小心一點；不要一下子就淪陷了。

在牌陣中代表「你」：對真實的愛保持開放；不要僅憑外表來下定論。

牌陣中出現騎士牌：如果占牌時有兩張以上的騎士牌接連出現，其牌義如下。

❋ **兩張騎士：**兩張都正位，代表友情；其中一張或兩張都逆位，代表競爭。
❋ **三張騎士：**男人的聚會。
❋ **四張騎士：**大量的行動；事情加速進展。

逆位牌義

聖杯騎士逆位代表失望——乍看之下是完美的提議，實際上卻無法實現，讓你感到非常困惑，而且很有可能你會被甩。如果這張逆位牌是代表某個人，那麼表示此人不可信賴。他只是放鉤子在釣你，只想有浪漫的戀情或是性關係，但是完全不想跨越愛情的蜜月期。很可能他會四處留情，不斷重複這種操控式的愛情。

占牌時出現聖杯騎士逆位，表示這位戀人有親密關係和承諾的困難。他的行為可能經常變幻莫測，但是當你對他提出質疑，他又會否認自己不是那樣，而且試圖把問題轉移到你身上。在這樣的關係之下，離開當然是對你最好的，因為這位騎士除了空口白話之外，對你完全沒有好處可言。

QUEEN of CUPS.

© 1990 U.S. Games Systems, Inc.

聖杯王后
QUEEN OF CUPS

✳ **元素**：水中之水
✳ **占星連結**：雙子座和巨蟹座
✳ **脈輪**：臍輪、心輪、第三眼，代表創造力、
　　　　愛、靈視力
✳ **關鍵牌義**：一位直覺力很強的女性

牌面解析

　　聖杯王后可以被視為III號女皇牌的其中一個面向，或是帶來慈愛、良善、豐盛的母親原型。她以虔敬之心捧著她的一件珍貴寶物，一個華麗的金色聖杯。聖杯頂端有一個十字架，兩側各安著一位祈禱的天使，這個聖杯是信仰與靈性的象徵。聖杯的蓋子是緊閉的，暗喻子宮的神聖性與生命的創造。

　　牌面上有三個水寶寶，一個手上抓著象徵財富的魚，另外兩個是一對，像聖杯王后連結星座雙子座符號，在王后寶座椅背頂端各踞一側。水寶寶象徵王后的母性本能。水寶寶和海灘的圖案可能是受到維多利亞時代的一個兒童故事的影響，在萊德偉特塔羅出現之時，這個故事在民間依然廣為流傳。

　　查爾斯·金斯萊（Charles Kingsley）在1863年出版的小說《水孩子：寫給陸地寶寶的童話故事》（The Water-Babies: A Fairy Tale for a Land Baby），講述的是一個掃煙囪的孩子湯姆，在仙女的感化、教育和引導下最後變成一個水孩子的故事。作者金斯萊告訴讀者，我們必須對這類事情保持開放之心，因為我們所知的事物，不過僅占這廣大世界中「一個最小的角落」──正好呼應了他書中所言：「唯有小孩子能在無邊無際的海岸撿到鵝卵石。」或許，聖杯王后就是坐在金斯萊無邊無際的知識大海之岸，她腳邊的鵝卵石象徵了智慧的各種要素，被海水沖上岸，來到我們眼前。這些鵝卵石也重複出現在王后所戴的王冠以及金色聖杯的蓋子上，一簇簇像是金塊，象徵王后慷慨仁慈的心性。

這張牌的元素是「水中之水」，代表極端感性。寶座上端的扇貝形雕飾，反映出主掌這張牌的水元素，也與王后胸前所戴的貝殼胸針相呼應，粉色則代表愛。這裡的貝殼也呼應了文藝復興時期義大利畫家波提切利（Botticelli）在1486年完成的畫作「維納斯的誕生」，女神赤裸著身子踩在一個貝殼之上，從海中誕生——把聖杯王后這張牌與象徵俗世與神聖之愛的維納斯／阿芙蘿黛蒂女神連結了起來。魚鱗披肩垂落在王后腳邊，浸入水中，寶座的下半部裝飾著水的波紋，讓王后看起來跟水似乎成為一體。甚至王后頭上的髮辮也像是鱗片一般，而且跟波提切利的維納斯一樣是紅褐色的。

塔羅的王后牌與國王牌，傳統上是代表你生活中或是即將進入你生活的某個人。不過，王后牌也可以代表某種影響力，在最後一段我們會有牌義解析。

正位牌義

代表某個人：聖杯王后預示了有一位直覺力極強、敏感度很高的女人會為你帶來正向影響。她富有同情心又很會照顧人，情緒智商極高。她的工作可能跟藝術有關，而且很容易被有關醫學、看護、輔助療法、某種類型的行銷，或是非主流的議題所吸引。由於她個性纖細敏感，天生具有同理心，這位王后必須謹慎選擇她的親密朋友，不過一旦她與一個人往來，她就會很疼惜對方，就像她捧在手上的金杯一樣。

占卜中出現這張牌，經常是代表一位理想的女性伴侶，對親密關係毫無畏懼，但是懂得保有自己的立場與適當界限。這張牌也可以代表即將為人母親、生養小孩。

在牌陣中代表「你」：愛與付出，你讓這個世界更加美好。

牌陣中出現聖杯王后：愛與幸福是最重要的——戀愛、愛心行為，以及誠實表露感性的一面。你唯一需要做的事就是跟隨你的心。創造力在這時也會提升。同時，多多留意你的夢境，裡面會出現對你有益的訊息。

如果占牌時有兩張以上的王后牌接連出現，其牌義如下。

※ **兩張王后**：競爭、相互競較。
※ **三張王后**：對你有幫助的朋友。
※ **四張王后**：女人的聚會。

逆位牌義

聖杯王后逆位，代表你在情感上或財務上出現壓力。可能是在感情中出現嫉妒心，最壞的情況是，表示有人在這段關係裡不忠實。如果這張逆位牌是代表某個人，那表示這個人有強迫的性格傾向，喜歡爭寵，而且凡事都要聽從她的意見。她會榨乾身邊所有的人，因此，儘量不要完全滿足她的需索。她不是一個適合發展感情的對象，也不適合對她提供財務上的幫忙。

聖杯國王
KING OF CUPS

* **元素**：水中之風
* **占星連結**：天秤座和天蠍座
* **脈輪**：心輪、第三眼、太陽神經叢，代表
　　　　　愛、直覺力、智慧
* **關鍵牌義**：一位陽剛有魅力的男性

牌面解析

　　聖杯國王可視為是IV號皇帝或父親原型的其中一個面向，代表結構、秩序、權威。他管轄的是屬於感性的王國。

　　國王坐在海面的一個寶座上，安然自在又穩如泰山，儘管這座大海看起來似乎有暴風雨來襲——海面上的船隻因為受到狂風吹襲而船身傾斜，灰色天際之下浪濤洶湧。他的寶座椅背是貝殼形狀，雖然他一人孤零零坐在海上，但表情看起來還是很冷靜，這個形象呼應了希臘神話中那位人身魚尾的海之信使崔萊頓（Triton），用海螺殼當作號角來揚起海浪。

　　這位國王的象徵符號是魚，代表繁榮豐盛與信仰，或是熱情，因此他的脖子上戴著一個魚形的附護身符；同時牌面左方也有一隻小海豚或是魚從海面躍起。海水由草綠色、碧綠色以及灰色相間構成，正好都是代表感性的顏色。國王的皇冠上也有波浪和紅色水母的圖案。水母相當貼切地呼應了聖杯國王的占星關聯當中的天蠍座，因為天蠍身上的螫針也足以使人致命。水母這個意象的出現，可能跟被希臘神祇珀耳修斯（Perseus）斬首的蛇髮女妖梅杜莎（Gorgon Medusa，Medusa的另一個意思是水母）有關——「水母階段」（medusa　stage）就是指腔腸動物生命週期中長成像水母那樣可以四處游動的生命階段。水母無法靠自己本身的力量前進，而是以收縮搏動的方式隨著水流來移動，因此也象徵著接受與信賴。

聖杯國王的元素是「水中之風」，代表水蒸氣和雲。水因為熱度而蒸發，因此聖杯國王可以將水轉化成風，將情緒感受轉化為思想意念——也就是從心到頭腦的轉換。如同崔萊頓可以用號角揚起波浪，他是自身情緒波濤的主人。水中之風也是一個充滿挑戰的組合，因此國王會努力在情感的收放之間尋求平衡。

塔羅牌中的國王牌與王后牌，傳統上是代表你生活中或是即將進入你生活的某個人。不過，國王牌也可以代表某種影響力，在最後一段我們會有牌義解析。

正位牌義

代表某個人：聖杯國王代表一位熱心熱情，而且非常有魅力的男性。他的職業可能是學者、律師、顧問、商人、科學家或藝術家。在工作上，他聽從他的直覺。在朋友之間，他善於交際，但是就像他的對手聖杯王后一樣，這位國王心思細膩敏感，而且需要謹慎選擇親密好友。因此之故，他的交友圈雖然廣泛，但真正的知己僅有一兩人。由於他極富同情心，有時候他得試著去控制自己感性的一面，因此偶爾會讓人感覺有距離。他經常需要先花時間處理自己的感性情緒，才會將它們表露出來。

占牌時出現這張牌，表示這是一位理想的愛情伴侶，他不畏懼親密關係，同時又很穩重，懂得保持適當的界限。這張牌的出現也預示了可能成為父親、生養小孩。

在牌陣中代表「你」：跟隨你的心。

牌陣中出現聖杯國王：表示有衝突需要解決，這個衝突可能是你內在跟自己的衝突，也可能是跟別人的衝突，通常是在工作上或家庭中。你不確定自己是要聽從理性邏輯還是感性，是要跟隨大眾的共識還是要相信自己的直覺。如果你有這種疑問，請聽從你的直覺，讓你的心來作主吧！在談判協商中，可以好好運用你的個人魅力與同理心。如果對方能夠感受到你真正為他們著想，他們就會放下防衛之心，與你好好溝通。

如果占牌時有兩張以上的國王牌接連出現，其牌義如下。

* **兩張國王**：一位很棒的夥伴。
* **三張國王**：具有影響力的男性。
* **四張國王**：權力鬥爭。

逆位牌義

聖杯國王逆位，代表情感脆弱、容易受傷。如果這張牌是指你生活中的人，表示你現在面對的這個人性格喜怒無常。此人可能行事神祕低調、容易內疚，而且不善溝通，不會把他們的困境歸咎於別人。所幸，這個狀況是暫時的，事情很快會有轉變。

聖杯國王逆位的另外一個含義是：代表一個具有破壞性行為模式的人，而且可能染有某種癮癖（參見第90頁XV號惡魔牌）。

錢幣一（王牌）
ACE OF PENTACLES

* ☆ **元素**：土
* ☆ **占星連結**：土象星座—金牛、處女、摩羯
* ☆ **數字編號**：1
* ☆ **生命樹位置**：Kether，王冠，神性明光
* ☆ **關鍵牌義**：繁榮、財物、起始

牌面解析

　　雲中伸出一隻手，手上捧著一枚金色錢幣。這是錢幣牌組當中，唯一有雙層外框的一枚錢幣，似乎是在強調它的價值非比尋常。錢幣和雲手下方，有一座種著百合與玫瑰的花園，從橢圓形植栽拱門看出去是一面山景。這是有錢人家的土地，主人養得起一座百合花園，而百合象徵純潔。從玫瑰拱門到白色山巔，一路風景清澈明朗，象徵所面臨的挑戰和雄心抱負都將圓滿達成，毫無阻礙。

　　整體而言，這張牌要傳遞的訊息是：抽到這張牌的人，會得到一筆財富。漂亮的庭園，繁花盛開，這是富裕生活的象徵之一，也是這張錢幣一（王牌）帶給我們的好運。捧著錢幣的是右手，也是代表付出的手（而左手在傳統上代表接受）。

錢幣牌組每一張牌面上的金幣，都刻有五角星的符號。五角星是一個古老的符號，代表四元素之外再加上第五元素——萬物的精神本質（quintessence），也就是神奇的乙太元素（參見本書第34頁I號魔術師牌）。五角星的角尖方向也象徵天堂在上、塵世在下。朝上的尖角代表天堂，正好與這張牌的生命樹位置Kether相呼應，這個薩弗洛斯的意思是「上帝的神聖之光」。五角星的五個尖角也象徵我們身體的五種感官，呼應了這張牌的元素：土，代表我們在這俗塵人間的一切肉體感官經驗，也象徵財富和生產力。

塔羅的四張王牌（一號牌）為各自的牌組提供了純粹能量。一號牌代表與聖靈或上帝合一的狀態。由於這個數字無法再分割，因此他們的能量單一集中、強大，並且具有目的性。四張一號牌皆代表起始、衝動、新的可能，而且是以最純粹、明顯可見的形式出現。

正位牌義

抽到錢幣一正位，代表你生活中每一方面都很吉祥順利。如果錢幣一出現在牌陣中，則是代表對鄰近其他小阿爾克那牌含義的抵消（和XIX號太陽一樣）。錢幣一代表快樂與滿足；你所渴望的都會實現。傳統上，這張牌出現代表有偏財運，很快你就會發現自己有一筆金錢收入，可能是意外之財或贏得博彩，也可能會有人來告訴你賺錢之道。從這個角度而言，這張牌也代表了贏得進一步成就的機會，因此現在你要好好把握這份珍貴禮物，或是別人提供給你的機會，將你的潛能發揮到極致。你一定會找到最好的表現方式，讓它為你創造美好的未來，因為錢幣牌組的出現代表你財運旺盛。

占牌中出現錢幣一，通常代表金錢財產會增加；也預示事物的根基穩固，因此，如果你詢問的是關於家庭或人際感情的問題，那表示你期望的狀態都會實現。這張牌帶來的其中一個訊息就是：不要懷疑你的好運氣，你值得擁有它。

占牌時如果出現一張王牌，表示你要專注於該牌組所應對的生活層面，同時將它設定為解牌的主題。如果占牌時連續出現兩張以上的王牌，其代表牌義如下：

※ **兩張王牌**：重要的同伴關係
※ **三張王牌**：好消息
※ **四張王牌**：感性時刻、起點、潛力

逆位牌義

錢幣王牌逆位，代表貪婪追求和堅持一項結果。這種極端行為會導致拜金思想，當你固定在單一目標上，你生活的其他層面可能會因此受到影響。錢幣一逆位顯示出你可能在時間或金錢上有不當投資的現象，因此，要注意你的投資對象或你所效力的人他們的動機；錢幣一逆位也代表你受到某個不法組織或恣意妄為的人士的不合理對待，你在工作上的努力可能無法實際化為金錢的回報。錢幣一逆位也代表你在理財上出現錯誤和不當；如果是用於預測，這張逆位牌給你的建議是：目前暫時不要做出財務上的重大決定。

在人際關係上，這張逆位牌顯示你身邊有某個親近的人變得貪得無厭、拜金，而且自私自利，或者表示有人沉迷於賭博或花錢無度。

錢幣二
TWO OF PENTACLES

* **元素**：土
* **占星連結**：木星在摩羯座
* **數字編號**：2
* **生命樹位置**：Chockmah，智慧的薩弗洛斯
* **關鍵牌義**：協商

牌面解析

一名年輕男子，左右手各舉著一個錢幣正在跳舞，他用一條綠色帶子將這兩個錢幣套在一起，形成一個8字形無限符號。這個符號也出現在I號魔術師牌和VIII號力量牌，代表平衡、活躍，以及重新開始。這個無盡循環流動的符號也代表著堅定不懈的毅力與耐心。以錢幣二這張牌來說，這位年輕人關心的是金錢的流動；雖然他看起來好像在跳舞，但事實上是像雜耍一樣在應付他手上的這兩個錢幣，以回應外部環境的衝擊變化，因為我們看到，牌面背景中那兩條船正在波濤洶湧的海上顛簸航行。

這個時候，他徘徊在兩種選擇之間。他需要讓自己更加務實，運用理智頭腦來做出抉擇，讓左右兩端保持平衡，這點我們從他頭上戴的紅色高帽子可以看得出來──此時，他的困境在於頭腦理智層面，所以還無法採取行動。這種造型的帽子，就是一般所稱的橡實帽，是十五世紀歐洲的工匠藝人和宮廷弄臣戴的帽子，不過通常沒像這位錢幣舞者戴的這頂那麼高。這副牌的繪者潘蜜拉·柯爾曼·史密斯似乎是刻意將這頂帽子拉長，用以強調頭腦思維的運作，雖然這可能會產生另一種解讀：自我妄想或大頭症，而這明顯就是錢幣二逆位牌的含義。

二這個數字代表夥伴，以錢幣二這張牌來說，強調的是兩個人，或兩股相反方向的力量。舞者讓兩邊的錢幣循著八字形帶子不斷循環交換，使這兩股力量維持在一種張力狀態。一旦做出選擇，這種張力就會消失。

　　在卡巴拉生命樹圖形上，這張牌的位置是在Chockmah，也就是代表智慧與父親形象的薩弗洛斯球體，呼應了這張牌上這位年輕人戴的陰莖形狀的帽子。他需要在兩種選項或行動路徑之間做出抉擇，所憑藉的，就是智慧。

　　在占星學上，這張牌連結落在魔羯座的木星，代表力量與足智多謀。這個占星組合為錢幣二帶來的挑戰是兩股力量的拉扯：一個是密切關注眼前正在發生的情況，另一個是先往後退一步，考慮這個行動可能帶來的長期影響。

正位牌義

　　錢幣二正位，代表做出明確決定，尤其是在金錢管理方面。你目前可能出現暫時性的資金流通問題，需要努力讓收支保持平衡。假使你的收入原本就不穩定，一筆意外支出可能會讓手頭變得更緊；從事自由撰稿工作的人，每個月沒有固定收入，經常會抽到這張牌，合夥做生意的人也是。從好的一面來看，這張牌告訴你，如果你對自己的財務狀況多用點心，你會管理得很好，即使手頭很緊。如果是在占卜牌陣當中，錢幣二這張牌落在「這個人／這個情況」的位置，表示在工作和個人生活之間保持著合理的平衡狀態，或是有意願去尋求這兩者的平衡。

　　占牌時，如果所詢問的問題有兩個選項存在，也經常會出現這張牌，比如選擇自己的生活地點——到底要在自己的家鄉定居，還是出國置產？或是有兩個不同地點的工作可供你選擇，你必須權衡其利弊得失，這種情況下也經常會抽到這張牌。

　　這張牌的延伸牌義是：新的消息會以書面的方式向你呈現，因此你可能會收到一封重要的信或電子郵件。

逆位牌義

　　錢幣二逆位，表示自我中心和驕傲心態會為你帶來阻礙。不負責任地揮霍可能會導致經濟拮据，而且這些理財上的錯誤可能會被掩飾起來——比如賭博，同時也代表對於金錢的恣意揮霍。

　　在工作上，錢幣二逆位的出現代表你遇到一位不理性的老闆，此人會設定一些不切實際的目標，讓你承受不必要的壓力。

　　這張逆位牌也顯示，由於財務困難，你和你的生意夥伴可能會拆夥；你們其中一人可能需要投入更多資源來維持這家公司。因此這張逆位牌要告訴你的訊息是：注意觀察你和你的同事對公司的向心力有多少，以及你們雙方對公司的貢獻是否均等和相當。

錢幣三
THREE OF PENTACLES

* **元素**：土
* **占星連結**：火星在摩羯座
* **數字編號**：3
* **生命樹位置**：Binah，理解的薩弗洛斯
* **關鍵牌義**：事業與成功

牌面解析

　　教堂裡有一位石匠正在施工，一位全身包覆著怪異橘色斗篷的人，手上拿著施工草圖正在和他討論，旁邊有一位終身職的僧侶正在監看這項工程。我們的石匠站在一張低矮的工作臺上面，這張工作臺跟錢幣八的臺子很類似；這兩張牌上都出現正在做工的工匠。錢幣八的工匠已經完成習藝，成為和錢幣三一樣可以出師獨立作業的工匠。牌面上的三個錢幣是教堂設計的一部分，他的想法被嵌進教堂的建築結構裡。他的貢獻將會永世留存。

　　石匠正在雕刻一扇飾有鏤空花紋的門，顯示他的手藝高超絕頂，將來一定會聲名大噪。他身上穿的衣袍是深紫色，正是教會高階神職人員衣服的顏色，表示他的靈性體悟與他的才華和信念相符。這也呼應了這張牌的生命樹位置：Binah，代表理解的薩弗洛斯。他對於自己的信仰有全然的領會，而且知道如何將他的工藝技巧發揮到淋漓極致。

值得注意的是，這位工匠出現的地方是眾人皆可出入的公共場所。可見他對自己的作品非常驕傲有自信，他所打造的作品眾人皆可親近——對他來說，這比實際得到的金錢回報更為要緊。另外還有一個重點：這是錢幣牌組當中唯一一張黑色錢幣牌；黑色錢幣象徵持久不褪的心理滿足感，而不是表面的金錢報償。

在靈數學上，三是一個動態數字（參見第42頁III號女皇牌）。我們也可以把這裡的三解釋為：工匠一人同時擁有母親、父親、孩子三位一體的身分——他本身就是創作者，這是他的母親身分；也是已經出師的師傅，這是他的父親身分；還有，工匠產出作品，這是他的孩子身分。

錢幣三的占星連結是落在摩羯座的火星，表示抽到這張牌的人擁有遠大抱負，並且在行為上具有很強的主動性。這個占星組合帶來的挑戰是：避免因為過度執著於想要達成某個目標，而忽略了其他生活層面。

正位牌義

錢幣三的正位牌義是：工作得到豐富的報償。這張牌的出現，代表你已經準備好在大眾面前展露你的才華光芒；占卜牌陣中如果出現這張牌，很可能代表你有以下幾種情況，比如，剛創業、收到工作佣金、從事演講或教學，或是主持一項重要活動，尤其是可能會在一場畢業典禮或婚禮上發表演講。

在家庭事務方面，這張牌的出現預示了你可能有機會建造一棟自己的家，或是房子可能會進行整修，或是預計賣出一棟房產。錢幣三對於創意工作者來說也是一張好牌，代表你的計畫會如期完成，並且受到青睞。這個作品甚至有可能在公共空間展出。

根據塔羅學者強納森·狄的說法，錢幣三有時也被稱為「建築師牌」，代表你創設了一家能夠長久經營的公司，執行了一項「可以讓你比同儕朋友或對手更勝一籌」的計畫。當然，隨之也會出現不利的一面，當你成功嶄露頭角，必定會招來周遭某些人的嫉妒，你可能會覺得不太自在，因為你還無法習慣這種負面的眼光。不過，這種嫉妒心，跟所有小阿爾克那牌所呈現的可能牌義一樣，都只有短暫影響，不至於減損你的自信或是阻止你前進。那些批評你的人，只會讓你更加強大。

逆位牌義

錢幣三逆位，代表你對工作感到厭煩，不太願意投入基礎工作，或者根本連工作都不想。這可能是因為你覺得自己先前已經有了一些經歷，開始變得憤世嫉俗，認為根本不可能找到一份真正適合自己的職業，或者，你原先以為這份工作很有趣，後來才發覺其實很乏味。現在你需要的是：超越這些沉悶的瑣事細節，改變方向，繼續前進。

這張逆位牌的延伸牌義是：因為疏於計畫，導致工作目標無法達成。在房產方面，代表房屋建築工程無法如期完工。

© 1990 U.S. Games Systems, Inc.

錢幣四
FOUR OF PENTACLES

- ☆ **元素**：土
- ☆ **占星連結**：太陽在摩羯座
- ☆ **數字編號**：4
- ☆ **生命樹位置**：Chesed，仁慈、愛的薩弗洛斯
- ☆ **關鍵牌義**：安全感、自我提升、守財奴

牌面解析

在錢幣四這張牌上，我們看到一位國王打扮的男子，頭上戴著造型簡單的皇冠，坐在石雕寶座上，他的背後下方有一座小鎮。他的目標是提升自己的社交與經濟能力，為自己的未來打造穩定的基礎。他身上穿著紅色長袍，表示他已經將精力集中在務實的方向，努力為自己創造穩固的根基，現在，這個目標已經達成，他披著象徵保護的黑色披風，鎮守著他的資產。他需要為自己守住這份錢財。

這張牌的組成元素幾乎都是對稱的，恰恰吻合了這張牌的編號四，代表平衡的概念。不過，值得注意的是，這個人跟他的錢財究竟維持著一種什麼樣的關聯。他的兩隻腳各踩著一個錢幣，另一個錢幣立在他的皇冠上，第四個錢幣被他緊緊抱在胸前。從象徵意義來說，第一，他的錢財讓他覺得踏實（腳下踩著錢幣）；第二，錢幣被抱在他的心臟部位，也就是他生命的中心；第三，錢幣立在頭頂皇冠上，反映出思維心態與信念。他的兩隻手臂呈上下抱球狀，將錢幣緊緊抱在胸前，這個動作看起來不太自然，表示他有刻意費力去維持這個扭曲的弧度和姿勢。他確信沒有人可以碰觸他胸前的這枚金幣，但是這枚金幣也變成了他身分認同的一部分。頭上頂著錢幣，代表他很驕傲向人展示他是一個有錢人，而且有錢的程度已經超越他身後那個小鎮，表示他是一個靠自己力量成功的人。他胸前環抱的錢幣很像一個輪子，這也是一個象徵，表示他認為有錢就可以讓世界轉動，有錢好辦事。

在靈數學上，四這個數字代表穩定。在卡巴拉生命樹路徑上，這張牌的位置在Chesed，是代表愛的薩弗洛斯。因此錢幣四這張牌，也代表對於財產的執愛，以及對於穩定安全感的強烈渴望——即使可能必須付出情感上的代價（也就是逆位牌所出現的情況）。

在占星學對應上，錢幣四連結的是落在摩羯座的太陽，非常務實而且有彈性，雖然超級陽光的摩羯座可能會顯得有點粗暴，但從好的一面來說，太陽在摩羯座這個特質，能夠造就出強大的領導能力，非常擅於解決問題。

正位牌義

錢幣四正位牌出現，代表占牌者有建立穩固基礎的需求。假如你過去遭遇許多困難，錢幣四的出現代表這些困難即將過去，現在你的努力一定會得到回報。不過，這並不表示你會得到一筆鉅額的意外之財（關於這點，可參考錢幣十），而是你會擁有足夠的金錢和知識，因此你感到心滿意足。這張牌也顯示出你對於家中資產以及傳統價值的捍衛與保護。此刻，對你而言，為正在發展茁壯的家建立穩固的基礎是更重要的，因此你可能會考慮搬新家，或是投資做一點小生意，以期未來可以得到分紅。在工作上，你會晉升到一個讓你感到非常有安全感的職位，因此，舉例來說，假如你現在的工作是臨時的，那麼錢幣四這張牌的出現是在告訴你，你將會得到一份長久的工作契約。

這張牌的另一個含義是：守財奴。如同牌面上這位男子，緊緊抱著他的錢幣，而這筆錢是他辛勤工作所得。你對於自己所達到的成果非常看重，想要一直守著它。

逆位牌義

錢幣四逆位，代表過度物質主義、想要成為國王的人（包括男性和女性），汲汲於追求名利地位和財產。如果你有這種情況，試著擺脫你內心的不安全感，因為這種不安會占據你的頭腦，助長你內心的不滿足感。在工作上，這張牌的出現表示，你會因為缺乏自信而錯過一些機會，而且因為工作角色的轉換，可能會讓你在工作上覺得無力可施。因此，參加專業考試或教育認證對現在的你來說很重要；你可能需要比原先預期的再加倍努力一些。

錢幣四逆位也顯示出，此人有點過於浮誇或是自鳴得意；如果此人權位在你之上，你會發現他很喜歡操控別人，而且非常自我中心。

錢幣五
FIVE OF PENTACLES

* **元素**：土
* **占星連結**：水星在金牛座
* **數字編號**：5
* **生命樹位置**：Geburah，力量的薩弗洛斯
* **關鍵牌義**：財力（或資源）考驗

牌面解析

冰天雪地裡，兩名衣衫襤褸的乞丐正遭受嚴冬的酷刑。這幅畫面不禁讓人想起英國作家狄更斯在1843年出版的小說《小氣財神》（A Christmas Carol，又譯《聖誕頌歌》），以及書中的角色「小提姆」，一個拄著枴杖的貧苦兒。在萊德偉特塔羅牌面上這名身材較矮小的乞丐，似乎就是成年之後的小提姆，依然在與生存搏鬥著。他的脖子上掛著一個鐘型墜子，這是中古時代歐洲的痲瘋病人配戴的標記，用以警告其他人不要靠近。他已經變成一位不可與人接觸的賤民，完全被社會所排斥、拒絕。

他身邊的這位女人，光著腳丫、滿頭灰髮，身上披著破舊的紅色披風。這個顏色顯示出她一定會堅持下去，無論他們面臨的環境有多麼艱困，不過，現在的她完全抓不到改變的契機。這兩個人始終把注意力放在如何讓自己存活下來，完全沒有注意到他們頭頂上那面彩繪窗，窗戶上畫著一棵五個錢幣組成的金錢樹，以及窗子後面這座安全穩固的房產。就算這兩位窮困潦倒的乞丐可以抬起頭面對凜冽寒風的侵襲，但玻璃彩繪上幸福恬靜的場景，與他們的真實處境似乎分屬兩個截然不同的世界。彩繪玻璃讓我們聯想到教堂的窗子。畫面中的男人和女人並非教會信徒，也沒有踏上靈性冒險的內在旅途，因此似乎有一種被排除在靈性共同體之外的感覺。

在卡巴拉生命樹圖形上，這張牌的位置落在Geburah，也就是力量的薩弗洛斯；它的另一面意思是破壞與殘忍無道，這正好呼應了牌面上兩位乞丐所遭受的艱苦困境。我們也可以將這個薩弗洛斯的負向含義解讀為是上天要傳送給我們的訊息：他要我們擺脫受害者身分，拿回我們自己的力量，無論遭受何種打擊。

這張牌的占星連結是落在金牛座的水星，這是一個令人不舒服，甚至完全無法相容的占星組合。水星注重速度和溝通，但是金牛卻是一個緩慢而且穩定的星座。以錢幣五這張牌來說，這個組合代表一種完全相反的作用力，會為我們帶來挫折，有時候會讓我們無法持續不懈往前進。

五是屬於人類這個族群的數字，也是煉金術當中所謂的「本質」、第五元素。從牌面上的五個錢幣我們領會到，這世上仍存在著尚未顯明的東西，有待我們去發掘——就像萬物的精神本質，目前尚不可見，但未來卻有可能會被揭露出來。

正位牌義

傳統上，錢幣五這張牌代表經濟損失，因此，如果占卜牌陣當中出現這張牌，可能代表失業或失去朋友，或是經歷到經濟上或情感上的困難。好的一面是，在這種情況之下你會得到其他人的支持協助。你們會因此結為好友，而這些人是你在平常時刻不可能遇到的。考慮新的選項，你可能會因此發現另一份資源或解決方法，找到一條新的出路。

總之，如果你在擔心貧窮和孤立，但不是現實上真的面臨貧窮處境，占牌時就會經常出現這張牌，表示你害怕失去家的安全感，以及(或者)擔心感情分手之後其中一方會因此感覺孤單、意志消沉。雖然塔羅牌無法預測死亡，但如果錢幣五這張牌出現在占卜牌陣的「當前情況」位置(而不是「未來」位置)，那表示你可能會因為失去某位親人而陷入悲傷。

逆位牌義

錢幣五逆位牌出現，表示你現在需要去檢視一個與道德有關的價值觀。如果你貪戀著某人、某物或是金錢，那麼你是不是在逃避一些什麼事情？因為害怕改變，導致你無視於你的債務，甚至對於人際關係中日益升高的緊張感渾然不覺。如果你有囤積舊物、囤積記憶的習慣，表示你現在需要安全感，而且對自己沒有自信，也不相信將來別人會支助你。不過，就跟所有的小阿爾克那牌一樣，這張逆位牌的影響也是短暫的。

在感情上，你可能因為伴侶的自私行為而感到痛苦。這個人不願意給你情感上的支持，在金錢上也很小氣。這張逆位牌的出現，代表你先前受到伴侶的虐待，此人沒有盡到他應盡的義務。

錢幣六
SIX OF PENTACLES

* **元素**：土
* **占星連結**：月亮在金牛座
* **數字編號**：6
* **生命樹位置**：Tiphareth，美與重生的薩弗洛斯
* **關鍵牌義**：財產、家庭、遺產繼承

牌面解析

　　跟XI號正義牌一樣，錢幣六牌面上的這位年輕貴族手上也握著天秤，身上也穿著紅袍，而紅色正是象徵精神活力與務實的顏色。他的圍巾是象徵直覺和靈性的紫色，表示他的行動是出於良善的信仰。他穿著藍色條紋的上衣——錢幣牌組還有另一位牌面人物身上穿著藍色條紋上衣，就是錢幣九的那位女士，她的長袍之下露出一道藍色條紋。這兩張牌的人物都顯示出慷慨仁慈的美德。錢幣六牌面上的這位貴族顯得非常明智而審慎，他左手拿著仁慈的天平正在估量整個情勢，然後用右手給出錢幣。

　　貴族面前跪著兩名乞丐。其中一位帶傷，身上穿著麻布衣，頭上纏著繃帶，另一位是年紀較輕的窮人，藍色披風上還有一塊補丁。從他身上的藍色斗篷我們知道，他是道道地地的窮人，非常需要幫助。兩名乞丐所在的地方是城外的一片不毛之地，不像城內那般綠意盎然，而且沒有人伸出援手賑濟他們。牌面上的白色天空似乎帶有一種不確定感——不是充滿喜悅的黃，也非晴空萬里的藍——但這位有錢人卻不計後果地把錢給了這兩位窮人。

六是代表和諧與被動的數字。對這兩名乞丐而言，他們必須能夠臣服和接受，才能維持平靜的心情，即使這只是暫時的。牌面上的錢幣符號一直存在著一些爭議，有人說那是轉了九十度的希伯來字母Kaph——Kaph的意思是手掌或是掌中的東西。在錢幣六這張牌上，年輕貴族掌心向上遞出錢幣，乞丐也攤開手掌接受施捨。六這個數字還有另一個意思，就是過去創造現在與未來，因此這張牌也可以代表：過去所賺得和儲蓄的錢，現在可以分享出去了。

在生命樹圖形上，這張牌的位置落在Tiphareth，也就是代表美與重生的薩弗洛斯，象徵仁慈慷慨的靈魂之美。在占星學上，錢幣六連結的是位於金牛座的月亮，這樣的組合既感性又穩定，表示此人擁有寬厚之心，對被施捨者不會擺出高人一等的姿態，也知道如何有禮有節地接受他人的幫忙。

正位牌義

錢幣六正位，代表你會得到一筆錢。它可能會是一份贈禮或獎賞，而且這份贈禮是來自某個人，而非某個機構組織。這筆錢剛好可以讓你還清債務，或是從事投資。如果你在經濟上一直有困難，這張牌的出現是一個好兆頭，表示你的經濟情況會得到改善。另一方面，這張牌顯示出你可能是受益者身分，因此你可以去幫助有需要的朋友，解決他眼前臨時的資金流通問題，或者，你可能會選擇捐錢給某個你屬意的慈善機構。無論你選擇幫助的對象是誰，你都會仔細考量對方的需要，依據他們的個別情況提供不同的資助金額。

整體來說，這張牌代表你會得到真正的支持，並且表示你和你的交友圈以及家人感覺很親近。你們可能會聚在一起，相互交換小禮物，互表感恩。

這張牌的延伸牌義是：你可能會收到一位老朋友的金錢資助，或是用你的存款來幫助其他人。

逆位牌義

錢幣六逆位，代表雖然你會得到一筆金援，但是你守不住——通常是因為你的疏忽或是遭竊。傳統上對錢幣六逆位的解釋是：你的錢包會被偷，尤其，如果這張逆位牌跟著小阿爾克那的「小偷牌」寶劍七一起出現的話（詳見本書第188頁）。要小心看好你的財物，留心你的花錢方式，才能把錢留在你的錢包裡。錢幣六逆位也代表你的錢財可能遭到忌妒，因此要注意你自己和身邊周遭人的態度。

除此，這張逆位牌也可以解釋為：雖然你會得到一筆錢，但是這筆錢的來源是你無法接受的。因此你要注意的是，不要妥協，要敢於拒絕。賺錢的管道絕對不止這一種。

錢幣七
SEVEN OF PENTACLES

☆ **元素**：土
☆ **占星連結**：土星在金牛座
☆ **數字編號**：7
☆ **生命樹位置**：Netzach，恆久耐力、本能直
　　　　　　　覺與慾望的薩弗洛斯
☆ **關鍵牌義**：工作與成功的潛力

牌面解析

　　錢幣七是一張代表具有成功潛力的牌。一名年輕人低頭看著他的財寶，六枚錢幣鋪排在一棵藤蔓上，第七枚錢幣在他腳邊。相同的葡萄藤，也出現在錢幣牌組當中的幾張「慷慨牌」牌面上，包括：充滿喜悅的錢幣四、盛大愛心的錢幣九、財務基礎穩固的錢幣十，還有家財萬貫的錢幣國王（詳見本書第154、164、166、174頁）。

　　錢幣七牌面上的這棵葡萄藤，雖然長得很穩固，樹身壯碩而且藤葉繁茂，但是沒有葡萄。這棵植物還沒成熟，還無法長出纍纍的果實。男子將下巴靠在他的鋤頭上，這把鋤頭可說是他施展魔法、變現果實的工具，他在這片土地上辛勤耕耘，苦心照顧著他的葡萄藤。儘管生長緩慢，但最終一定會結滿果實。根據A.E.偉特的說法：「我們可以說，這些都是他的財寶，也全都是他的心血。」葡萄藤上的六枚錢幣，代表將來的儲蓄，地上的一枚錢幣，則代表可支配的收入，或是當前可用在自己身上的花費。這只是目前的小獎勵，將來一定還會有更豐盛的收穫，如果他能夠持續不斷耕耘，不要花太多時間在思慮自己的情況的話。

農夫身上穿著象徵精神活力的紅色外衣，裡面搭著藍色上衣與長褲，顯示出他正跟隨著人生的真正目的而行。他的雙腳就像那棵葡萄藤一樣，牢牢地將根扎進腳下的土地。一面注視著他的錢幣，一面在估算將來的豐富收成，但他還是得持續不間斷地工作，如果他想要看見自己的點子成熟、結出飽滿果實的話。畫面背景中的紫色山脈，則與權杖二、權杖三相呼應，代表想要達成的目標，以及運用我們的直覺力。

這張牌的占星連結是位於金牛座的土星，意謂著持續不斷的努力。以任務為導向的土星，無法接受任何不切實際的計畫與提案——無論你做什麼，一定要務實，做好系統規劃，持續不斷付出努力去耕耘。在生命樹圖形上，這張牌的位置在Netzach，代表恆久耐力、本能直覺與慾望的薩弗洛斯，因此，這個占星組合與這張牌的卡巴拉含義就是：長期、持續不斷的奉獻。

這張牌的編號是神祕數字七。七是由代表天堂的數字三與代表大地的數字四所組成，因此這張牌隱含的挑戰就是：如何把天堂帶到大地人間——讓你的夢想得以具體實現（詳見VII號戰車牌）。以錢幣七這張牌來說，收穫就是來自於工作、工作、持續不斷的工作——而且一定要同時關注你能得到的獎賞。

正位牌義

目標就在眼前，你的成就即將達成——但現在你沒有時間停下來反省思考。錢幣七是一張屬於行動而非哲思的牌，因此請把你的焦點放在你的願望，並且相信你一定會達成。這種拚勁可能會讓人覺得有點狠，但你的努力一定會得到回報。

占牌時出現這張牌，表示你需要把焦點放在你的事業目標上，或是耐心度過工作上讓你感覺疲憊和氣餒的階段。這種拚命三郎的衝勁可能會讓你感到疲累，但只要你不放棄，一定會有回報。錢幣七正位牌出現，也代表你正在為家裡努力存錢，或是為了拓展事業，努力累積資金與客戶群。在家務方面，錢幣七這張牌顯示出你還沒存夠錢可以供你小小揮霍，因此要努力省錢節流。不管哪一種情況，都要持續努力，你的目標已經快要達成，屆時，你一定會感謝自己的辛勤付出。

逆位牌義

錢幣七逆位，代表有拖延的情況出現。時間已經快用完了，你一定要傾全力於眼前的工作或生活，不要在意過程的起起落落，也不要把精力浪費在別的地方。錢幣七逆位也代表你可能在考慮換工作，或是轉換生涯跑道。你可能因為工作上一直沒有進展，或是經濟上一直沒有改善，而感到有點沮喪，不過，一旦你處在這種低迷狀態，機會就會流失。現在，請鼓起精神、振作你的意志，採取行動！任何的決定都比完全不做決定還要好。

這張逆位牌的延伸牌義是：你可能在擔憂欠款或是其他財務上的糾紛。如果這件事會影響你的行動動機，請試著針對先前的合約條件重新進行協商，不要現在就輕言放棄。

錢幣八
EIGHT OF PENTACLES

✹ **元素**：土
✹ **占星連結**：太陽在處女座
✹ **數字編號**：8
✹ **生命樹位置**：Hod，雄偉與心智頭腦的
　　　　　　　　薩弗洛斯
✹ **關鍵牌義**：教育和成就

牌面解析

　　錢幣八的牌面上，一位工藝學徒正在做工。他的工作效率極高，工作成果就展示在右邊那棵代表成長的大樹上──由於持續辛勤工作，現在他已經完成了八枚金幣。這位學徒穿著藍色上衣、紅色長褲，象徵精神活力與真實目標，他上身還罩著一件黑色圍裙，那是石匠或工匠所穿的工作服。圍裙可以在他工作時提供實際保護，而黑色也是代表保護的顏色，就跟錢幣四那位男子身上的黑色披風一樣（見本書第154頁）。

　　在錢幣八這張牌中，學徒所具備的新穎知識與專業技巧，能夠讓他在未來不必苦惱經濟來源。紮實的教育和技能訓練已經使他具備謀生能力，足以為他提供優渥的生活條件。不過，這個工作環境卻充滿不確定的氛圍──平淡毫無起伏的灰白色天空，沒有透露一絲一毫對於未來走向的期待，不像其他牌有著晴朗藍天或耀眼陽光，錢幣八牌面上的這位男子，不顧一切埋首工作，專心致志於他手上的任務。

牌面背景中的那座城市，距離工匠非常遙遠，因此他可能已經做出決定，遠離他熟悉的舒適環境到外地讀書或工作。他遠離家鄉到外地遊歷，這個選擇並不容易，顯示出他堅持走自己道路的抱負與奉獻的決心。

學徒的工作就是無止境的重複相同工作，直到完全熟練他正在學習的技能。他對自己的工作感到驕傲。不過，他可能太講求完美了，因為其中有一枚錢幣似乎被他丟棄在左邊地面上，其他錢幣則掛在樹上展示。他的標準非常高，始終要求自己要做到盡善盡美。這種人格特質剛好呼應了這張牌的占星連結——太陽在處女座。處女座的人要求完美、注重細節又非常務實，但也有自我批判的傾向。這位學徒注重分析、專心致志，剛好呼應這張牌的生命樹薩弗洛斯球體Hod，也就是「雄偉」之意，以錢幣八這張牌來說，就是代表非常能夠掌握心智頭腦的運作。

這張牌的編號是八，代表穩定與更新（參見第62頁VIII號力量牌）。小阿爾克那的八號牌已經接近整個數字牌序的終點，差不多已具備了我們所有的人生經驗。我們可以運用過去所習得的知識作為借鏡，擁有智慧與能力做出新的決定，因此，錢幣八也代表了以嶄新技能找到全新方向的時刻。

正位牌義

錢幣八正位，代表金錢收入將會增加，不過這是因為先前所做的努力或選擇的道路所致，而非來自意外之財或他人所贈（可參見錢幣六或錢幣十提到的意外之財）。此外，可能會有人給你機會學習新的技能，這項一技之長將成為你長期謀生的工具。或者，你可能會考慮轉換生涯跑道，或是從事行銷工作。整體而言，這張牌反映出你需要藉由理性分析與勤奮工作來完成你的計畫。

這張牌也經常被稱為「學徒牌」。占卜牌陣中出現這張牌，表示你可以正在學習某項技能，以及取得一項認證，特別是指大學科系的學歷文憑。錢幣八也代表一個人的人格面向，因此占牌時，如果在代表「你／目前狀態」的位置出現這張牌，表示你是一位勤奮工作、值得信賴，而且致力奉獻付出的人，這個人會嚴肅看待他（或她）所應負起的責任。

逆位牌義

錢幣八逆位，代表你覺得自己被困住了。可能是因為你選擇了某項學習課程，但它並不適合你，無法讓你發揮自己的特殊才能，或是覺得自己沒有足夠強烈的興趣可以讓你持續堅持這項學習。在工作方面，錢幣八逆位代表你知道自己只是為了錢而從事這份工作。不過，短期間你可以接受這種狀況，如果是長期的話，你會覺得自己的靈魂受到摧殘。為了讓自己擁有長期穩固的經濟基礎，或許現在你該為自己尋找新的出路，而不是讓這個情況繼續下去。

作為預言牌，錢幣八顯示出一個循環即將結束，因此，你不該坐等事情發生，而要將你的精力轉到新的方向，去開拓新的事業。如果你覺得目前的情況無法達到預期的成果，或是得到別人的欣賞，請不要屈服於現況，要勇於突破。

錢幣九
NINE OF PENTACLES

* **元素**：土
* **占星連結**：金星在處女座
* **數字編號**：9
* **生命樹位置**：Yesod，基礎與潛意識心智的薩弗洛斯
* **關鍵牌義**：舒適自在、成就、繁榮

牌面解析

錢幣九是一張讓人感覺舒服、奢華與成就圓滿的牌。這張牌充滿了田園史詩的風格——群山環繞的莊園宅第，一名女子站在她的葡萄園裡，神情滿足而且自豪。牌面右邊有兩個綠色小圈圈，將葡萄藤蔓固定在木頭架上，可見，這些葡萄都是這位女子親手栽種的。

在這片豐饒肥沃的土地上，莊園宅第的女主人看守著她的九枚錢幣，並將她的右手放在其中一枚錢幣上方，好像在呵護著它。這個珍惜呵護的動作讓我們聯想到夏季田園裡的乾草，收割之後一捆捆堆積如山，而乾草捆束末端的橫切面，就跟這九個錢幣的正面很像。值得注意的是，這九個錢幣分列於牌面兩端，數目並不平均：六個在右邊，三個在左邊。在她右邊的錢幣像是她所手中持有的財產，而左邊三個看起來像是預計付出去的錢。支出比收入還要少，表示她可以一直維持著現有的生活水準。

女子頭上戴著紅色帽子，象徵熱情與活力，她身上穿的長袍襯裡也是紅色的。紅色襯裡讓人聯想到子宮以及它所隱喻的豐富生殖力。這名女子思想豐富，而且以最誠摯的愛與關心照料著她的花園。她長袍上的花朵圖案跟維納斯女神的代表符號非常類似，這個符號也是金星的象徵，同時也用來代表女性。

女子手套上的小鳥有點奇怪——牠的頭部被蓋上一頂紅色小帽，顯示出牠暫時被人馴養了；牠的野性本能已經受到控制。雖然小鳥經常代表自由的靈魂，不過，一旦被馴服、被拘禁，牠們就變成是虛榮的象徵。因為這隻小鳥的頭部只是暫時被帽子蓋住（而不是被鎖鍊或關籠），因此我們感受到，這名女子對於用金錢來施加控制所可能帶來的危險，似乎已經有所警覺。她非常小心翼翼地看守著自己的物慾和自私心態。而從這張牌的卡巴拉生命樹位置與占星關聯，剛好可以解釋這種自我覺知的層次。狂放熱情的金星現在暫時受到處女座既保守又注重細節的性格之節制。這張牌的生命樹球體是Yesod，意思是基礎，同時也與掌管潛意識心智的月亮相關聯。

這張牌的編號是九，也就是三組三的總和。三是一個動態數字，三的倍數則代表豐富的生產力。除此，它也代表女神的三個面向（少女、母親、老嫗），以及身、心、靈三方面的統合。以錢幣九來說，這顯示出這位女子安穩的物質經濟狀況，可以提供她在心理與精神面的滿足，不僅讓自己擁有富裕的生活，也能將錢財慷慨施予別人。

正位牌義

錢幣九將為你帶來一段時間的經濟穩定。你會感覺很安心，而且對自己的成就感到自豪。至少，你可以擁有物質上的享受，購買你喜愛的物品，裝修你的房子，或是為你的花園庭院增添生氣。這時候，你該好好欣賞與感謝自己擁有的一切，輕鬆的休閒時光已經在對你招手；好好善待自己，做能讓你快樂的事，享受先前努力的成果。把焦點放在自己的需要上，不要有任何罪惡感。錢幣九這張牌也會為你帶來寧靜與輕鬆的感覺，你會因此感到放鬆，與自己相處自在。

占牌時出現這張牌，表示有一位獨立自主的女性，生性慷慨仁慈而且心態健康。因此錢幣九跟錢幣王后很類似（詳見第172頁），雖然整體來說王后牌的影響力更巨大。在工作方面，這張牌的出現代表會獲得金錢的獎賞，比如，因為先前的努力而分到紅利獎金。

逆位牌義

錢幣九逆位，代表虛榮和自負——太過於追求物慾享受，導致揮霍無度（或是你所愛的人有虛華浪費的情形），可能需要稍微控制一下。整體而言，錢幣九逆位代表經濟上出現依賴的狀況，讓人感覺不舒服，或是因為私利而濫用金錢。

此外，錢幣九逆位也代表你因為債務問題，感覺你的家受到威脅、岌岌可危。這時，不要一個人默默承受，要向外求助，一定會有人伸出援手。

錢幣十
TEN OF PENTACLES

* **元素**：土
* **占星連結**：水星在處女座
* **數字編號**：10
* **生命樹位置**：Malkuth，王國、生命經驗的薩弗洛斯
* **關鍵牌義**：財產、家庭、繼承遺產

牌面解析

　　拱形門廊下，一對夫婦帶著他們的小狗，神情愉悅相互對望，這裡是一棟豪宅的正門入口。我們從一座圍牆花園看過去，拱門內有一棟房子，房子旁邊有一座高聳的塔樓——這座塔樓很明顯是性器官的象徵，顯示出有愛情存在，或者象徵傳統、學識以及護衛。

　　一位老人坐在類似王位的座椅上，注視著眼前的場景。他就是年老之後的錢幣國王，雖然已經白髮蒼蒼，但身上依然穿著他的葡萄藤圖案披風（詳見第174頁）。他形單影隻出現，看起來像是要為這對夫婦獻上祝福；現在，該是透過婚禮把這個家族的寶貴遺產傳承給下一代的時刻了。從牌面上我們看到三代同堂的景象，包括祖父國王、國王的兒子或女兒，還有他們心愛的小小孩，想必是這對夫婦或者其他家族親戚的後代。這三個世代，似乎彼此相隔遙遠，但依然開心地共處於同一個空間。

　　一切都很完美，平衡和諧。牌面上的十個錢幣以對稱的形式出現，剛好就是卡巴拉生命樹的圖形。水、土、火、風四元素也全都出現了。橋墩上的盾形紋章刻著代表水元素的水岸景象；葡萄藤蔓代表土元素；女人的紅色長袍代表火元素；橋上的晴朗天空代表風元素。四大元素和諧共存。

在靈數學上，十代表圓滿和完美。以錢幣十這張牌來說，十這個數字代表幸福穩定，包括情感上和物質經濟上。十個錢幣排列成卡巴拉生命樹的圖形（詳見第234頁），每一個錢幣分別代表一個薩弗洛斯球體，而每一個球體都代表一個卡巴拉奧祕教義的概念。這棵生命樹剛好連結了這張牌所代表的意義：成熟與完滿。這張牌對應的薩弗洛斯球體是Malkuth，也就是「王國」──因此，錢幣十這張牌也代表對於我們個人王國領域，或是我們的物質世界的頌揚與歡慶。

在占星關聯上，錢幣十對應的是落在處女座的水星，凸顯了現實事物與身體的重要性。這個占星組合也帶有另一層含義，表示我們有能力找到解決困難的具體方法。

正位牌義

錢幣十正位，代表能夠帶來財富與幸福的遺產、慷慨之心，以及愛情──因此，假如你問的問題是：「我目前的這份感情會進一步發展嗎？」答案絕對是：「會！」錢幣十的出現通常代表即將舉行婚禮。如果一對情侶擁有相近的價值觀，家世背景又非常相似（而且雙方家人也都互相喜歡），還有什麼比這更好的事呢？

這張正位牌的延伸牌義是：繼承一筆遺產、購買第二棟房產、或是擴建目前居住的房子，而且能得到所有家人的支持。此時，你也會慷慨與人分享──包括你的時間、資源、技術，或是在金錢上相互支援。值得注意的是，這裡所指的「家人」，是你主觀上認定並且實際待之如親人的人，因此也可能包括已經交往很久的親密友人。

錢幣十正位也代表成熟。如果以經濟狀況來說的話，就是指投資有成；如果是感性情緒方面，則是指生活經驗豐富，情緒心態日漸成熟。也許你會發現，家族中有某位長者，除了願意分享他的資源之外，也樂意分享他的智慧。

逆位牌義

錢幣十逆位，代表家庭當中出現溝通問題，年長的一輩想要對晚輩嚴加控制；小孩和父母觀念態度差異極大，可能會有爭執。這張牌的出現代表會有爭議出現，比如家人之間因為財產或金錢問題而產生衝突。占卜牌陣當中出現錢幣十逆位，代表父母親的態度過於嚴厲，想要以金錢來控制孩子。

錢幣十逆位也代表言論表達的自由受到傳統價值的阻撓。長輩很難接受晚輩和他們看法不一樣。

在愛情關係上、金錢財產的處理上、家人間的相處上，都會出現阻礙。由於事業心太強，以致犧牲了個人生活。

錢幣侍者
PAGE OF PENTACLES

* **元素**：土中之土
* **關鍵牌義**：才華閃耀、金錢消息

牌面解析

　　不同於寶劍侍者對周遭環境保持警覺，錢幣侍者的目光完全放在他的錢幣上，對四周環境毫不在意。他輕輕捧著這枚金幣，像捧著一樣珍貴寶物，這項禮物將會成為一項榮譽，做為他施展才華的回報。

　　四周是低矮的群山、犁過的田地、漫漫青草與樹林，一幅豐盛富足的景象，這塊肥沃之地正是他的大自然家園。從遠處的四棵大樹我們知道，他的富裕來自先前的辛勤播種與細心照料。他可以對自己的錢幣抱以專注愛慕的眼光，因為他知道自己永遠都有後盾靠山：暫時將注意力轉到單一事情上，不代表其他事情就會有損失，因此他不需要一直回過頭去觀看，擔心其他對手會搶走他的光芒。因此，錢幣侍者是站在貧窮意識的對立面。他帶著年輕活力的樂觀態度，確信自己一生將會生活無虞。

錢幣侍者的紅色頭巾代表活力與熱情。他的圍巾從前肩披繞，垂落在他的後背，象徵全心全意的動力。這張牌的黃色背景和金幣，象徵智慧與光明意識：這位錢幣侍者對於自身閃耀的光芒感到非常自豪。

錢幣侍者的元素是「土中之土」。他的成就是從土地生長出來的，就像牌面上的大樹一樣，擁有紮實的根基和基礎。他做好紮實的計畫，設定遠大的目標。土中之土，雙倍的土元素，代表他可能不是理想主義者，但卻很務實，能夠實踐自己的理想，終於自己的目標。

塔羅的侍者牌與騎士牌一般來說可以代表人或是影響力，而另外兩張宮廷牌（王后與國王）則是明確代表某個人。占牌時，你可以先把重點放在侍者的牌面圖案，讓直覺來導引你做出最適當的牌義解讀，然後再參考本書的牌義解說（本書第8頁第一章也有相關說明）。

正位牌義

代表影響力：錢幣侍者代表進步與冒險，抽到這張牌代表你會開門見喜、一切吉祥。你可以運用這段時間好好充實自己的技術與能力。無論在經濟上、生意上、技能學習上，或是外出旅遊，都會有好的機運。錢幣侍者的出現也顯示出你想要展現管理上的長才，工作上你將有機會管理人事或是工作計畫。占牌時出現錢幣侍者，代表你得到一份工作機會，或是得到一棟房產。

不過，這張牌的出現也代表一個警訊：現在你需要好好關注細節，而且要用心考量現實利益，反覆確認所有協議與合約的內容。同時，檢查一下你的工作行程表，確認每一樣計畫是否都符合實際需要。錢幣侍者這張牌也代表此刻你要好好關注自己的財務問題；占牌時出現這張牌，可能是在提醒我們要繳稅、繳納罰款或保險費。

代表某個人：錢幣侍者代表一位勤奮、有條不紊、可靠、忠誠的人，非常務實，而且值得信賴。因為是侍者，所以年紀還很輕，要不然就是一位擁有青春活力的人。他可能剛出社會，或是剛剛投入生意人的行列。現在可能還不是很有錢，但是未來有潛力成就一番大事業，因此你可以信賴他以及他所提出的計畫；他會成功，而且不會輕言放棄。

這張牌也代表一位在體育或學術領域耕耘已久的年輕人，終於得到成就與回報。

在牌陣中代表「你」：金錢和機運正在向你招手——你有機會從事一項新的投資生意。

牌陣中出現侍者牌：如果占牌時有兩張以上的侍者牌接連出現，其牌義如下。

※ **兩張侍者**：兩張都正位，代表友誼，其中一張或兩張都是逆位，代表敵對競爭。
※ **三張侍者**：大量社交活動。
※ **四張侍者**：一群年輕人組成的社團。

逆位牌義

錢幣侍者逆位，代表在財務或房產方面有不好的消息。逆位的錢幣侍者不像正位侍者那樣負責任，他揮霍無度，而且放肆而行。這個人的自私行為，可能會損害到你的利益。這個人有可能是跟你同住的年輕人，或是心態很不成熟的朋友。

錢幣侍者逆位也表示，可能有一個人搶走了你原有的權利；雖然不見得算是盜取，但還是很卑鄙，值得你特別注意，防範未然。

KNIGHT *of* PENTACLES.

錢幣騎士
KNIGHT OF PENTACLES

✷ **元素**：土中之火
✷ **占星連結**：獅子座和處女座
✷ **關鍵牌義**：財富日漸增加

牌面解析

這是小阿爾克那的四張騎士牌當中，唯一馬兒完全停下來不動的一張牌，這似乎並不符合騎士的平常任務，照理說騎士應該大膽向前奔馳，以求快速完成使命。錢幣騎士所騎的這匹駿馬，比較像是用來拉犁耕田，而非準備投入戰場，這象徵他相當有分寸、非常謹慎，不像年輕氣盛的寶劍騎士，一路拚命往目標衝刺。錢幣騎士的任務是長期的；他不急於倉促行動，而是持續不懈勤奮工作，確保最終獲得成功。

馬兒的彎頭與騎士的頭盔上面的羽飾同樣都是綠色的，這是大自然的顏色，而且形狀很像一簇橡樹葉，讓我們聯想到一句和橡樹有關的諺語：「大橡樹皆由小橡籽長成。」意思就是，積沙終將成塔，要為未來而投資，只要土壤肥沃，不怕作物不生長；現在正是播種的正確時機，我們甚至可以想像，這位騎士正要將他手上的錢幣種入那些已經犁過的田畦，等待長出金錢樹。

錢幣騎士條理分明，而且思想非常前衛；對於這趟旅程，他已有充分的準備。馬鞍下方鋪著毛毯，顯示出他已預估到長途跋涉的顛簸不適，因此做好了必要的裝備；鞍座後面放了一本黑皮書，準備在旅途休息時閱讀，也有可能是一本記錄旅程軌跡的筆記本。這張牌的元素是「土中之火」，因此，錢幣騎士具備了往目標穩定前進的要素——火的能量可以驅動他往前進，土的能量則幫助他做好規劃並將理想落實。

騎士以右手捧著錢幣，錢幣的顏色和背景天空同樣是黃色的。跟錢幣侍者一樣，他能看見他四周所潛藏的豐盛榮景。他的錢幣沒有埋藏起來，而且他非常明白，經濟上的保障是他主要關心之事。他的外衣和馬匹的韁頭都是紅色的，顯示出他精力充沛、活力十足，跟小阿爾克那的其他騎士牌一樣，藍色盔甲顯示出他對於目標的真實忠誠態度。

塔羅的騎士牌和侍者牌一般來說可以代表某個人或是某種影響力，而另外兩張宮廷牌（王后與國王）則是明確代表某個人。占牌時，你可以先把重點放在騎士的牌面圖案，讓直覺來導引你做出最適當的牌義解讀，然後再參考本書的牌義解說（本書第8頁第一章也有相關說明）。

正位牌義

代表影響力：代表經濟收入增加、投資有成，這張牌的出現意謂著財產的規劃有所進展。善用策略，設定務實的目標，你一定會成功。現在多留心實際發展的細節，才能確保將來有所收穫。錢幣騎士希望你能完成那些單調乏味但卻至關重要的任務。在工作上，這張牌的出現顯示出你會得到一筆錢財，可能是加薪、分紅或是行銷獎金，但是可能需要更努力工作才能有所回報。

錢幣騎士正位的延伸意義是，找到一個安全的家，而且可能是跟你的伴侶一起。

代表某個人：錢幣騎士代表一位忠誠而且可以倚靠的人。他天生就是一個保護者，對他來說安全非常重要。他可能從事財產管理或金融方面的工作。

作為一位可能的伴侶（合夥人），他很願意付出，而且真心誠意。對某些人來說，這個人可能顯得不夠熱情，因為他擅於計畫，而不擅於臨場反應；他可能不擅於批評，也不太會表露自己的情感，而且只處理他有把握的事情。在感情上，端視你需要什麼，他可能會是一份禮物——可以成為你安穩的靠山，與你風雨同舟；但假如你要求兩人關係必須充滿激情，那麼他可能就無法擄獲你的芳心。

在牌陣中代表「你」：要明智地投注你的時間；堅持努力不懈。

牌陣中出現騎士牌：如果占牌時有兩張以上的騎士牌接連出現，其牌義如下。

※ **兩張騎士：**兩張都正位，代表友情；其中一張或兩張都逆位，代表競爭。
※ **三張騎士：**男人的聚會。
※ **四張騎士：**大量的行動；事情加速進展。

逆位牌義

錢幣騎士逆位，代表你最好不要太過自得意滿，要檢查一下你的財務規劃。這張牌最負面的解釋是：財務管理不當、聽從錯誤的建議。

如果是指某個人，這名逆位的錢幣騎士是一個非常頑固的人，無法理解別人的觀點。他個性沉悶、悲觀、沒有行動力，而且不願意走出自己的舒適圈。此人很可能有拜金傾向、行事詭祕，極端一點可能會是一個不誠實的人。

QUEEN *of* PENTACLES.

© 1990 U.S. Games Systems, Inc.

錢幣王后
QUEEN OF PENTACLES

* **元素**：土中之水
* **占星連結**：射手座和摩羯座
* **脈輪**：海底輪和太陽神經叢，代表安全感（質樸）與智慧
* **關鍵牌義**：一位值得信賴的女性

牌面解析

錢幣王后是III號女皇或母親原型的其中一個面向。聖杯王后是心，寶劍王后是心智頭腦，權杖王后是靈魂（見本書第144、200、228頁）。錢幣王后關心具體的物質層面，代表我們在處理金錢、財物以及生活中實際問題時的母親面向，以確保生活安定無虞。

錢幣王后低頭望著她的金色錢幣以及她腳下的土地，「土」就是這個牌組的元素。她四周充滿了春天與豐饒肥沃的象徵——兔子、茂密的植物、流水，還有花朵。野玫瑰在VIII號力量牌和I號魔術師牌也出現過，而且這三張牌同樣都是以紅色與黃色為整張牌的主要色調，代表了務實與清晰的遠見。牌面中的土地一半是耕地、一半是野地，讓我們感受到有人正在辛勤工作，而且這位王后在她自己所統治的這片大自然田園中，顯得相當自在舒適。她相當務實，關心她所身處的環境，尤其，為了達成長期的目標，她努力工作。她願意耐心等待自己辛勤工作的果實成熟。

錢幣王后寶座上的雕飾是梨子，這正是代表生育力與長壽的象徵。梨子是義大利果樹女神波莫娜（Pomona）的象徵符號。在古羅馬詩人奧維德（Ovid）的作品中，波莫娜是樹林女神，而萊德偉特塔羅的繪製者潘蜜拉·柯爾曼·史密斯可能就是根據這個典故，而在錢幣王后的寶座右邊畫上了一位女神的雕像。山羊頭是摩羯座的代表符號，而摩羯座剛好是錢幣王后的關聯星座之一，我們也看到，王后的皇冠頂端也有一隻帶翼的山羊。山羊這個符號也出現在XV號惡魔牌中，代表過度放縱的慾望，而在錢幣王后這張牌上，則是代表感官、感性。

這張牌的元素是「土中之水」。水能灌溉大地土壤，令穀物生長，這也是錢幣王后這張牌的隱含意義：生殖力與充沛豐足。

塔羅的王后牌與國王牌，傳統上是代表你生活中或是即將進入你生活的某個人。不過，王后牌也可以代表某種影響力，在最後一段我們會有牌義解析。

正位牌義

代表某個人：錢幣王后通常非常有錢、慷慨、樂意助人。她擁有強大的母性本能，深情而且聰明有智慧，因此她可能代表一位年紀較長的女人，或是一位擁有超齡智慧的年輕女性。

她的職業可能是公職人員、生態學家、農業學家、政治人物、運動教練、食物餐飲業經營者、或是商人，無論是哪一種，必然都是為大眾群體造福的工作。她也可能是一位家庭主婦，喜歡操持家務、照顧花園。她喜歡生命中美好的事物，而且知道如何善用金錢——她會買漂亮的東西或禮物送給她心愛的人，當然，也會送給她自己。她感性、有魅力，而且凡事親力親為，而不是在一旁下指導棋，她會親身行動、提供實際的協助。

占牌中出現這張牌，通常代表這是一位能夠行善、造福他人的人。

在牌陣中代表「你」：要特別注意你的身體和你的財務狀況。

牌陣中出現錢幣王后：除了代表此人願意實際支助他人、聰明有智慧、善於管理財務、樂善布施之外，錢幣王后也代表一對情侶可能邁向婚姻，而且金錢收入會增加。關於健康方面，這也是一張好牌，代表身體很好、性生活美滿、生育力強，以及懷孕生子。

如果占牌時有兩張以上的王后牌接連出現，其牌義如下。

❋ **兩張王后：**競爭、相互競較。
❋ **三張王后：**對你有幫助的朋友。
❋ **四張王后：**女人的聚會。

逆位牌義

錢幣王后逆位，代表財務出現困難。你賴以維生的金錢收入可能突然中斷，或是資金被不當挪用。有可能你會需要幫別人處理債務問題。不過，這張逆位牌的影響力是暫時的，這個情況不會持續太久。除此，錢幣王后逆位還有另外一層含義：你會忽略家庭，而把注意力放在其他事情上。

如果錢幣王后逆位代表某個人，那表示此人非常頑固，而且缺乏想像力。她可能對金錢很小氣，或是剛好相反，非常浪費。她這種揮霍無度的行為只是為了自我安慰，或是想要用金錢來收買別人的感情。

KING *of* PENTACLES.

錢幣國王
KING OF PENTACLES

✦ **元素**：土中之風
✦ **占星連結**：牡羊座和金牛座
✦ **脈輪**：太陽神經叢與海底輪，代表智慧與安全感
✦ **關鍵牌義**：一位慷慨仁慈的男性

牌面解析

　　錢幣國王是IV號皇帝以及父親原型的其中一個面向，為我們帶來結構、秩序與權威。錢幣國王代表我們在處理金錢、財物，以及生活中實際問題時的父親面向，以確保生活安定無虞。

　　國王寶座上的四個公牛頭，代表這張牌的其中一個占星關聯——牡羊座，四這個數字則是連結他的原型牌（ancestor card）IV號皇帝牌（詳見第46頁），同時也象徵水、土、火、風四個元素。國王的右腳踩在一隻野豬的頭頂上，展現他對於基礎本能的統御權。他的腳部和小腿都包著盔甲，象徵他現在這個地位是透過戰鬥而贏得的。這也呼應了他皇冠下方的那圈勝利花環，而皇冠上裝飾的紅色花朵和鳶尾花（或三瓣百合），在古埃及是生育力的象徵。錢幣國王就以這種方式，掌管著這塊土地上的一切成果，而這個牌組的元素就是「土」。

葡萄和公牛的意象也讓我們聯想到希臘酒神狄俄尼索斯（Dionysus）愛上美少年安普羅斯（Ampelos）的故事。後來安普羅斯遭到一頭野公牛攻擊而死，狄俄尼索斯便將安普羅斯的屍體變成一串葡萄藤，將他的血液釀成酒。在錢幣國王這張牌上，國王寶座上的公牛雕像四周長滿了茂密的葡萄藤，甚至蔓延爬上國王的長袍，變成一串串紫紅色葡萄與葡萄葉的圖形，象徵了結果豐碩與成功。由此我們推斷，國王是透過仔細謹慎的規劃以及長期投資栽培，才得到預期的結果。

國王的右手握著一根權杖，左手扶著他的寶貝錢幣，將它靠在自己的膝蓋上。他的四周有石牆保護，看起來像是駐紮在圍牆城垛內，因為我們可以看到牌面右邊立著城堡和塔樓，而國王在這裡受到保護，非常安全。牌面背景顏色是金黃與橘色，跟他的錢幣一樣，讓人想起夏末的天空與收穫的季節，象徵著豐盛富足。國王脖子上的肩斗篷是紅色的，代表活力能量與物質塵世；他並沒有因為這些既得的成就而自滿。

這張牌的元素是「土中之風」，可以解釋成「務實的想法」，也就是說，國王在展開規劃時就已經能夠預估整個結果。「風」與「土」會讓人聯想到種子隨風飄進泥土，剛好呼應錢幣國王牌的含義：生育力以及未來生長收穫的根基。

塔羅牌中的國王牌與王后牌，傳統上是代表你生活中或是即將進入你生活的某個人。不過，國王牌也可以代表某種影響力，在最後一段我們會有牌義解析。

正位牌義

代表某個人：一位有遠見、計畫周全的人，國王會努力工作追求成果，而且通常都會成功。他可靠、慷慨，而且樂善好施。安定對他來說很重要，而且在穩定的感情當中感到快樂。他需要成為一名保護者，而且擁有堅定的界限——他不能接受別人來覬覦奪取他所擁有的一切。他的理想職業包括跟財務、建築、商業、會計，或是任何跟數字有關的行業，也很適合從事農業或土地管理。

這張牌的延伸牌義是，一位慷慨的布施者。

在牌陣中代表「你」：充分利用你的資產。

牌陣中出現錢幣國王：表示財務和財產狀況都會得到改善，享有成功和安穩舒適的生活。這張牌的出現也預示了所有衝突都可以得到化解。在感情方面，代表一位能夠給人安定感而且忠誠的人。

如果占牌時有兩張以上的國王牌接連出現，其牌義如下。

※ **兩張國王：**一位很棒的夥伴。
※ **三張國王：**具有影響力的男性。
※ **四張國王：**權力鬥爭。

逆位牌義

錢幣國王逆位，代表貪婪與不值得信靠，因此如果占牌時出現這張牌，建議你最好反覆確認所有財務上的協議或合約，以確保沒有隱藏陷阱。錢幣國王逆位也代表負債，因此，現在開始你要多多留意自己的財務狀況，不要亂花錢。

如果這張逆位牌是代表某個人，那表示此人貪汙腐敗，可能涉入詐欺或賭博勾當。他會不計一切代價追求贏面。

寶劍一（王牌）
ACE OF SWORDS

* **元素**：風
* **占星連結**：風象星座—雙子、天秤、寶瓶
* **數字編號**：1
* **生命樹位置**：Kether，王冠，神性明光
* **關鍵牌義**：成功、決策、起始

牌面解析

　　雲中伸出一隻手，舉著一把正立的寶劍。劍尖處有一頂王冠，這幅圖像，就是這張牌的生命樹球體Kether的象徵符號，代表神性之光，因此這張牌也經常被稱為「王冠牌」。王冠上懸掛著一片狹長蕨葉，還有一枝槲寄生和漿果，由於這兩種植物都會寄生在樹上，因此寶劍在這裡也變成了樹木，代表永久存在的穩固力量。劍柄上方的六片金葉子，和權杖王牌牌面上的葉片很類似（見第207頁）。六這個號碼也呼應希伯來文的第六字母Zain，它的象徵符號就是寶劍。寶劍王牌也與VI號戀人牌相關聯，代表「抉擇、決定」——寶劍一出，即是決斷。

　　寶劍下方是一片藍紫色的山景，象徵靈魂的實相與目標。雖然沒有房屋和綠色草地可供沉思冥想，但王冠本身就是象徵成長，槲寄生和蕨葉則象徵心智頭腦的豐沛生產力；因此，這把寶劍也為我們帶來了智慧的禮物（剛好呼應這張牌的風元素，代表心理精神領域），又因為寶劍劍尖朝上，像是在慶祝勝利，因此寶劍王牌帶來的另一個禮物就是成功。跟小阿爾克那的其他王牌以及它們的象徵符號一樣，寶劍王牌的這把劍也是用右手舉著，而右手代表付出（左手則代表接受）。

塔羅的四張王牌（一號牌）為各自的牌組提供了純粹能量。一號牌代表與聖靈或上帝合一的狀態。由於這個數字無法再分割，因此他們的能量單一集中、強大，並且具有目的性。四張一號牌皆代表起始、衝動、新的可能，而且是以最純粹、明顯可見的形式出現。在寶劍王牌的牌面上，我們看到這把劍是雙刃劍——當劍切入真相，它可以保護我們，也可以傷害我們。這把劍意志堅決而且力量強大；萊德偉特塔羅的創作者A.E.偉特形容寶劍一這張牌是「力量的勝利」。由於劍是屬於戰鬥的一部分，因此，寶劍王牌的出現也代表了潛在衝突的存在。

正位牌義

　　寶劍王牌正位，對你生活的每一方面來說都是好牌。在占卜牌陣中如果出現寶劍王牌，那麼它鄰近的其他小阿爾克那牌的負面影響都會被它化解掉（就跟大阿爾克那的XIX號太陽牌一樣）。寶劍王牌的出現預示了嶄新的開端、新的決定，以及清晰的思維，而且通常跟工作和愛情有關，表示你將會採取進一步的行動，或是去對抗、挑戰某個情境。寶劍王牌如果確實在你生活中發生作用，它將會為你身處的環境、狀況帶來即刻的改變，而且會往好的方向發展。

　　預言占卜時如果出現這張牌，代表你的心理狀態敏捷靈活而且非常果斷，能夠為你帶來成功。占卜牌陣當中，寶劍王牌周圍的鄰近牌將指引你進入這場征戰的本質。要謹慎以對，但不要太過熱切——判斷情勢，然後直接坦率表達，不要用苛責的態度，只在意你能得到什麼待遇，如果你是屬於接受的一方的話。

　　在感情方面，代表過去障礙將會排除，邁向勝利——你內心的渴望將會實現。

　　占牌時如果出現一張王牌，表示你要專注於該牌組所應對的生活層面，同時將它設定為解牌的主題。如果占牌時連續出現兩張以上的王牌，其代表牌義如下：

❋ **兩張王牌**：重要的同伴關係
❋ **三張王牌**：好消息
❋ **四張王牌**：感性時刻、起點、潛力

逆位牌義

　　寶劍王牌逆位，表示將出現衝突和爭執，你可能會涉入一場傷痕累累的戰鬥。這張逆位牌也預示你可能在一場競賽中會失利，至少目前是如此。這張逆位牌帶來的訊息是：採取守勢，好好照料你的傷口，把你的注意力轉移到其他地方。

　　寶劍王牌逆位也可能代表你目前對自己的智慧與能力缺乏自信，覺得自己比不上別人——但這只是你的假想，並非事實。

　　占卜牌陣中出現寶劍王牌逆位，通常是代表別人做出了對你不利的決定，比如無法通過某項考試或面試，講白一點就是，當你遭受批評時，沒有足夠有力的高層人士來做你的靠山。

寶劍二
TWO OF SWORDS

- ✦ **元素**：風
- ✦ **占星連結**：月亮在天秤座
- ✦ **數字編號**：2
- ✦ **生命樹位置**：Chockmah，智慧的薩弗洛斯
- ✦ **關鍵牌義**：思考期和僵局

牌面解析

女子獨自一人坐在海邊，雙手持劍交叉於胸前，做出自我防衛的姿態。她看起來像是剛剛經歷過一場決鬥，現在停下來休息，並且用手上的武器保護著她的心臟部位，似乎在擔心寶劍三的穿心之痛將會來臨。雖然她跟寶劍八的女子一樣雙眼蒙著布條，但不同的是，寶劍二這位女子已經讓自己處在安全位置。她坐在高高的基座上，這裡是她沉思冥想的地方。她的灰白色長袍很像修道僧侶的穿著，因此我們知道，此時的她遠離紅塵俗世、沉思反觀自我。

海面上的岩石，部分露出水面、部分藏於水下，象徵問題尚未完全浮上檯面，但卻確實存在——這是屬於她的山水景色的一部分，而且不會消失。她的瀏海左右分開，兩眉之間的第三眼因此露出可見。不過她的視力現在暫時被剝奪了，她是用她的直覺力在「觀看」事情。天空顏色從灰白漸入深藍暮色，反映出她的情感風景正在變化：她現在有兩種思維同時存在，如同她手上的兩把寶劍。

牌面上這位女子正對著我們，抬頭挺胸坐在一塊石頭基座上，雙手持劍——讓我們聯想到XI號正義牌。傳統的繪畫和雕塑作品，經常用一位蒙眼女子一手持著正義之劍，另一手持著慈悲之天平，來作為正義的化身。同樣的，寶劍二裡面的這位女子也必須做出同樣的裁決，不過，她的決斷之事僅跟自己有關。

這張牌的生命樹位置在Chockmah，也就是象徵智慧的薩弗洛斯，剛好呼應這位女子額頭露出的第三眼。她必須善用她的知識和經驗，在兩種可能選項之間做出正確抉擇。這張牌的生命樹位置與占星連結，也具有深層的二元對立關聯。Chockmah也代表男性或陽性法則，而這張牌的占星連結——落在天秤座的月亮，則代表女性或陰性法則。天體的潛意識——月亮，落在代表平衡的天秤座，這個組合揭露出一種傾向：保持寧靜狀態，暫勿行動。寶劍二牌面上的月亮是一彎新月，也呼應了II號女祭司牌中的月亮，而女祭司正是女神化身的靈媒。

牌面右上方的這枚上弦月，正循著它的自然週期逐漸改變形狀，如同牌面上這位蒙眼女子也正在經歷內心的抉擇，衡量著未來可能的後果。

正位牌義

寶劍二正位，代表做出決定之前的思考時間。事情已經來到僵持不下的局面，你可以將這段時間視為進一步談判之前的休戰期，現在先好好保護自己，平靜下來，暫時不要採取行動。不幸的是，這場戰鬥一定會發生，不會消失；如果現在可以解決，一切就會非常妥當，否則，情況會惡化，很可能永遠無法挽回。

牌面上有兩把交叉的劍，代表你正在防衛著某個人，而且這個人尖刻毒舌，讓你很難應付。但是，請不要害怕這些攻擊，站穩你的立場，說出你想說的話。

一般來說，占牌時出現這張牌，通常代表工作上出了問題，或是感情出現裂縫。可能是外在環境的原因，比如情侶分住在不同地方；假如占牌中同時出現一些比較負面的牌，比如寶劍三或是戀人牌逆位，那代表你必須對這份感情的未來發展作出抉擇。

無論寶劍二對你來說代表什麼事情，可以安心的是，你的身邊隨時有人會對你伸出援手，你的朋友或同事都會幫助你。好好聆聽他們的建言，然後採取實際可行的步驟，往前邁進。

逆位牌義

寶劍二逆位，一般而言代表受到某人的欺騙和矇蔽。尤其是指愛情、友誼、生意以及事業方面。如果你的直覺告訴你某人不誠實，那麼你就要多加注意、仔細觀察，了解問題的核心出在哪裡。你會有機會採取行動，但時機會比較敏感。這張逆位牌帶來的智慧訊息是：不要拖延。

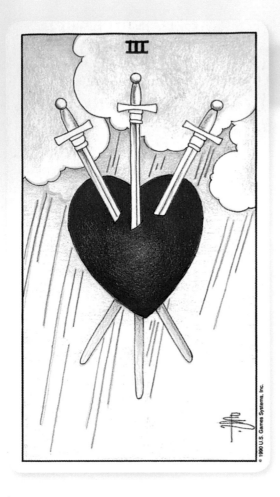

寶劍三
THREE OF SWORDS

- ☆ **元素**：風
- ☆ **占星連結**：土星在天秤座
- ☆ **數字編號**：3
- ☆ **生命樹位置**：Binah，理解的薩弗洛斯
- ☆ **關鍵牌義**：悲傷、心碎、痛苦

牌面解析

　　寶劍三的牌面上有烏雲、有雨，還有三把劍插在一顆心臟上——一把插向左邊、一把插向右邊、一把插在正中間。這顆心很大，三把劍看起來相對比較小，這顆心的作用就像一面紋章盾牌，是一種防禦裝置，但現在它已經被刺穿。雨的意象也呼應了劍的動作，像是沒有箭頭的箭，穿越灰色天空打在心臟上。令人感到意外的是，這張充滿悲傷氛圍的牌，卻有微妙的藍光閃爍在劍身下端，心臟圖案的底部。藍色代表真理——而不管外境如何，寶劍都會刺入真相，令其顯現；殘酷之中仍存在著仁慈良善。或許，當所有事情被說出、被完成，晴朗的藍色天空就會顯現，未來將是一片光明。

　　小阿爾克那牌組只有兩張牌沒有人物，這是其中的一張（另一張是權杖八），因此這張牌的牌義並不涉及明顯的行為。這是刻意的，因為如此才能把劍的作用力凝聚在單一焦點上，將這張牌代表的那種心痛感呈現出來。如同這副牌的創作者A.E.偉特所說，這張牌「整體圖案象徵非常自然而然，由於太過簡單、明顯，因此你無法將它們分開個別看待。」

寶劍牌組屬於風元素，但這張牌呈現的是情緒上的痛苦，因此寶劍三也帶有聖杯牌組的水元素在內。三把劍為這個情境增添了戲劇性，但是這種痛苦是屬於心的層次，而非頭腦的層次。這張牌的生命樹位置是在Binah這個薩弗洛斯，也就是理解與憐憫之意，同時也代表接受的陰性法則。因此可以說，面對這個痛苦，除了接受和順服，我們幾乎無能為力、無法有什麼實際作為。

在靈數學上，三是一個動態數字（參見第42頁III號女皇牌），象徵心智頭腦、身體、靈魂三位一體，表示這三個層面全都受到深刻影響，感受到深層的絕望與背叛。三在這裡也可以解釋為感情關係當中存在著三個人，因此這張牌的其中一個解讀就是代表感情外遇。剛好對照到大阿爾克那VI號戀人牌的古代塔羅版本（參見第56頁「戀人牌的歷史」），牌面上畫著三個人，其中那名男子必須在兩個愛人之中選出一位，因此這張牌也代表了心（情感）的出軌與抉擇。

寶劍三的占星連結是落在天秤座的土星。土星的影響力非常激烈，而且對真相的要求非常嚴苛，而以天平作為星座符號的天秤座，則致力追求平衡。不過，在這個組合中，土星的影響力更為強大，因此真相一定會露出，無論結果會有多傷人。如同這張牌的圖案，三把劍合力刺穿事件的正中心，令事實真相顯現。

正位牌義

寶劍三正位的牌義非常直接，現在你已經知道事實真相，因而傷心欲絕。疑雲已經消除，現在你除了面對真相，別無其他選擇。通常如果感情中出現背叛、外遇，或是其他方面有出現異心，比如工作夥伴或生意上有不忠誠的情形，經常會抽到這張牌。從好的一面來看，表示你已經知道真正問題所在，所有疑惑都已經解除，現在你必須走出震驚的情緒，開始療癒自己，讓自己繼續前進。

在健康方面，寶劍三這張牌顯示出你可能有心臟方面的毛病，需要特別注意——比如高血壓，或是血液循環的毛病，像是經常心絞痛，需要進行手術治療。請注意，這張牌只是一個提醒的訊息，表示你應該要好好照顧你的心，照顧好你的健康，並不是在預言你會罹患什麼重大疾病。

逆位牌義

寶劍三逆位，除了有正位牌的傷心沮喪情緒，還會出現爭執與戲劇化的場面。就某種意義上來說，雖然同樣充滿混亂，但是逆位牌比正位牌要更為正向一點，至少情緒可以表達出來，內心的困惑和傷痛可以得到分擔和釋放。你身邊的人一定會了解，你現在真的需要發洩。

寶劍四
FOUR OF SWORDS

* **元素**：風
* **占星連結**：木星在天秤座
* **數字編號**：4
* **生命樹位置**：Chesed，仁慈、愛的薩弗洛斯
* **關鍵牌義**：休息、被動、安靜時刻

牌面解析

在代表爭執的寶劍三與代表戰鬥的寶劍五之間，寶劍四提供了一個輕鬆喘息的機會，讓我們得以從寶劍三的壓力與背叛情緒當中恢復過來，為寶劍五的戰鬥做好準備。牌面上的這位騎士放下他的武器，暫時躺下來休息；其中一把劍橫躺著，劍柄頂端與他的頭頂對齊，成為這座陵墓雕像的一部分，象徵此人擁有戰士身分。其他三把劍懸掛於他頭頂上方，牢牢固定於牆上，預備在他起身之後供他使用。不過，現在這位騎士進入休眠狀態，暫時不會受到攻擊，也不需要出去衝鋒陷陣。

牌面左上方的彩繪玻璃，象徵這位休眠的騎士現在已經遠離塵囂。玻璃上的人物看起來像是一位僧侶，正在幫助一名小孩或信徒，這幅景象，正是中世紀武士獻身慈善事業義行的體現，呼應「致力救助寡婦與孤兒」的騎士精神，同時也隱射了錢幣五當中的那兩位乞丐（詳見第156頁），他們也是站在彩繪玻璃窗下，而玻璃窗上的幸福場景，是他們無法仰望也不敢奢望的世界。

牌面上的石雕騎士，與倫敦聖殿教堂裡的臥姿騎士雕像非常相似，這座聖殿教堂，是由中世紀時負責保衛基督教朝聖者安全的聖殿騎士團在十二世紀所建。寶劍四牌面上畫的這位騎士，很可能就是巴倫·羅伯特·德·羅斯（Baron Robert de Roos, 1177–1226/27），因為聖殿教堂裡的九尊臥姿騎士雕像，只有他的手和寶劍四的騎士一樣雙手合十置於胸前、呈祈禱姿勢，和其他八位騎士雕像完全不同。德·羅斯放棄了自己的土地之後，成為一名僧侶在外行善整整一年，因此彩繪玻璃上畫的那名僧侶，很可能也是他本人。

四這個數字代表穩定與平衡。在象徵作戰的寶劍牌組中，四代表停火；不需要讓衝突持續下去。在卡巴拉生命樹圖上，這張牌的位置落在Chesed，也就是仁慈與愛的薩弗洛斯。慈悲、溫柔、和諧與和平，這是廣義的愛，也正是這位休眠的騎士所需要的。

在占星學上，寶劍四連結的是落在天秤座的木星。木星代表哲思或孤立，而天秤卻是社交力很強的星座，就像一位擁有強大社交能力的孤獨思想家，讓這張牌攜帶了滿滿的衝突意味。因此，這個占星組合也彷彿在訴說一個故事：騎士遠離他的戰友，獨自進入靜默沉思狀態，他在教堂這座庇護所內，過著僧侶的清修生活。

正位牌義

寶劍四正位，代表暫時終止工作、個人計畫，或是一段感情，稍事休息。這張牌經常會出現在占卜牌陣的「過去」或「現在」位置，表示應該中止一段感情，或是經歷疾病和手術之後，需要一段時間康復。一般來說，如果是作為預言牌，寶劍四通常代表擺脫壓力，回復正常狀態，因此這張牌所隱含的智慧訊息就是：盡可能讓自己安靜下來，養精蓄銳。

寶劍四的閉關孤立狀態，也可適用於禪修者、光之工作者（光行者），以及所有走在靈修道途上的人。占牌出現寶劍四正位，表示這時你比平常更需要心理空間與私人時間，因此，從這個角度來說，這張牌也是在提醒你，現在你需要獨處充電。

這張正位牌的延伸牌義是：尋求諮商或治療，甚至，有可能出席一場追悼會。

逆位牌義

寶劍四逆位，代表強迫休息——由於已經無法再施展影響力，因此你可能必須暫時放下這份工作或其他責任。很不幸，對於眼前這個狀況你幾乎無能為力，因此你必須讓自己接受已經發生的一切。這是階段性的現象，而且它是要告訴你：試著去尋求你內在的平靜與平安。以積極的心態善加利用這段時間。你可能需要重新思考你的工作安排，或是接受一份感情已經生變的事實，尤其是，如果你與你的伴侶或可能發展感情的對象目前正分隔兩地。

寶劍五
FIVE OF SWORDS

☆ **元素**：風
☆ **占星連結**：金星在水瓶座
☆ **數字編號**：5
☆ **生命樹位置**：Geburah，力量的薩弗洛斯
☆ **關鍵牌義**：遽變、衝突、失落

牌面解析

　　一名年輕人手上拿著三把劍，其中兩把劍被他趾高氣揚地扛在肩上，另一把則握在手中，劍尖朝下拄著地面，看起來像是為了捍衛自己的領地，剛剛完成一場扭搏。另外還有兩把劍，被兩名戰敗投降的人棄置在沙灘上。但是，這位年輕人臉上並沒有顯露勝利者的莊重神情，反而是咧嘴偷笑，或許是因擊敗對手而自樂。落敗的那兩人背對著我們，他們無力再接受挑戰，而且右邊那人雙手掩面，似乎感到非常羞愧。天空雲色灰黑，像是被劈砍過的殘破布片，再次說明了這裡確實剛經歷過一場衝突。

　　年輕人身上穿著紅綠相襯的衣服，紅色象徵充沛的生命力，綠色則是大自然的顏色。首先，這個顏色組合讓我們看到他的個性：紅色反映出他的精力能量與自我意識，綠色則代表他對自身權利的認知——不僅要奪下對方的武器，還要竭盡所能羞辱對方，以此為樂。綠色也代表他涉世未深、血氣方剛，個性相當不成熟；他尚未受到「善有善報、惡有惡報」的因果業力之教訓。其次，假如牌面上的那兩位輸家是代表我們，紅色與綠色就可以解釋為成長的象徵，從衝突經驗當中汲取智慧。這也呼應了這張牌的編號五，代表人類這個族群，以及人類在地球上的一切俗世經驗。五也是煉金術當中的第五元素，代表萬事萬物的精髓所在。在寶劍五這張牌中，這個精髓指的就是生命經驗，或是經歷戰鬥之後得到的領悟，呈現在這張牌上就是那些被劈砍過的烏雲背後的藍色天空，以及平靜無波的海面，由此我們知道，風暴已經趨向緩和。

在卡巴拉生命樹圖形上，這張牌的位置落在Geburah，也就是力量的薩弗洛斯，代表衝突和批判——以寶劍五這張牌來說，這個位置顯示出此人需要權力與掌控權，這是他戰鬥的原動力。Geburah受火星所主宰，而火星即是眾所周知的戰神，戰爭的發動者。

寶劍五的占星關聯是落在水瓶座的金星，因此這張牌也帶有理想主義的色彩，這是水瓶座的特質之一，同時又兼具金星的敏銳與浪漫個性。這個占星組合，代表突破傳統框架的選擇，或是看清幻想與現實的衝突。這個特質表現在正位牌上，代表在交鋒之後決定撤退，而不會為一場不可能打贏的戰鬥繼續奮戰。

正位牌義

傳統上都將寶劍五這張牌解讀為戰鬥與失敗。這張牌的出現，通常表示有家庭糾紛，或與經營者發生衝突、或是成為「體制」的受害者——尤其是教育政策以及政府和教育機構下的犧牲者。在感情方面，這張牌顯示出這份關係存在著衝突和緊張壓力。整體而言，寶劍五代表持續存在的壓力，以及對於你目前所在位置的挑戰，而且通常你是敗方。

無論寶劍五為你帶來什麼樣的混亂場面，它要告訴你的訊息是：現在發生的一切，對你來說並非損失。儘管你無法在這場戰鬥中獲勝，但假使你可以適時華麗轉身退出，你還是可以迅速恢復元氣，帶著自尊優雅離去。比較危險的是，雖然戰鬥已經結束，你仍然選擇繼續對抗。無論你有多麼生氣，都要好好面對自己的失望心情，好好處理你的憤怒。俗話說：「大局已定、勝負已分，怎奈咆哮聲音不絕。」不需要聲嘶力竭固執堅持，甚至奢望能回到過去的狀態或是感情復合。請認清事實，一切都結束了。

逆位牌義

寶劍五逆位，表示那個衝突根本是沒有必要的；你可能會陷入其他人的戰場，然後傷痕累累，雖然你根本沒犯什麼錯。你沒必要介入這場戰鬥。不管是誰發起的，那都是出於他們的自我私慾；有人可能為了掩蓋他（或她）在工作上的無能，只好不斷責備別人，來轉移大家的注意力；或者，因為自我私慾需要展現權力，而發起戰爭。從這個角度來看，這種戰場其實比較容易抽身，因為你知道那跟你無關。

寶劍五逆位也代表了霸凌和壓迫。這沒有什麼好感到羞恥的，反而，你應該找機會揭露這件不公平、不正義之事，改變這種權力不對等的狀況。

寶劍六
SIX OF SWORDS

★ **元素**：風
★ **占星連結**：水星在水瓶座
★ **數字編號**：6
★ **生命樹位置**：Tiphareth，美與重生的薩弗洛斯
★ **關鍵牌義**：前進

牌面解析

寶劍牌組當中少數幾張正向意味的牌，除了代表勝利的一號牌（見本書第176頁）以及平靜的四號牌（見182頁），再來就是寶劍六了。這是一張帶有戰鬥、矇騙、壓力元素的牌：一名船夫駕著渡船，預備前往一處充滿光明希望的目的地，那裡有平緩的山丘與樹林。我們看到，船身右邊水波洶湧，但前方水面卻平靜無波。洶湧惡水象徵艱難處境，而現在他正努力將船劃離那個惡水境地，前往平靜水域，以求遠離紛爭，獲得暫時寧靜。

他的船上載著兩名乘客，一位是小孩，另一位全身包覆著衣物，可能是小孩的母親。這三個人都背對著我們，表示他們堅心要前往目的地；他們已經下定決心離開，而且船已經啟航。這種堅定目標、一意前行的決心，剛好就是這張牌所連結的占星組合——水星落在水瓶座的主要特徵，同時也符合寶劍牌組重視心智頭腦的理性選擇特質。這張牌的天空是中性的灰色，表示這個決定不是受到情緒影響的結果；船夫也是中立的角色，他沒有特定的目的地，只要乘客付錢，他就為他們服務。這張牌的生命樹位置落在Tiphareth，是代表美與重生的薩弗洛斯，為這兩名渡船乘客帶來幸福的嶄新開端。值得注意的是，這張牌上顯示出傳統的角色分配：男性船夫屬於主動角色，而女性乘客屬於被動角色。陰陽角色處於平衡狀態，顯示出平靜和諧的氛圍，剛好與這張牌的數字關聯相吻合。

數字六代表寧靜與和平。六角大衛之星是由兩個三角形所組成，代表塵世天堂的概念，這提醒了我們，在塵世日常生活中發揮我們內在的神性與靈性，使身心靈達到愉悅和諧的狀態，並非遙不可及的境界。對寶劍六這張牌來說，這兩個主題就是現在與未來。而它的挑戰在於：整合過去的生命經驗，往前邁進。

正位牌義

寶劍六正位，代表你決心離開某個處境或一段感情，讓自己享受一段安靜的時光。它比較是屬於心理層面的，而不是實際身體上的離開，比如，你會選擇讓自己更加獨立自主，避免陷入情緒性的戲劇化場景，將事情複雜化。你會因此有機會停下腳步，養精蓄銳；甚至可能因此踏入新的境地，走上靈性探索之路。

在工作方面，這張牌的出現代表「旅行」會是你工作角色的一部分（因此可以暫時離開辦公室或工作場所，稍事喘息），而且通常代表兩個人遠離人群單獨相處。壞的方面是，這張牌代表一段關係的結束（尤其如果占牌時同時出現寶劍三，或是VI號戀人牌逆位）。不過，這個結束到底是好是壞，端視你個人情況而定。

單純從牌面圖案來解析，這張牌只是代表暫時停下工作或是離開目前處境、稍作喘息，有可能會去旅行，而且是出國旅行。如果寶劍六和大阿爾克那牌組當中，代表前進的VII號戰車牌，以及代表轉化的XIII號死神牌一起出現，那表示這個離開是長期的，很可能是移民到國外，或是為期很長的旅行。如果把牌面上的三個人物看作一家人，而不是船夫與乘客的關係，那麼這張牌就代表兩個人以上一起進行的重大行動。

逆位牌義

寶劍六逆位，代表的意義和正位類似，通常表示需要從某個情境中離開，或是你的計畫受到延宕。也許現在這個時候你不適合外出旅行，或者離開你不滿意的情境，有一些問題需要先釐清和解決，你才能真正得到自由。無論是哪一種情況，最重要的是聆聽你內心的真實意圖，找出正確的方向；不要執著於一定要達成某個特定結果，那很可能會矇蔽你的眼睛，讓你看不到其他更好的可能機會。現在你可能因為事情無法順利進展而感到挫折，請讓自己保持專注力，穩紮穩打，你的好運一定會來臨。

寶劍七
SEVEN OF SWORDS

* **元素**：風
* **占星連結**：月亮在水瓶座
* **數字編號**：7
* **生命樹位置**：Netzach，恆久耐力、本能直覺與慾望的薩弗洛斯
* **關鍵牌義**：偷竊與不誠實

牌面解析

　　一名沾沾自喜的小偷，手上抱著牌面上七把劍當中的五把，躡手躡腳從一個無人看守的營地準備離開。當地居民在這張牌面上是以剪影的方式呈現，當小偷把他們的武器偷走時，他們正全神貫注討論著別的事情。這個偷竊行動似乎相當容易，因為帳篷的門都是打開的，鮮麗的帳篷顏色，對過路異客來說相當有吸引力。小偷知道他可以安心把東西偷走，所以離開時還回頭露出得意的訕笑表情，他知道沒有人會發現。這張牌鮮黃色的背景，象徵清醒的明意識，因此這名竊賊並不是偷偷在晚上行竊，而是大大方方在光天化日之下行搶。

　　他的穿著打扮非常闊氣。毛皮邊飾的紅色靴子，搭配同款式的帽子，顯露出此人生活極為奢華，衣食無缺——除非，這些東西是用非法的手段取得的。紅色代表活力、自我意識，以及物質世界。他腳上穿著紅靴子，代表他會出於自我私慾去獲取他想要的東西。請注意，他的靴子和帽子跟他身上的其他打扮並不相配；也許這些衣物也全都是偷來的，因為這身打扮看起來非常突兀，完全不像普通人平常日子裡穿的綁腿緊身褲和帶有拉繩的襯衣。

不過，這裡有一個問題還沒解決。為什麼小偷要留下兩把劍沒拿走？這兩把留在地上的劍，凸顯了這張牌的正向含義，因為有了這兩把劍，受害人就能藉以保衛自己，即使他們的對手仍然占有優勢。小偷只拿走了五把劍。五這個數字在小阿爾克那牌組中也代表動亂的情勢——寶劍五代表衝突，錢幣五代表金錢方面出問題，權杖五代表艱難挑戰，聖杯五代表失落。

這張牌的生命樹位置在Netzach，意思是恆久耐力與本能直覺。這兩個特質，都是失竊的受害人在揭露小偷身分時所需要的特質；而這也是小偷本身的個性，小偷就是憑藉這個本事，才會去冒險行竊。他耐得住性子，可以等候最佳時刻伺機出擊。此外，寶劍七的占星連結是月亮落在水瓶座：月亮的直覺能力與水瓶座的理想主義和客觀超脫相結合，揭示出這張牌更深層次的意涵。

七是一個神祕的數字。對於太陽神阿波羅，也就是著名的德爾菲神諭（Delphic oracle）的創建者來說，七是一個神聖數字，一星期有七天、人類的惡行有七大罪、世界有七大奇蹟（見本書第58頁戰車牌）。七也代表可能性：它是代表天堂的三以及代表俗世人間的四的加總，因此象徵了在俗世人間建造天堂將理想付諸實現的可能。不過，以寶劍七這張牌來說，小偷對於人間天堂的想法別有道德上的弦外之音。

正位牌義

一般習慣將寶劍七稱為「小偷牌」，也就是將這張牌視為一種警訊，告訴你要好好保護你的財物和財產。一般而言，我們會將它視為一種可能觸及違法或違背道德的行為，比如，可能有人跟你爭寵、要來搶奪你的位置，有人侵犯了你的空間，或是在感情方面，你的伴侶比較自私、占你便宜，甚至，最糟糕的情況是，欺騙你的感情。由於寶劍牌組與心智頭腦的運作有關，因此你需要運用你的直覺和智慧來找出真相。你可能需要耍一點小手腕，跟他（或她）玩一下遊戲，去發掘你需要知道的事實。你的對手可能很強大，但你這邊還是有許多資源可以利用。

這張牌的出現也代表可能涉及法律問題，一樁不公平的交易或是生意上的詐欺。

逆位牌義

寶劍七逆位，代表選擇放棄，而非堅持立場。對你來說，你可能不習慣像對手那樣步步為營、預先設想下步行動，但是，這種態度卻能幫助你捍衛你現在擁有的一切。如果不具備這樣的心態，你可能很快就會舉白旗投降。尤其在工作上，當你的同事試圖打擊你，想要讓你失去自信時，堅定你自己的立場是非常重要的。

跟正位牌一樣，寶劍七逆位也代表可能在生意上涉及違法情事，對那些不擇手段、肆無忌憚的人，要特別當心。

寶劍八
EIGHT OF SWORDS

* **元素**：風
* **占星連結**：木星在雙子座
* **數字編號**：8
* **生命樹位置**：Hod，雄偉與心智頭腦的薩弗洛斯
* **關鍵牌義**：受到束縛

牌面解析

寶劍八描繪了一個結局悲慘的童話故事：一名少女從城堡裡被趕出來，她的雙手遭到捆綁，孤零零站在插著八把劍的半圓形場子中央，背對著她的家園。在這裡她成了一名人質，象徵著異類，不同於城堡所代表的文明與包容。她身上穿著紅色衣袍，象徵精神活力，但她被捆綁著，以致行動受到束縛。這片岩石池沼景色看起來相當美，沒有什麼危險存在，但假如她不快點移動她的位置，很可能就會陷入險境，水可能會隨著漲潮慢慢淹上來。她的雙眼被布條蒙住，象徵她無法看見眼前的事物。寶劍二這張「僵持牌」也出現一位蒙眼女子，很有可能寶劍八的這位人質曾經經歷寶劍二的處境，不過，現在她身上的束縛更緊了，她的處境比之前更加危險。

值得慶幸的是，這個束縛不會持續太久。萊德偉特塔羅的創作者A. E.偉特說：「這張牌描述的是一種暫時的監禁狀態，而非永久不得解開的束縛。」總有一天，我們的這位少女一定會痛下決心拯救自己；因為沒有王子會騎著白馬來救她。

寶劍八的占星連結是：交遊廣闊的木星落在善於社交的雙子座，這是一個擁有高度創意與智慧的組合。它的挑戰在於，要處理過多的資訊，某些創意想法可能過於天馬行空，很可能因為失去焦點和視野而導致執行上的失敗——這也呼應了這張牌的主要人物意象：眼睛被矇蔽的人質。

這張牌的編號是八，八這個數字的其中一的含義就是改變、更新與穩定。這恰恰反映出，這位人質需要從使她受到禁錮的思想中解脫出來，找到新的立足之地。寶劍牌組的元素是風，掌管心智頭腦，這也呼應了這張牌的生命樹位置Hod——雄偉與心智頭腦的薩弗洛斯；以寶劍八來說，就是善於運用心智頭腦的理性力量。

正位牌義

寶劍八正位，代表覺得自己被困住。由於不斷發生糟糕的事情，運氣很差，你開始懷疑事情是不是永遠無法得到改善。你可能會感到焦慮，因為不滿意自己跟某人或某個組織之間的關係；尤其是，你可能因為一筆信用貸款，導致手頭經濟拮据。

寶劍八通常被認為是一張壞牌，因為它顯示出你在事業上、理性思維或心理層面遭遇到一些困難，你感到挫折沮喪，嚴重的話甚至可能出現恐慌。由於覺得受到限制、心裡不快樂，以致對工作產生無理的要求或控管不當，無法達成自己滿意的結果。或者，老是覺得有人關起門來進行一些你不知道的暗盤，你覺得自己被孤立，甚至不被重視。占牌時出現這張牌，通常表示有人處在一個不適合他角色的位置上，因而備感壓力，比如，被迫在家族企業裡工作，或是為了工作上升官而去取得更高學位，但事實上這些都不是他們真正的興趣所在。有許多創作者或是光行者治療師都有這樣的經驗，總是到後來才發現他們不適合這一行，因而提起勇氣重新去尋找自己的道路。你絕對可以讓自己掙脫這些捆綁，只要你有決心，並且放下驕傲的身段，向別人尋求支持和建議，這件事並不困難。在社交方面，寶劍八這張牌顯示出你覺得自己受到羞辱或忽視，而且你非常在意別人對你的態度和看法。

寶劍八正位的延伸牌義是：疾病和喪失工作能力。同樣的，這只是暫時性的身體限制狀態，不是永久性的失能。

逆位牌義

寶劍八逆位，除了跟正位牌的狀態類似之外，經常還伴隨有強烈的情緒出現，比如罪惡感、憤怒、懊悔。你很可能會用負面的方式來表達這些感受，因為你實在太難過了；不過，請試著不要去攻擊你身邊親近的人。跟所有的小阿爾克那牌一樣，寶劍八所顯現的狀態並不會持續太久。

寶劍九
NINE OF SWORDS

* **元素**：風
* **占星連結**：火星在雙子座
* **數字編號**：9
* **生命樹位置**：Yesod，基礎與潛意識心智的薩弗洛斯
* **關鍵牌義**：憂心焦慮

牌面解析

寶劍九，跟這個牌組其他大多數牌一樣，一看就能明白其牌義。午夜時分，一人從噩夢中驚醒，筆直坐在床上，他把臉埋在手中，顯得非常痛苦。這人身後牆上橫掛著九把劍，看起來像是窗戶的橫條窗櫺。劍代表智慧和思想，而這裡的九把劍，卻象徵著限制；九把劍柄交錯相疊，像無用的念頭擠滿了整個空間。從底端算來第三把劍，剛好橫過此人的頂輪位置，對他形成一種壓迫；底端算來第二把劍正好刺過他的頭部，最底端那把劍則刺穿他的心臟。先從頭腦思維開始，現在傷害已經深及內心，他平日慰藉的來源已經被切斷，內在衝突讓他感到無比痛苦。

床墊是代表直覺的淺紫色，呼應這張牌的生命樹位置Yesod，受到掌管潛意識心智的月亮所主宰。床鋪或臥榻的側面雕刻著一幅田園風景，代表他的夢境，但是風景裡面的兩個人物似乎並不安寧；整幅畫顯得氣勢洶洶，充滿侵略意味。其中一人揮舞著他手上的工具，似乎在對另一人進行攻擊，這幅景象顯示出，這位做夢者正是他本身意念思維的犧牲者。

床上的被子顏色非常鮮豔美麗,跟這張牌的黑色背景形成強烈對比,而且上面還繪有黃道十二宮星座的十二個象徵符號,跟紅色玫瑰共同組成一塊塊鮮豔的補丁圖案。這些星座符號同時出現,意指多數,而非單指個別事件,因此我們知道,此人內心的憂慮可能遍及他生命的每一個層面。紅色玫瑰是愛與希望的象徵。但是這位做噩夢的人現在看不到這些花朵,因為他用雙手遮住了自己的眼睛,很像錢幣五當中的那兩位乞丐,他們也看不見他們頭頂上方那面彩繪玻璃窗上的金錢樹。

這張牌的編號是九,也是三組三的總和。三是一個動態數字,三的倍數就是象徵產量密集。不過,在寶劍牌組當中,心智頭腦的運轉如果太過旺盛,則代表過度顧慮,很容易充斥擔憂和負面想法。

寶劍九的占星連結是火星落在雙子座,這是一個強而有力的占星組合。擁有自由靈魂的雙子座,現在受到極具衝勁與侵略力量的火星所主宰,很可能會出現挫折以及落入圈套的感覺。

正位牌義

我習慣將寶劍九稱為「凌晨三點牌」,因為這張牌的圖案精準地描繪了它所代表的含義:凌晨時分你從夢中驚醒,發現自己內心充滿憂慮。可能你現在正受到疾病之苦,精神非常差,或是受到某種驚嚇,或者因為累積了各種生活壓力,以致睡眠受到干擾,內心感覺很不安寧。外在事件的確會造成內在壓力,但現在重點是,你要如何回應它、處理它。

你可以查看牌陣中鄰近寶劍九的是哪些牌,以此來判斷是生活哪一方面出了問題,雖然寶劍九所反映的負面情緒,從工作到感情各個層面皆有可能,你平常的積極態度已經被憂慮的心情所遮蔽。這張牌的出現也顯示出,你可能向來就有憂慮的習慣,很容易為那些無關緊要的小事擔心害怕。值得慶幸的是,這是小阿爾克那牌,這種狀態只是暫時的。

在工作方面,寶劍九的出現表示你可能工作過重了。如果占牌當中同時出現權杖十這張重擔牌,那表示你真的事情太多,做不完了。

占牌中出現寶劍九,有時也代表你在精神健康方面出現了跟焦慮有關的問題,比如恐慌、緊張、焦慮、憂鬱等症狀,或是失眠和噩夢。

逆位牌義

很不幸,如你所預想的,寶劍九逆位的牌義比正位牌更為負面,傳統上意謂著絕望、愧疚,或是感覺被困住、動彈不得。不過,這張逆位牌的出現,也代表這一波氣運循環已經來到最谷底,整個情勢即將翻轉。你會逐漸脫離這個困境,進入另一個截然不同的階段,無力感會慢慢消失。要以耐心和慈悲之心來對待自己,勇於尋求他人的協助,不要自己一人孤單難過。

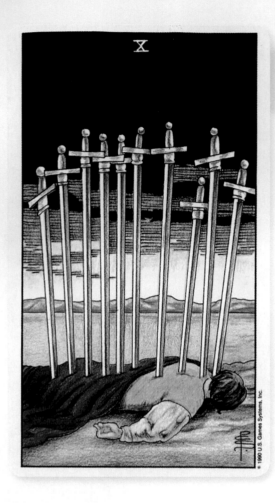

寶劍十
TEN OF SWORDS

☆ **元素**：風
☆ **占星連結**：水星在處女座
☆ **數字編號**：10
☆ **生命樹位置**：Malkuth，王國、生命經驗的
　　　　　　　　薩弗洛斯
☆ **關鍵牌義**：結束

牌面解析

　　跟寶劍九（俗稱壓力牌）以及XV號惡魔牌一樣，寶劍十的牌面背景也是黑色的。這時，我們確實又陷入了黑暗境地，一名年輕男子俯臥在地，背部從上到下插著十把劍。這張牌的場面鋪排也令人震撼：藍色水域、紫色山脈與黃色天空，映襯著炭灰色烏雲，沉重雨水堆積在漆黑的天空裡。這幅二元對立的天色景象，象徵兩個截然不同的世界：「前方世界」的光明場景代表衝突發生之前的景象，「後方世界」萬事萬物遽變，黑暗如裹屍布般驟然降臨，最終將身體包裹覆蓋。受害者面部朝下，沒有露出他的臉，彷彿這世界已然與他無關；這張牌的焦點，就在十把劍的落點。

　　受害人的右手輕微反折，如果仔細看，可以看到他的食指與中指朝上直立，做出祈福的手勢，跟V號教皇的手勢一樣（詳見第50頁）。由此我們知道，這個人很可能是一位陣亡的大師或上師；或者，這個手勢可能是代表此人接受自己的生命已經來到終點，他認為眼前的遭遇對他而言是一種福報。他的身上覆蓋著一塊紅布，看起來像是從他身體流出的一大片血跡。紅色代表愛、活力，在這裡則象徵生命力或鮮血。

在靈數學上，十代表圓滿與完美。在寶劍十這張牌中，這個圓滿就是終點。這張牌的生命樹位置在Malkuth，意思是王國——因此，寶劍十也代表我們的個人王國，或是物質世界的某一部分已經終結。

這張牌的占星連結是太陽落在雙子座，這個組合帶來了光明與活潑的社交力，與這張牌的牌義並不一致，只能說，在這張牌的負面影響力過後，也許就會有嶄新的幸福出現。當生命的陽光悄然消逝，落在雙子座的太陽依然在人生隧道盡頭散放著耀眼的光。

正位牌義

寶劍十正位，傳統上皆將它解釋為毀滅。雖然這聽起來很嚇人，但其實並非如此，儘管它代表死亡或毀壞；值得我們牢記在心的是：雖然這件事看起來像是突然發生，但事實上其來有自。這不是來自上帝的懲戒，如同XVI號高塔牌的雷擊，而是事情不斷演變發展到達頂點之後自然出現的結果，這是無可避免的變化。有結束，才有新的可能發生，你會發現，當一件事終結，你也同時擺脫了挫折和壓力，就像前一張牌寶劍九的意義一樣（詳見第192頁）。因此，寶劍十也可以說是XIII號死神牌的其中一個面向，代表了結束、轉化，以及新的起點。

在私人生活方面，友誼可能會出現破裂的情形，而且很可能無法挽回；很不幸，這件事是無法避免的，等到事過境遷，你可能就會明白，團體裡面有些人其實與你們並不同調，只會帶來壓力。在愛情方面，這張牌顯示出這段感情會突然戲劇化地結束（尤其，如果同時出現聖杯三這張「傷心牌」）。不過，寶劍十比較常出現在占卜與群體有關的事，個人事件反而比較少出現。在工作方面，這張牌的出現顯示，由於公司裁撤了某個部門，導致失去工作，或是生意失敗。

如果以正向的角度來看，這張牌代表一個時代的結束；所有紛爭和煩惱很快就會結束。身體方面，如果長期沒有精神或是疲累，也很快會得到改善。

逆位牌義

寶劍十逆位，跟正位牌含義差不多，但是負面的影響更大。你可能會檢討自己過去的行為，內心感到愧疚或憤怒，然後繼續加深負面惡果。試著不要讓自己緊抱著那個壓力不放，接受目前你所遭遇的情境，然後試著放下。

寶劍十逆位也顯示出你現在感覺很無助，尤其是，假如你身體一直不好，或者情緒上長期負荷過重。不過那都是暫時的，很快你就能振作起來，重新開始。

寶劍侍者
PAGE OF SWORDS

☆ **元素**：風中之土
☆ **關鍵牌義**：理性智力與簽訂合約

牌面解析

　　一名年輕人身姿英挺，兩手一起握著劍柄，劍尖筆直朝上，對周遭的危險徵兆保持著警覺。從他身後的風景還有雲層我們可以看到，風勢似乎不小，因為遠處那棵孤立的樹木枝葉幾乎被風吹成翻倍寬。雲上成群盤旋的黑鳥，顯示出有某樣東西若不是即將逃離消逝就是即將成形。不過，無論發生什麼事，我們的這位英雄都已經做好準備，處於戰鬥狀態，隨時採取行動應付突發狀況。他選擇站在一片高地上，這是阻卻敵人攻擊的最佳位置。

　　他站得很高，視野一覽無遺，並且揮舞著他手中的劍。這件武器象徵著他的意圖與心智思想，甚至超出了這張牌的圖框。他願意去面對已知與未知的威脅，擬定反攻策略，追求終極勝利。雖然他身上穿的並非戰袍，全身沒有一處包覆盔甲，甚至可能對衝突戰爭毫無經驗，但他的姿態卻展現了他致力進攻或防守抵抗的決心；他把劍舉在左方，轉頭看著右方，一副準備攻擊的姿態。他對左右兩個方向都保持警覺，而且應該是一名正在受訓的騎士——他的外袍是暗紅色的，這個屬於帝王的顏色，象徵他追求步步高升的野心與抱負。他的靴子是紅色的，象徵精神活力與務實，而他的緊身長襪與長袖子都是黃色的，象徵他同時也是一名理智之人。

遠方的山巒是藍色的，塔羅牌中出現這個顏色，通常是表示真理與靈性（請參考II號女祭司牌和她的長袍，或是VII號戰車牌和繪有星星圖案的天篷華蓋）。跟XI號正義牌一樣，寶劍侍者以劍切入真相揭露事實，帶來晴朗光明，烏雲隨即消散無蹤。

寶劍侍者相當年輕、充滿活力與自信，不僅頭腦思維清晰，而且專心致志於自身事業。這張牌的元素是「風中之土」。他最重要的技能就是他的知識與機智，如果又結合「土」的務實，可說就是一名優秀的戰略家，能夠發展策略、採取最有效的行動。風中之土這個組合的缺陷是：風有自我炫耀的需求，而土則追求務實，這兩者可能會產生衝突。如果是風占居主導地位，寶劍侍者可能容易顯得少年老成、流於膚淺、缺乏寬廣的視野。

塔羅的侍者牌與騎士牌一般來說可以代表人或是影響力，而另外兩張宮廷牌（王后與國王）則是明確代表某個人。占牌時，你可以先把重點放在侍者的牌面圖案，讓直覺來導引你做出最適當的牌義解讀，然後再參考本書的牌義解說（本書第8頁第一章也有相關說明）。

正位牌義

代表影響力：這張牌代表有用的資訊。你在生意上或其他事務上的努力將會得到回報。寶劍侍者這張牌也顯示出，你身邊的人會在你施展抱負時適時給予你援助。這時候你應該保持警覺，仔細觀察人們說話的內容。做好準備，以便在機會來臨時即刻採取行動，同時，也可以去請教那些能夠為你爭取利益的人，聽取他們的意見。

占牌時出現這張牌，通常表示你可能有機會簽訂一項跟財產、事業、旅行、或其他協議有關的合約。

代表某個人：寶劍侍者代表一位迷人、聰明的好夥伴。由於他是侍者，因此通常年紀很輕，或是頭腦反應迅速、朝氣蓬勃的人。他講話可能相當直率坦白，但卻是一位優秀的盟友，可以將困難轉化成機會。他的學習速度很快，充滿好奇心，思想開闊，缺點是有點調皮愛胡鬧，有時為了達成目標而忘了體貼別人。

在牌陣中代表「你」：信賴你的智力判斷。

牌陣中出現侍者牌：如果占牌時有兩張以上的侍者牌接連出現，其牌義如下：

※ **兩張侍者：**兩張都正位，代表友誼，其中一張或兩張都是逆位，代表敵對競爭。
※ **三張侍者：**大量社交活動。
※ **四張侍者：**一群年輕人組成的社團。

逆位牌義

寶劍侍者逆位，代表這位聰明的侍者可能變得喜歡操控別人或是非常狡猾。現在，要小心你所接收的資訊，它很可能並不可靠，而且你要小心區辨，哪些是你內心真實的聲音，哪些是別人的意見，因為那些訊息可能並不公正，甚至帶有毀謗性質。如果這張逆位牌是代表某個人，那麼表示此人很愛長舌八卦，而且所傳播的觀念很可能是錯誤的。最壞的情況是，此人非常善於耍手段而且無恥、不道德。他很想要得到別人的關注，請不要落入他的陷阱，不要幫他火上加油。

KNIGHT *of* SWORDS.

© 1990 U.S. Games Systems, Inc.

寶劍騎士
KNIGHT OF SWORDS

★ **元素**：風中之火
★ **占星連結**：金牛座和雙子座
★ **關鍵牌義**：壓力與真相

牌面解析

　　這就是寶劍騎士的力量，連他的馬兒都瀕臨恐懼邊緣，奮勇齊力向著看不見的敵人奔馳而去。這位全副武裝的盔甲騎士，正要展開一場戰鬥，他一手揮舞著寶劍，一手高高拉起馬韁，雙腳用力踩著馬鐙，催促他的馬兒保持速度疾疾前行。他的頭盔面罩往上翻起，顯示出他極想親眼目睹他的敵人的面貌。

　　寶劍騎士逆風前行，我們看到牌面左方的樹木整個往右邊傾倒，而騎士則往左邊奮力奔馳，顯示出他完全無懼於前方敵人是誰，心無旁騖，奮勇向前。馬匹奔馳於一片荒涼沙漠，象徵他們需要努力求生，雲層形狀如破敗襤褸，彷彿是騎士揮劍劈砍造成的。他手上的劍，跟寶劍侍者一樣都超出了牌面圖框，顯示出這位騎士的企圖心已經不是我們眼前這幅風景所能侷限。他堅定專注於自己的任務使命，沒有任何事物可以將他阻擋。他的盔甲以及馬匹的韁繩和項圈頸飾都是藍色的，顯示出他已有萬全準備，要直入敵人（或事物）的心臟。

這張牌的元素是風中之火。火是充滿熱情的能量，紅色披風與頭盔上的羽毛就是火的象徵，而馬匹頸圈上裝飾的鳥兒與蝴蝶圖樣，就是風的象徵。這個風與火的組合，就像暴風雨和龍捲風，澎湃洶湧的勢力瞬間爆發之後隨即消散退去。這正是騎士的行事風格。加足馬力迎戰敵人，然後瞬間消失無蹤。

塔羅的騎士牌和侍者牌一般來說可以代表某個人或是某種影響力，而另外兩張宮廷牌（王后與國王）則是明確代表某個人。占牌時，你可以先把重點放在騎士的牌面圖案，讓直覺來導引你做出最適當的牌義解讀，然後再參考本書的牌義解說（本書第8頁第一章也有相關說明）。

正位牌義

代表影響力：無法預知的、波濤洶湧的時刻即將到來——你正面臨高潮迭起的戲劇變化。真相可能會突然暴露出來，或是原本暗潮洶湧的衝突瞬間浮出表面。這究竟是好事？還是會為你帶來壓力？或者事件繼續撲朔迷離，端視你所處的位置而定。

這張牌的出現，通常顯示出你在工作上面臨爭執，以及家庭和感情當中處於緊張狀態。雖然麻煩不是你引起的，但重要的是，這個場面該怎麼收拾？絕對有辦法解決，但你可能需要一點耐心，等待整件事緩和下來，再採取進一步行動。

代表某個人：寶劍騎士意志堅定、衝勁十足，而且對於自己以及所肩負的任務都有很強的使命感。他是個非常獨特的人，妙趣橫生，天生帶有一種特別的幽默感，甚至穿著非常另類。他敏銳、直率、聰明，有很強的帶動力，而且隨時準備為自己的理念奮戰。缺點是，他經常在搞出名堂之後就馬上覺得無聊，然後又繼續往別的地方衝。在人際關係方面，他可能容易引發戲劇化的衝突場面，但是又不願意負起和解的責任，常常自己先落跑，讓其他人自己去收拾善後。在工作方面，如果占牌中出現這張牌，那代表此人是公司雇用的外聘審計人員、估稅員，或是醫生、律師、顧問等等這類兼職的專業人士，來協助公司提供諮詢意見、做評估等等。不過，到最後，你還是那個要負責處理善後的人。

在牌陣中代表「你」：對意料之外的事情抱持期待。

牌陣中出現騎士牌：如果占牌時有兩張以上的騎士牌接連出現，其牌義如下。

※ **兩張騎士**：兩張都正位，代表友情；其中一張或兩張都逆位，代表競爭。
※ **三張騎士**：男人的聚會。
※ **四張騎士**：大量的行動；事情加速進展。

逆位牌義

寶劍騎士逆位，意謂著一些壓力情境會被誇大成攸關個人福祉的重大事件，但卻缺乏承擔的勇氣。這張逆位牌的出現也是一種提醒，某位你覺得可靠、踏實的人，現在可能會讓你失望。一個驕傲自大的人，善於自我吹捧，但其實沒什麼真材實料。總之，這個人的高智商通常只是代表他為了不惹上麻煩，而選擇當一個不沾鍋，拒絕涉入任何事情。

寶劍王后
QUEEN OF SWORDS

★ **元素**：風中之水
★ **占星連結**：處女座和天秤座
★ **脈輪**：頂輪和第三眼，代表敞開與直覺
★ **關鍵牌義**：一位聰明銳利的女性

牌面解析

寶劍王后是III號女皇或母親原型的其中一個面向。寶劍王后是母親原型的心智頭腦面，如同聖杯王后是母親原型的心靈面（見本書第144頁以及42頁女皇牌）。

寶劍王后對於主權的堅定宣示無人可及，她是唯一一位以側面輪廓出現的女君主，看起來就像硬幣上的君主頭像。她的左手向上抬起，像在歡迎一位來訪的貴賓，而且她的姿態跟權杖王后一樣，保持著相當程度的警覺。這是一位握有實權的女人：她右手舉劍，劍身與寶座正好成九十度直角，她高高坐在自己的領土上，給人一種權威感。

這張牌的元素是「風中之水」。我們可以看到牌面遠方有一條代表水元素的河流，從王后身上的紅色罩紗延伸出去，蜿蜒流過寶座後方的四棵大樹。整個視覺效果看起來像是一條鮮血般的河流，這幅景象提醒了我們，這位寶劍王后並不是只能被捧在手心珍藏的珠寶，她也不是用來展示的；必要情況下，她會親身投入戰場，那絕不會是個美麗的場景。

風元素主掌心智頭腦，在牌面上是以帶有翅膀的生物來表現，比如單飛的鳥、小天使，以及寶座與皇冠上的蝴蝶圖案。王后的蝴蝶皇冠頂端是打開的，象徵此人樂於接納各種不同想法與意見。她本人也是這幅明亮風景的一部分，她的披風上有雲朵圖案，蓬蓬袖長袍也是白色的。天藍色的背景象徵她追尋真理的意志力。

她的寶座上有兩個月牙圖案：可能是代表兩道新月或是兩把鐮刀，也可能是兩把彎刀。如果代表月亮，則剛好呼應II號女祭司牌上的新月圖案，象徵潛意識的世界與六種感官：寶劍王后擁有敏銳的直覺，而且不害怕聽從直覺的聲音。如果是鐮刀，則呼應她手上的魔法器物——寶劍，而且剛好連結這張牌的風元素。

塔羅的王后牌與國王牌，傳統上是代表你生活中或是即將進入你生活的某個人。不過，王后牌也可以代表某種影響力，在最後一段我們會有牌義解析。

正位牌義

代表某個人： 寶劍王后是一位精明的戰略家，專心一意而且雄心勃勃。就像她的占星連結天秤座一樣，她可以在很短的時間之內評估一件事情的所有面向，直指核心，包括從他人的態度和行為判斷出他們的潛在心理動機。她對數字非常在行，可能是一位行政管理人員、資訊技術專家、研究人員，或是財務主管，這些行業都需要專注於細節，也剛好對應了她的占星連結處女座。寶劍王后也是一位成功的女企業家或老闆。她有豐富的人生歷練，而且可能還有一些過去的傷痕障礙需要克服。這造就了她現在成為一名堅強的女性。儘管如此，她還是願意冒險嘗試新經驗、建立新關係。她無法容忍愚蠢之輩，但如果她喜歡你，她定會毫無保留地獎賞你、信任你。

傳統上，這張牌被稱為「寡婦牌」，不過，意思上通常是指一位單身女性，或是一位必須獨立謀生的女人。有時候也代表單親媽媽。

在牌陣中代表「你」： 要堅定決心、站穩立場。

牌陣中出現寶劍王后： 這張牌能夠提供智慧、智力、觀點和能力，協助你看見更遠大視野。如果鄰近牌中出現壞牌，寶劍王后也能展現她的力量協助轉化逆境。

如果占牌時有兩張以上的王后牌接連出現，其牌義如下。

* **兩張王后：** 競爭、相互競較。
* **三張王后：** 對你有幫助的朋友。
* **四張王后：** 女人的聚會。

逆位牌義

寶劍王后逆位，代表會為不良行為尋找藉口，或者，你可能會在某件事情當中受到蒙冤攻擊。如果這張逆位牌是代表某人，那麼此人可能是跟你持相反立場的對手，或是某人突然間變得滿懷憤怒與報復心態。不過，造成這種反常現象的原因通常是壓力過大——這位女性並不知道她的要求已經不合乎理性。在這種情形下，你最好暫時迴避，她必須靠自己的力量去察覺這件事。

KING *of* SWORDS.

寶劍國王
KING OF SWORDS

* ☆ **元素**：風中之風
* ☆ **占星連結**：摩羯座和水瓶座
* ☆ **脈輪**：頂輪與第三眼，代表敞開和直覺
* ☆ **關鍵牌義**：一位具有雄心抱負的男性

牌面解析

　　寶劍國王是IV號皇帝和父親原型的其中一個面向，帶來結構、秩序與權威。寶劍國王掌管心智頭腦的國度，如同聖杯國王掌管心的國度、錢幣國王掌管有形身體、權杖國王掌管靈魂（見本書第146、174、230頁以及46頁皇帝牌）

　　寶劍國王穩坐於他的王位，姿態和XI號正義牌中的人物很像，同樣都是右手舉著一把劍（詳見第74頁）。寶劍國王跟他的伴侶牌寶劍王后的寶座上同樣都刻著蝴蝶圖案，因為同樣屬風元素的牌組。牌面右邊差不多靠近國王肩膀的地方，刻著一位仙女。寶座頂端的兩道月牙很可能是鐮刀，與蝴蝶共同構成一面紋章圖案，而鐮刀與國王手上的劍一樣都是劈砍的工具。不過，這兩道月牙也有可能是代表兩顆衛星，其中一顆是代表覺醒的天王星的衛星，而天王星正是寶劍國王的占星連結——水瓶座的主宰星，這顆衛星的名字叫做泰坦妮亞（Titania），是來自《仲夏夜之夢》當中小仙子們的皇后之名。假如寶座上刻的仙女就是這位外表美麗但性格殘暴的泰坦妮亞，那麼她很可能代表了國王這把強大的寶劍同時擁有陰暗與光明兩面性格：就算風采翩翩的君王也可能是殘忍無道的。

這張牌的元素是「風中之風」，因此寶劍國王也同時具備了理想主義與雄心壯志。他的寶座設置在樹林的一塊基地上，顯示出他擁有由上往下俯瞰全局的視野。他手上的劍微微傾斜，而不是呈筆直九十度角的，我們由此感受到，他能夠很嫻熟地操作這把劍。而代表懷疑與困惑的雲朵，現在似乎已經被逼到牌面的中央與下方，看來應該是國王剛剛施展了寶劍的威力，劈開了他頭頂上的那些雲層，以致現在天空呈現一片晴朗的藍。藍色代表真相與清晰，剛好與國王身上的長袍顏色相呼應。

國王的紫色披風代表直覺力，紅色帽子與橘色袖子代表熱情與物質塵世。他集中敏銳的心思，專注於需要致力完成之事。

塔羅牌中的國王牌與王后牌，傳統上是代表你生活中或是即將進入你生活的某個人。不過，國王牌也可以代表某種影響力，在最後一段我們會有牌義解析。

正位牌義

代表某個人：寶劍國王可以代表一位知識分子，或是一位仰賴邏輯來幫助自己取得勝利的男性。他很樂意接納各種想法，不過，如果必須等到與他人建立共識才能採取行動，他就會顯得有點不耐煩。儘管如此，他外表看起來還是相當沉著冷靜，而且可以做出正確判斷。他是一位冷面笑將，經常說出冷笑話，但風采卻非常迷人。在占卜牌陣中，他經常代表你工作場合裡面或是在其他場合遇到的一位魅力十足的男性。

他的職業象徵傳統專業人士，而且你會發現經常是該領域的權力要角，包括：醫生、法官、律師、武裝部隊或執法人員；學術、資訊技術、研究工作可能都是他的興趣，在商場上，他通常是擔任經理或主管。不管他選擇何種行業，他必定都能做出與眾不同的決策，而且他寧可親身參與其中。

在牌陣中代表「你」：擔負責任。

牌陣中出現寶劍國王：如果占卜牌陣中出現寶劍國王，表示你的焦點會放在理性面而非感性面。這段時間你可能需要緊鑼密鼓工作或讀書。在人際關係和家庭事務方面，你最好採取主動。

如果占牌時有兩張以上的國王牌接連出現，其牌義如下。

* **兩張國王：**一位很棒的夥伴。
* **三張國王：**具有影響力的男性。
* **四張國王：**權力鬥爭。

逆位牌義

寶劍國王逆位，代表向來穩重的寶劍國王現在可能會帶來破壞的力量。你可能會承受到不合理的壓力，逼得你得去完成設定的目標。而且很不幸，你完全沒有任何討價還價或辯解的空間，因此讓你感覺受到壓迫。所幸，這種情況只是暫時的。如果寶劍國王逆位這張牌是代表某個人，那表示此人很會玩心理戰，而且，他甚至會不惜一切代價做任何事情，只為了求勝。

權杖一（王牌）
ACE OF WANDS

* **元素**：火
* **占星連結**：火象星座──牡羊、獅子、射手
* **數字編號**：1
* **生命樹位置**：Kether，王冠，神性明光
* **關鍵牌義**：公司、事業、旅行、起始

牌面解析

雲中伸出一隻手，手中緊緊握著一根權杖。權杖王牌是這個牌組當中唯一帶有多個分岔枝枒的權杖，象徵著新的冒險旅程即將展開。其中一根枝枒上長著四片葉子，較低的那兩根枝枒各長了三片葉子。在這根權杖四周，還零散飄著八片葉子，全部葉子加起來共有十八片。這剛好呼應希伯來文的第十八個字母Tzaddi，意思是希望。這些葉片的外觀形狀，和聖杯王牌、寶劍王牌、XVI號高塔牌、XVIII號月亮牌當中的小水滴都非常相似（詳見本書第120、176、94、102頁）。

雲手權杖的下方，是一片連綿的紫色山脈，象徵著靈性的目標。一棟建築物，看起來像是童話故事中的城堡般，也像修道院，坐落於山巒之中──象徵著實現夢想或靈性成長的雄心壯志。孤立於山中的城堡，四周有高牆和塔樓保護。或許我們可以將這根直挺的權杖看成是一根作為武器用的棍棒，高高舉起的姿勢，象徵著對於這塊土地所有權的捍衛。山谷中，潔淨的藍色河水汩汩流淌，而藍色就是真實意圖的象徵。河流右岸有三棵樹木，象徵著生長與肥沃的生殖力。

和錢幣王牌當中那座人工栽培的花園不同，權杖王牌的風景是未經雕琢的天然山水，充滿著野性之美；權杖王牌是真正的先驅者，總是冒險犯難深入新的蠻荒之境。因此，這張牌帶來的第一份禮物就是事業與冒險犯難的精神。和另外三張王牌一樣，握著象徵物件的那隻手都是右手，代表付出（反之，左手則代表接受）。

權杖王牌帶來的第二份禮物是「邁向成功的動力」。或許我們已經擁有美好的願景，但是要將這個願景付諸實現則需要動力。權杖王牌的元素是火，足以讓意圖完整燃燒，就像這根權杖枝幹，只要將它種在土裡，最後一定會長成一棵高大壯碩的樹木。這張牌的生命樹位置落在Kether，亦即上帝的神性明光、偉大的靈魂。在權杖王牌中，恰恰代表了冒險犯難的精神。

塔羅的四張王牌（一號牌）為各自的牌組提供了純粹能量。一號牌代表與聖靈或上帝合一的狀態。由於一這個數字無法再分割，因此他們的能量單一集中、強大，並且具有目的性。四張一號牌皆代表起始、衝動、新的可能，而且是以最純粹、明顯可見的形式出現。

正位牌義

權杖王牌正位，代表現在你生活每一方面都非常吉祥平安。占卜牌陣中如果出現這張牌，那麼它鄰近的小阿爾克那壞牌都會被抵銷（就跟大阿爾克那的XIX號太陽牌一樣）。王牌的出現通常預示著嶄新的起點、新事業、新旅程，而且通常與工作和計畫有關。對從事創意工作的人來說，這也是一張好牌。權杖王牌的出現，代表你會靈思泉湧，知道如何將你的抽象概念化為具體有形之物。

就像在孕育新的點子一樣，這張牌也會像我們從外表看到的陰莖形狀，象徵著男性性能力，開始生男育女。

權杖王牌的延伸意義是旅行和冒險，尤其是，如果占卜牌陣中同時出現權杖三或權杖八（詳見本書第208及218頁）。

占牌時如果出現一張王牌，表示你要專注於該牌組所應對的生活層面，同時將它設定為解牌的主題。如果占牌時連續出現兩張以上的王牌，其代表牌義如下：

※ **兩張王牌**：重要的同伴關係
※ **三張王牌**：好消息
※ **四張王牌**：感性時刻、起點、潛力

逆位牌義

權杖王牌逆位，代表創意計畫受到阻礙，或是旅行可能會延期。在工作方面，可能會有一項計畫半途而廢，或是因為控管不善而延遲完成。整體而言，權杖王牌代表了出發點可能有誤，計畫需要重新思考。

在感情方面，權杖王牌逆位代表一位男性不想給出承諾，或是一對夫妻暫時分開，通常是因為工作的關係，而這個女人一直在等待那個男人。

占卜牌陣中出現權杖王牌逆位，通常代表在懷孕生小孩方面有困難，尤其是，如果鄰近牌出現寶劍三這張傷心牌（詳見第180頁）

權杖二
TWO OF WANDS

* **元素**：火
* **占星連結**：火星在牡羊座
* **數字編號**：2
* **生命樹位置**：Chockmah，智慧的薩弗洛斯
* **關鍵牌義**：計畫、夥伴關係、影響力

牌面解析

　　一名年輕人站在兩根權杖中央，右手拿著一顆地球儀，左手扶著其中一根權杖，這根權杖底部牢牢抵著城牆上的一塊基座高臺，因此高度超過他的頭部。這些符號意象結合起來，讓我們對這張牌的牌義有了更廣闊的認識，得以超越當下所見，進入未來。此人站在城堡最高處，俯望前方：象徵目標與直覺的紫色山脈，平靜無波的湖泊和沙岸，一路延伸至山丘，樸實無華的小屋，森林和田園。這似乎是一片肥沃的土地，正在孕育著理想與夢想。

　　我們的英雄已經有所計畫，正準備開展執行，就像這兩根權杖上面冒出的樹芽。他沒有正面對著我們，而是側身站立，眼光凝視著他手上的地球儀。兩根權杖各踞這位英雄的一側，與這張牌的羅馬字II共同構成一個門戶，彷彿由此便可進入另一個經驗層界，不久之後，此人就會做好準備，踏進那個全新的世界。這也呼應了這張牌的生命樹位置Chockmah，智慧的薩弗洛斯。他的紅色長袍與紅色帽子，都象徵著生命活力與物質塵世。

權杖二牌面上的這個人，他明白自己已經走在追尋夢想的路程上，他對自己已經完成的事蹟充滿信心。因為我們看到牌面上右邊那根權杖是固定在地面上，高度低於他手上握的那根權杖，底部還綁了一小圈緞帶，也可能是一個扣環，象徵著這個計畫已經完成了一大半。

牌面左下方的城牆柱基上繪著一幅有趣的圖案，紅花與白花交織在黑色十字上，紅玫瑰代表熱情，白色百合花代表純潔，十字代表信心、信仰（聖杯六這張牌上也有出現聖安德魯十字）。十字上的玫瑰可能代表玫瑰十字會（Rosicrucianism）的教令，這是中世紀末出現於歐洲的一個祕傳教團，以玫瑰和十字作教派象徵符號，以十五世紀寓言故事《克里斯蒂安·羅森克魯茲的化學婚禮》（The Chymical Marriage of Christian Rosenkreutz）作為教典，這部寓言最特別的圖案就是一朵紅玫瑰與一座魔法城堡。權杖二牌面圖案中的城牆與十字，很可能就是指涉玫瑰十字會，因為它的教令也曾對共濟會造成影響；而萊德偉特塔羅的創作者A.E.偉特正是共濟會的成員之一，自然對這個煉金術符號非常熟悉。值得注意的是，錢幣三牌面圖案上的石雕門飾上也有十字與玫瑰（見本書第152頁）。

這張牌的占星連結是落在牡羊座的火星，這是一個非常火熱的組合，象徵意志力與能量。必須注意的是：必要時得降低火熱的程度，以保有持久的耐力。

正位牌義

占牌時出現權杖二正位，顯示出你正在擬定計畫，預備往前邁進，因此，你可能正在安排一次旅行。在工作方面，你的影響力逐漸擴大，你的價值獲得肯定，同時，也得到正面的支持與建議。這張牌也代表你身邊會出現有創意的新夥伴，共同執行一項工作計畫或是創設一家公司。

牌面上有兩根權杖，也代表你現在正面臨兩種選擇。仔細想想，哪一個有助於你的人生使命，哪些問題使你裹足不前。制定一個能夠讓你淋漓盡致發揮力量的計畫，盡情展現你的才華與光芒！

權杖二的延伸牌義是：你可能會遇到一個新的戀人，如果占牌中出現這張牌，通常表示你會在工作場合遇到這個人，或因為共同朋友或共同興趣而結識。在靈性方面，不管是內在或外在世界，你都覺得連結更加緊密，因此你可能會把大量時間花在上課，或是接觸大自然。

整體而言，這是一張好牌，代表你有機會不斷往上提升。請好好把握這些機緣，你即將成為明日之星。

逆位牌義

權杖二逆位，代表你的才華遭到浪費，因為那些可以幫助你晉升的人不買你的帳。在這種情況之下，你不妨考慮換個舞臺。你需要跟那些了解你觀點、欣賞你才能的人共事。這張逆位牌也顯示出，你把信任放在錯誤的地方，相信了一個不可靠的夥伴。檢視一下你身邊的人，你是不是一直在幫他承擔一些事情？或是你一個人必須包辦所有的工作。在感情方面，這張牌顯示出你的伴侶不太可靠。

權杖三
THREE OF WANDS

- ✵ **元素**：火
- ✵ **占星連結**：太陽在牡羊座
- ✵ **數字編號**：3
- ✵ **生命樹位置**：Binah，理解的薩弗洛斯
- ✵ **關鍵牌義**：行動和冒險

牌面解析

在塔羅牌序列中，這是唯一連續兩張牌我們看不到牌面人物的臉。雖然權杖二當中的男子有稍微露出側面，到了權杖三則完全背對我們。現在，他從高聳的護城牆走下來，站在海邊的一塊高地，三根樹枝權杖牢牢地被他扎入地下，他的手緊握其中一根。他身後的兩根權杖為他提供了保護作用；第三根被他緊緊握住，支撐著他的身體。他已經通過權杖二的那道入口門戶，進一步深入我們在權杖二遠遠看到的風景。此刻，這位冒險者身上穿著比先前更為豔麗的紅色斗篷，鮮紅色代表活力能量；他的披肩是代表大自然與生育力的綠色；他的額頭綁著一條跟I號魔術師一樣的頭帶（見本書34頁），象徵理性頭腦以及追求成功的堅強意志。

在這張牌上，男子的頭帶看起來像是正在等著戴上勝利花環，這是勝利返鄉的英雄才能享有的榮耀。相同主題一直延伸到他左肩斜披的羅馬風格子背帶；這個圖樣不禁讓人懷想起賽車場上起點和終點所使用的旗幟，傳統上那正是代表冠軍的錦標。從他身上的頭帶和背帶，我們很清楚意識到，此人可說是屬於人生的勝利組哪！

權杖三的占星連結是位於牡羊座的太陽，代表了這是一張充滿熱情、擁有強大溝通能力，而且目標明確的牌。潛在的問題是：超級陽光的牡羊缺乏耐心，但那是因為牡羊人一心渴望盡早得到成果的關係。這種強烈的行動驅力，因為它所在的生命樹位置Binah而得到緩和，因為Binah代表理解與柔性的接納。

動態數字三代表成長與轉變，所以牌面上我們看到三艘船、三根樹枝權杖，每一根權杖上帶有三個芽苞，強化了這張牌的創造力意涵——代表不斷進步與成長。船隻逐漸遠離岸邊、向外出航，因此我們感受到這位年輕人應該是一位企業家，正在目送他的第一隻三艘船隊出海，滿載貨物前往另一個新的目的地。這些船隻象徵著他遠離海岸的旅途起點，以及他未來的遠大目標。

正位牌義

權杖三是屬於塔羅的好運牌之一，代表事業上的成功以及工作計畫與人際關係的興旺氣勢；這張牌也代表一段感情可以開花結果步入禮堂，開展一段重要的關係。當然也表示這段時間可能會非常忙碌，活動非常密集，因此要有心理準備，你可能會接到很多文件、電子郵件、電話，還有訪客。

權杖三這張牌的出現通常代表即將展開遠行，親眼見到計畫實現，無論是旅遊、工作事業、婚禮，或是其他你已經孕育已久的計畫。這段時間也很適合進行深入的溝通交流，透過興趣嗜好來表達你的真實面貌，比如美術、音樂、手工藝、運動等等。權杖三也代表重視個體發展、不因循守舊，因此你會受到一些非傳統人士、非傳統事物的吸引。而且，你會為自己的古怪與反常行為感到自豪，並且讓別人看見你所有的面貌，而不是只表現別人喜歡的那一面。你會因此獲得更大的自信，甚至他人的仰慕。你原本就是獨一無二的。

權杖三的挑戰是：在一心追逐成果獎賞之餘，也要保持耐性與平靜，尋求兩者的平衡，並且專注於當下。感謝與欣賞現在站在你身邊的人；如果有些人現在無法立即了解你對未來的盤算，也要試著給他們一些時間。

逆位牌義

權杖三逆位，代表溝通方面出問題。計畫受到延宕，難以進展。人際感情方面，你會覺得好像很難表達自己真實的感受，也很難了解別人所說的話。因為誤解，你會很想把自己孤立起來。如果你有這種情況，請不要太過沮喪，試著讓自己慢下腳步。整體而言，雖然帶有些微負面影響力，但基本上它還是一張好牌，即使在逆位的情況下，因此，不要讓這些不如意變成你的阻礙，最終你還是會成功。

權杖四
OUR OF WANDS

* **元素**：火
* **占星連結**：金星在牡羊座
* **數字編號**：4
* **生命樹位置**：Chesed，仁慈、愛的薩弗洛斯
* **關鍵牌義**：自由、創造力、家庭幸福和樂

牌面解析

　　權杖四的慶典畫面，大概可算是塔羅小阿爾克那當中數一數二的快樂牌。一對夫婦高舉花束，正在慶祝他們的勝利。四根高聳的權杖圍成一座棚架，上方懸掛著各式水果組成的花環，有檸檬、蘋果、李子、紫色葡萄，還有粉紅色鮮花。牌面左方有三個小朋友在城牆外面跳舞。這幅景象描繪的可能是歡慶豐收的季節，一個公定節日，甚至可能是一場婚禮。這張牌的靈感可能是來自兩個非基督教（異教）節日：一個是五朔節（Beltane），或稱五月節（May Day），另一個是凱爾特人的豐收節（Lammas），慶祝一年當中的第一個豐收日。

　　五月節，就是在五月的第一天，淵源於凱爾特人的五朔節慶典，慶祝夏天來臨、春天播種季節結束。在這一天，村莊裡會豎起以鮮花裝飾的花柱，並綁上彩帶，人們就拉著彩帶圍繞著花柱跳舞，讚揚大地的豐富生產力。眾人還會用鮮花為五月皇后和國王加冕，很像權杖四這張牌上這對穿著羅馬式長袍的夫婦，同時也與羅馬的花神節相呼應。

這張牌的鮮黃色背景,象徵著太陽令使萬物生長的活力與能量,同時也象徵清醒的意識,因此我們看到這對夫婦是公開在節慶當中現身於大眾面前。他們身上分別穿著藍色與紅色長袍,藍色代表真理,紅色則代表熱情與物質世界。以紅色和黃色作為這張牌的主要調色,類似於I號魔術師牌的亮黃色背景,玫瑰薔薇以及紅色衣袍,這些都代表了魔術師顯化內心願望的能量。VIII號力量牌也是類似的色調,同樣象徵生命活力與清醒的意識覺知力。

四是代表穩定與平衡的數字,在熱力四射的權杖牌組中,四意謂著安全,因此我們可以看到,牌面上這座城堡以及慶典都在城牆的保護之中。在卡巴拉生命樹位置上,這張牌連結的是Chesed,也就是仁慈、愛的薩弗洛斯,這就是為什麼這張牌也經常被稱作「蜜月牌」。

權杖四的占星連結是落在牡羊座的金星,代表熱情、自發性,以及生活樂趣。由於牡羊座現在居於主宰地位,因此愛的感覺會非常激烈,甚至無法自拔。

正位牌義

權杖四正位,顯示出這是完成任務之後,慶祝成功的獎勵時刻。在社交方面,你有機會參加慶祝活動,而且會玩得非常愉快;這張牌預示了這段時間你將充滿自信與活力。工作和家庭方面都會很穩定,可能會買房或是裝修屋子,或者搬到空間更大的房子。這張牌的氛圍就像牌面上四根扎入地下的權杖,根基非常穩固。你身邊的人也會注意到你有意願成為團體的支柱,因此你會積極投入地方議題和社會運動。在工作方面,你的才能會受到賞識,你有滿腦子的創意和滿腔的熱情。在靈性方面,這張牌顯示出你正在與別人分享你的光。

占卜牌陣中出現這張牌,表示你有可能遇到新的情人,或是你與情人之間會敞開心來相互關懷、表達愛意。因此這張牌也經常被稱為「蜜月牌」,或者代表這段時間有值得慶祝的事情發生,你的心情自在舒暢,能夠享受生活當中擁有的一切。對從事創意工作的人來說,這也是一張好牌,受到權杖四的正面影響力所致,與藝術有關的工作計畫都會蓬勃發展。

逆位牌義

權杖四逆位,是所有小阿爾克那牌當中,少數帶有正向含義的逆位牌之一,雖然可能還是會出現輕微的動盪。你無法時時將心力放在自己所喜歡的事情上,不管是旅行、工作或是社交方面,有些計畫可能會受到中斷。受到權杖四逆位的影響,你可能會被忽視,你的聲音無法被聽見。不過,如果你感覺自己一直像個邊緣人,無法被看到,那麼你可以檢視一下,你現在所處的環境對你來說是否適當,也許有問題的是他們,不是你。整體來說,這個輕微動盪的狀況很快就會過去,正位牌的正面影響力會隨之顯現。

權杖五
FIVE OF WANDS

* ☆ **元素**：火
* ☆ **占星連結**：土星在獅子座
* ☆ **數字編號**：5
* ☆ **生命樹位置**：Geburah，力量的薩弗洛斯
* ☆ **關鍵牌義**：競爭與爭辯

牌面解析

　　權杖五牌面上有五位年輕人正在互相打鬥，他們手上拿的棍杖，是自我與熱情的象徵，呼應了這張牌的元素——火。這五個人，各自擁有立場，因為從動作上看起來，他們並不是集體行動，而是各有目的。每一個人都沉浸在自己的遊戲當中：其中一位高舉棍杖，擺出勝利姿態；另外三個人棍杖相互交叉對戰；第五位將棍杖高高舉過肩膀，不讓棍子被搶走。

　　我們可以將這幾位年輕人看作小阿爾克那四個牌組的侍者，因為他們在這場打鬥當中運用力量的方式完全不同。擺出勝利姿勢的棕髮綠衣年輕人，剛好位於這場打鬥的中心位置，他是代表火元素的權杖侍者；身穿藍衣的年輕人，雙手緊握著他的寶杖，高高舉過肩膀，以展現他的孔武有力，這是錢幣侍者；身穿紅衣的攻擊者，是寶劍侍者；另外一位身穿藍白花紋上衣的年輕人，做出被動防守的姿勢，是聖杯侍者。在卡巴拉生命樹位置上，這張牌連結的是Geburah，代表力量的薩弗洛斯——在這裡我們可以看到，這五位年輕人正在展示他們各自的力量，但似乎並沒有得到太大的效果。沒有人會在這場打鬥中受傷；如同萊德偉特塔羅的創作者A.E.偉特所說：「這是一場『虛擬的戰爭』，一場『虛假的打鬥』。」

五根棍棒上一共長了十二個幼芽，象徵正在發芽的點子。十二這個數字，也呼應希伯來文第十二個字母Lamed，原本的意思就是棍棒，而它的字型就像一根棍子。

　　五是代表人類族群的數字，也代表萬物之精髓典範，或煉金術中的第五元素。以權杖五這張牌來說，代表了儘管混亂持續存在，秩序最終還是會在某個時刻恢復。就像萬物本具精髓典範，解決之道現在或許隱而未現，但它依然存在著實現的可能。混亂終將趨於平息，因為下一張牌是權杖六，而六是代表和諧的數字，而且權杖六的意義就是「勝利」（見本書第214頁）。

　　這張牌的占星連結是位於獅子座的土星，代表衝突──獅子生性急躁，需要自我炫耀，他不會乖乖接受土星的嚴厲領導。對權杖五來說，這個占星組合必定帶來挫敗感，就像一把火儘管大雨澆灌，依然努力在雨中保持不滅的火光。

正位牌義

　　權杖五正位的傳統牌義是代表競爭，它要告訴你的訊息是：站穩你的立場，不要妥協。跟寶劍五不一樣，權杖五並非預言可能發生全面性的衝突，而是表示會有激烈的言詞爭辯，而且缺乏共同意見，至少目前是這種狀態。尤其是在工作上，誤解不斷發生。你可能會發現，在會議中每個人都急於發言、捍衛自己的立場，無法取得共識；這個戰鬥是屬於言詞的戰鬥。

　　權杖五正位的延伸牌義是：旅行計畫行程出問題或是受到延宕，因此，請務必反覆檢查你的旅行文件和電子郵件、邀約、帳戶，以及應辦事項；要特別注意那些白紙黑字的文件。

　　占卜牌陣中出現權杖五正位，通常代表你身邊的人（尤其是家人）非常固執己見；在教育學習方面，代表你需要通過嚴格的考試或測驗，但是你會順利過關。稍微需要注意的是，這張牌也顯示出對你而言非常重要的競爭，比如某種運動項目等等。

逆位牌義

　　權杖五逆位，代表欺騙與錯誤訊息。你可能已經受到誤導，因此，在你做出定論之前，需要仔細查核一下你的資訊來源；你所聽到的內容可能有故意誇大的情形，或者並非真相。權杖五逆位的最負面牌義代表不誠實。

　　整體而言，權杖五逆位表示你感覺壓力很大，而且非常脆弱，如果你是這種情形，那麼最好暫時不要隨便發表自己的意見，或者，至少只對你信得過的人說。

　　權杖五逆位的延伸牌義是：訴訟。

權杖六
SIX OF WANDS

☆ **元素**：火
☆ **占星連結**：木星在獅子座
☆ **數字編號**：6
☆ **生命樹位置**：Tiphareth，美與重生的薩弗洛斯
☆ **關鍵牌義**：勝利

牌面解析

　　一名年輕人騎著白色戰馬正在舉行勝利遊行，他的頭上戴著象徵勝利與權力威望的桂冠，手上舉著掛有桂冠花環的權杖，彼此相互輝映。掛著桂冠的權杖象徵肥沃生育力、願望成真，呼應馬匹身上華麗的綠色馬鞍，因為綠色是大自然與新生命的顏色。戰馬是白色的，代表純淨的意圖。旁邊的五名圍觀者手上也拿者棍杖，很可能正是權杖五當中那五位相互打鬥的年輕人，現在，他們筆直而有序地高舉棍杖，一心一意歡喜迎接這位勝利返鄉的英雄。其中一名年輕人背對著我們、注視著遠方，彷彿是在守護整個遊行隊伍，顯示出這位英雄騎士的勝利者地位受到捍衛，無法被挑戰。

　　騎士在這裡也象徵身負重任的傳訊者，負責傳遞重要消息。五名年輕人可能是他的隨從，沿路護衛著這位傳訊者，讓他能夠順利將訊息帶給皇宮貴族和顯要人士。騎士緊握韁繩，顯示出他的火元素正在他的掌控之下。他看起來氣勢非凡，雖然帶著勝利之姿，依然心平氣和，面容仁慈且莊嚴。這種莊重威嚴的態度也呼應這張牌的編號六，代表和諧與無為而治。六這個數字的另一層含義是：現在與未來乃由過去所創造，因此我們也可以猜想，這位騎士過去所付出的努力已經得到獎賞，他的未來光明燦爛。

權杖六的生命樹位置落在Tiphareth，也就是代表美與重生的薩弗洛斯，因此這張牌也代表美好、優雅、取得勝利。這張牌的占星連結是：落在獅子座的木星，這個組合的特點是：高超的領導力與創新能力，還有彈性——有能力克服微小的障礙，並且發展更廣大高遠的視野。牌面圖案中，月桂花環高高懸掛於騎士手中的權杖上端，即是這個星座組合的象徵。

正位牌義

權杖六正位，代表應得的成就。假如你最近一直感到掙扎，不確定你辛勤工作最終是否能夠得到回報，那麼你一定會很開心抽到這張牌。這張牌通常跟工作、事業、計畫有關，而且顯示出你可能在工作上得到升遷、簽訂新的合約或參與拍賣投標；同時，如果有法律上的爭議案件，結果將會對你有利。請好好享受這段快樂時光，不要害怕與人分享你的成就；眾人將會支持你、為你叫好。現在你可以盡情享受榮耀，驕傲地好好慶祝一下，不管你有多忙。

在情感關係上，權杖六正位牌代表你會向眾人宣布這段戀情，而且會受到非常多的祝福。如果在牌陣中這張牌與聖杯一、二、十，以及大阿爾克那VI號戀人牌一起出現（詳見本書第120、122、138、54頁），很可能代表求婚。這也解釋了權杖六牌面上這個慶典畫面的延伸含義，有可能是婚禮、前往參加宴會，或是畢業典禮。

權杖六正位的傳統牌義是：好消息。涉及的層面包括：愛情、財物、課程學習、工作，以及抉擇。可以同時檢視牌陣中鄰近這張權杖六出現的是哪些牌，來判斷是在哪一方面傳出好消息。

逆位牌義

權杖六逆位，代表你所渴望的報償並沒有實現。不過，你還沒失去一切，只是這件事會延後出現，而不是一無所有，因此，請加快腳步繼續朝目標邁進。還有，你所等待的好消息可能遲遲沒有出現，但這是因為整個大環境已經超出你所能掌控的局面，而非代表你能力有問題。權杖六逆位帶來的訊息是：請盡量耐住性子，先用其他事情來轉移你的注意力（不需要每隔五分鐘就去檢查你的電子信箱和文件）。

此外，權杖六逆位也代表有人對你表示失望，因此讓你信心受到打擊。不過，就跟小阿爾克那其他的牌一樣，這只是過渡時期的現象，不需要把別人的失望一直放在心上。

權杖六逆位的延伸牌義是：傲慢、自大、只在乎自己的人。

權杖七
SEVEN OF WANDS

* **元素**：火
* **占星連結**：火星在獅子座
* **數字編號**：7
* **生命樹位置**：Netzach，恆久耐力、本能直覺與慾望的薩弗洛斯
* **關鍵牌義**：勇氣、努力，以及挑戰

牌面解析

　　這張牌的圖案畫面比例有點奇怪，一名年輕人手持權杖站在山頂上，他腳下的風景相對顯得非常小，因此他可能是一位巨人，很像愛爾蘭作家喬納森·斯威夫特的小說《格列佛遊記》（Gulliver in Lilliput）當中描繪的小人國，格列佛幫助厘厘普小人打敗鄰國敵軍，卻因為違反小人國的道德律令而遭到處罰。權杖七牌面上的這位年輕人高高站在山頂上，腳下跨著河流，在這幅風景中顯得格格不入。

　　年輕人雙手緊握權杖，像是要用盡一切力氣來捍衛自己的地位。由於位置居高臨下，他的視野也更為遼闊，他擁有很多很棒的想法，這點從他手上高舉的權杖長有五個芽苞即可看出，因為他前方的那六根權杖都只有兩三個芽苞。他為追求更高的目標正在努力著──他的上衣是象徵大自然的綠色，代表成長茁壯，他的緊身長褲是橘色的，呼應這張牌的元素「火」。他對自己的領域範圍非常清楚，因此雙腳跨在一條河流之上；他的位置和意圖都非常明確。牌面上其餘六根直立的權杖都共同指向他，而他已經做好準備要全力應戰。

這張牌的占星連結是落在獅子座的火星。一個是好戰的火星，一個是活力十足的獅子座，兩者結合起來，營造出一股勢不可擋的強大力量。大阿爾克那的VIII號力量牌中就有一隻獅子，而力量牌也是權杖七的原型牌之一（詳見第65頁力量牌之「力量牌的鏡像反射」）。權杖七的生命樹位置落在Netzach，是代表恆久耐力的薩弗洛斯，表示這位年輕人要小心別讓自己熱切的抱負燃燒殆盡。牌面上七根權杖上總共有二十個樹芽，呼應希伯來文的第二十個字母Resh，意思是「成就、成功」。勝利已經在握。

這張牌的編號是神祕數字七。七是代表天堂的三與代表人間大地的四的總和，因此這張牌帶來的挑戰就是：在人間實現天堂，讓夢想成真（詳見第58頁VII號戰車牌）。在權杖七這張牌中，這個獎勵是來自協商與堅持自身立場的勇氣而獲得。

正位牌義

權杖七正位，代表在你前進的道路上將會遇到阻礙，但是你一定能夠將它克服，並且繼續往前邁進。成功已經近在咫尺。這張牌特別跟工作、生涯事業有關，並且顯示協商談判的重要。無論對話變得多麼困難，你都要繼續溝通，讓對話可以持續下去，直到滿意的結果出現。你要站在高處，保持明確的立場，最後你一定會贏。

這張牌帶有高貴的性格，占卜牌陣中出現這張牌，通常代表你可能正在幫別人捍衛他們的權益，而非只捍衛你自己的利益。從這個意義上來說，權杖七可以說是一張屬於「倡議者」的牌，你發現，你可能需要代表那些無法出聲的人說話。此刻，道德感對你來說非常重要，因此，抽到權杖七表示你可能會在某個團體中發表談話，比如某委員會或法庭陪審團。這個任務並不簡單，但你堅持一定要做這件事。

在感情方面，可能會出現阻礙，你可能需要為愛情而奮戰。不過，這只是暫時現象，假使你確定這位伴侶能夠回報給你同等的忠誠之心，那麼你就要想辦法堅持這份感情。

逆位牌義

權杖七逆位，代表你對自己的目標產生懷疑。你可能因為自己的聲音很難被別人聽見而感到難過，而且必須克服不斷出現的障礙，但是你並不清楚這一切是否值得。如果這張逆位牌出現在牌陣的「結果」位置，那就是代表焦慮和猶豫。另一個含義是：因為問題不斷發生而覺得喘不過氣。尤其，如果這張權杖七與「負擔牌」權杖十同時出現的話，那麼它要告訴你的訊息就是：要把焦點放在你可以有作為的地方，同時接受你無法改變的事情。在感情上也是一樣，你可以問問自己，哪些不完美之處是你可以接受的，又有哪些東西是已經無法商量的，比如你的伴侶的態度或外在環境。

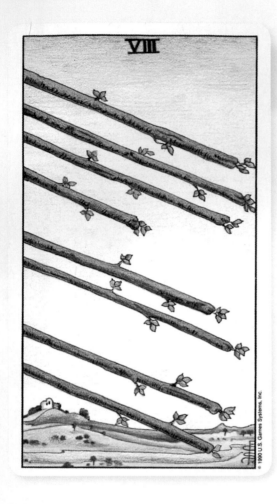

權杖八
EIGHT OF WANDS

* **元素**：火
* **占星連結**：水星在射手座
* **數字編號**：8
* **生命樹位置**：Hod，雄偉與心智頭腦的薩弗洛斯
* **關鍵牌義**：訊息和遊歷

牌面解析

　　權杖八的牌面上有八根權杖，全部都冒著綠芽，從一片灰藍交織的天空中飛過。牌面下方的風景，跟權杖王牌非常相似——連綿的綠色山丘上聳立著一棟小屋，下方是一條河流。小阿爾克那牌只有兩張牌沒有出現人物，這是其中一張（另一張是寶劍三），因此，沒有明顯的外在動作可供解讀。

　　這是一張內在意圖牌，因此牌面上唯一的焦點就在於這八根飛行的權杖，賦予了這張牌動作上的意義。簡單來說，我們看到權杖正在飛行，每一根權杖都長著蔥蔥綠葉，劃過一片寧靜的風景。跟傳送家書的鴿子一樣，它們身上也攜帶著訊息，可能是綁在權杖下方，已經超出牌面圖片的可見範圍；也許它們是矛，或是愛神的箭，正準備降落。總之，當我們看到這些帶有魔法的權杖，就表示所有事情即將加速進行。八根權杖幾乎占掉牌面圖案大部分空間，主宰著底下所有景物。

這張牌的占星連結是：落在射手座的水星。射手座是一個愛好冒險的星座，再加上水星墨丘利這位帶翼的信使，賦予了這張牌活力動能與旅行遊歷之含義。這個占星組合的另一特質是廣闊的視野與內在洞見——假如想要有效處理權杖八影響下產生的外境迅速變化，這個特質正是我們需要的。權杖八的生命樹位置落在Hod，這是代表心智頭腦力量的薩弗洛斯，與創意思維、邏輯、敏銳機智相關聯。

這張牌的編號是八，代表穩定與更新（參見第62頁VIII號力量牌）。小阿爾克那的八號牌已經接近整個數字牌序的終點，差不多已具備了我們所有的人生經驗。我們可以運用過去所習得的知識作為借鏡，擁有智慧與能力做出新的決定，以嶄新技能找到新方向。

正位牌義

除了權杖王牌之外，權杖八可說是這個牌組當中最正向積極的牌之一。它帶來無數溝通交流的能量和機會，因此這段時間你可能會收到大量的電子郵件、電話，以及令人興奮的邀約。如果你過去這段時間一直覺得很憋，或者遇到關卡無法做出決定，很快你就會收到好消息。你所有的規劃都會像長了翅膀一樣，迅速一飛沖天。請做好準備，迎接這個改變，它的速度會非常快，許多瘋狂的事情會讓你感到振奮，但你還是需要按部就班、排好優先順序。不要事事都答應；要明智地做出選擇，然後開心享受這段令人振奮的時期。

在感情方面，權杖八會帶來愛情的好消息，尤其是，假如你近期和伴侶分隔兩地，或是正在期待你暗戀的人有所回應，可能很快你們就會有機會見面。

此外，占卜牌陣中出現這張牌，通常表示這項職業與木工以及建築鷹架有關。

逆位牌義

權杖八逆位，最簡單的含義就是「延遲」。你手邊可能有很多尚未完成的工作，而且正在等待一項決策，以便施展更大的抱負，不過這種情勢是暫時的，要耐心等待時機到來。如果有任何不滿或怨氣，也要謹慎以對，這點也很重要。

在人際情感方面，可能會出現溝通困難的情形，因此容易有爭論發生。假如你正在期待一份新戀情，那麼你可能會失望，因為對方不太會跟你聯絡。可以看看這張牌鄰近出現哪些牌，來判斷這張牌代表的含義；如果出現寶劍三、寶劍十，或是戀人牌逆位這些比較負面的牌（詳見第180、194、54頁），那就表示這段感情可能會夭折。如果鄰近牌是戀人正位，或是聖杯一、二、六、九、十（詳見第54、120、122、136、138頁），那表示你跟對方還有機會。

權杖八逆位的延伸牌義是：嫉妒。

權杖九
NINE OF WANDS

* **元素**：火
* **占星連結**：月亮在射手座
* **數字編號**：9
* **生命樹位置**：Yesod，基礎與潛意識心智的薩弗洛斯
* **關鍵牌義**：防禦和力量

牌面解析

一名受傷的男子神情警覺，正在守望著四周的情勢。他身後豎立著八根權杖，象徵他擁有資源靠山，也代表他的職責所在，他雙手緊緊握住第九根權杖，像是護身武器。其他八根權杖井井有條排列著，像是防護柵欄，以防萬一發生意外。

他穩穩站在一塊人工平臺上，剛好呼應這張牌的生命樹位置Yesod，代表基礎的薩弗洛斯。他工作的地方是一塊非常堅實的基地。而這塊平臺也將這位未來的戰士與他身後的綠色山丘遠遠隔開。他現在需要稍微遠離一下社會，這樣他才能夠更加看清楚他的潛在對手進逼的方向。在肢體動作上，這名防禦者顯得絲毫不敢放鬆。他的壯碩體態，象徵著力量與耐力；從經驗中，他已經學會積極備戰，從他額頭上的繃帶可以看出，他確實曾經參加過戰役。頭上的傷並沒有為他帶來阻力，反而他是非常驕傲地綁著那條繃帶。

這張牌的占星連結是落在射手座的月亮——心思敏感的月亮，結合了個性直接、感性、富有冒險精神的射手座，顯示出性格中擁有極大的彈性和力量。這個占星組合也透露出對於挖掘底層真相的渴望。

這張牌的編號是九，也就是三組三的總和。三是一個動態數字，三的倍數則代表豐富的生產力，也代表身、心、靈三方面的統合。權杖九這張牌，累積了這個牌組所有的權杖，象徵著智慧乃是來自經驗的累積，但是，累積的要求與壓力也代表了責任，因此它的下一張牌權杖十也被稱為「負擔牌」。如果能讓權杖九中所有權杖保持在井然有序的狀態，就能避免權杖十當中那種難以維持的場面。

正位牌義

權杖九正位，代表你現在所處的地位強而有力。特別是在工作上，你已經奮戰了很長一段時間，經歷無數嚴峻的挑戰，還是很難達到現在的位置。時時保持警醒、警覺，可能會讓人感到疲憊，因此，要聰明地運用你的精力能量，細心規劃所有活動，別讓自己過分操勞，你就可以獲得一切你所需要的資源，度過難關。值得慶幸的是，和所有的小阿爾克那牌一樣，這張牌的影響力不會持續太久。很快你就可以不用一直處在這種緊繃的防衛狀態，做出那麼多犧牲。

此外，這張牌也顯示了做好充分防衛以及保持戒心這兩者的極佳平衡。確立並保護你的邊界，這種作法是恰當的，因為採取被動防禦會讓你陷在消極的心態當中；占卜牌陣當中出現權杖九正位，通常表示此人害怕他（或她）的點子或作品會被偷走——但這只是一種假設，而非事實。或者，由於害怕被拒絕或被批評，因而不願意交出工作內容，或是將自己的作品公開。如果是這樣，那麼現在是你把這種心態放下的時候了。你已經辛苦工作了很久，你的努力一定會得到讚賞和支持。

逆位牌義

權杖九逆位，代表你遭受到強烈反對，而且情勢對你並不公平。你辛苦努力工作，得到的回報卻很少。你已經付出一切，但似乎還是不夠，你的老闆可能非常不近人情，而你卻一直受到他的擺布，或者，你的小孩、朋友、客戶一直對你予取予求。這種情況讓你感到士氣低落，因而變得非常目標取向，只想趕快完成工作，卻沒有享受其中的過程。反過來，那個固執又缺乏彈性的人，也有可能是你。

權杖九逆位，也可能是代表邊界方面的問題，有人無視你的界線，進犯了你的領域。在人際關係上，你所面對的這個人可能行為非常保守，防衛心很強，因此你得因為他們而改變你的原本的作法。

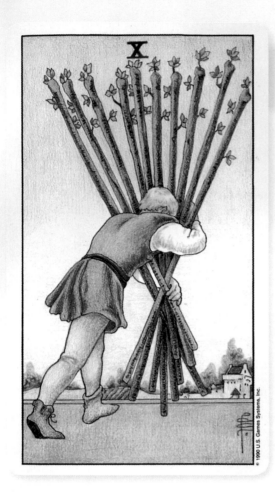

權杖十
TEN OF WANDS

- ✦ **元素**：火
- ✦ **占星連結**：土星在射手座
- ✦ **數字編號**：10
- ✦ **生命樹位置**：Malkuth，王國、生命經驗的薩弗洛斯
- ✦ **關鍵牌義**：責任與負擔

牌面解析

　　一名金髮男子正朝著一間房子走過去，但他的眼睛被遮住，看不見前方的路。他知道目標就在那裡——也許他先前曾經造訪過，因此我們可以看到，他的步伐充滿自信。不過，這裡也出現一種絕望的氛圍：為什麼他要選擇讓自己那麼痛苦，在前進的道路上將自己的眼睛遮住？他甚至選擇用這種方式抱著他的權杖，因而讓右手遮住了眼睛的視線。或許，他並不把自己當成一個人來看待，而是有如一隻瞎眼的野獸，拚命想要卸下自己身上的負擔。

　　這名男子一心一意往自己的目標前進，他身上穿著橘色外衣，這是權杖牌組火元素的顏色，代表熱情與活力。這條路看起來是相當值得一走：肥沃的土地，連綿起伏的山丘、樹林，還有一塊已經犁好的田，準備要開始耕種——也許他的十根樹杖會被種在那裡，長成壯碩的大樹。牌面右邊是一棟莊園式的房屋，象徵辛勤工作即將得到報償——假如我們的這位勞動者可以忍受肩上的負擔，繼續前進的話。

這張牌的占星連結是落在射手座的土星；射手座渴望自由、熱愛旅行，但在這裡，此一強烈的內在需要卻受到陰沉、不苟言笑的土星之壓抑。因此之故，權杖十也意謂著在沉悶磨人的工作與保有夢想之間，不斷拉扯掙扎。

在靈數學上，十代表完全和圓滿。不過，以權杖十這張牌來說，十根「火」的權杖帶給人相當大的折磨，包括感情上與財務上。這張牌對應的薩弗洛斯球體是Malkuth，也就是「王國」——因此，權杖十也代表擔當起整個王國（或世界）的責任，既是負擔，同時也展現熾烈的雄心抱負。

正位牌義

權杖十正位，透露出此刻你肩上的負擔已經超過負荷。你對這種情況變得太過習慣，以至於忘記了自己當初為何要做這件事。權杖十這張牌，是家庭主婦和企業家經常抽到的牌，由於他們必須同時處理多項事務，隨時隨地應付他人的需要。不妨好好考慮，適時拒絕他人的要求，看哪一項計畫或工作可以先喊停或交給別人去做。這張牌的出現，表示你現在真的需要把權力下放，尋求他人的協助支持。

沒有人期待你獨自承擔這些責任，包括情緒上的負擔，都需要分擔出去。這張牌的出現也意謂著，你還有一些過去的問題尚未解決。從積極的一面來看，這張牌顯示你將會成功，前提是，你必須妥善運用你的時間和資源。

占卜牌陣中出現這張牌，通常表示你可能需要換一個要求比較不高的工作，但是你覺得現在的工作已經耗去你大半心力，你沒有時間去找新的工作，因此陷入進退維谷的窘境。除非你先把自己從眼前的責任當中拉出來，將精力重新投資在致力改變你的環境，否則這種狀況沒辦法改變。權杖十這張牌也顯示出，因為你把所有的精力放在工作上，以致忽略了你的感情。

另外還有一點值得注意：如果在占卜牌陣中，權杖十落在「你」或「目前情境」的位置，那表示你或你的占卜對象可能不適合現在做這個占卜，因為有太多事情正在演變，還無法確定。請重新抽牌布陣，或是等個三天之後再來占牌。

逆位牌義

權杖十逆位，跟權杖十正位含義差不多，差別在於，逆位牌顯示有些負擔可能是你的想像，而非實際狀況。而且，你身上的壓力一直都存在，只要一分派到工作任務，潛在問題就跟著存在。這張牌要告訴你的訊息是：請試著減輕一些工作，卸下你給自己的壓力，你不需要做一個完美的人。權杖十逆位的其中一個牌義就是「固執倔強」，所以，請問問自己，你是否給自己過多壓力，硬要完成那些不可能達成的任務。

權杖十逆位也可能代表你在工作和家庭角色之間兩頭燒，因為你希望每個人都開心。不妨發個願，為你自己的需要騰出一些空間，因為你也需要讓自己開心。如果你能這樣做，你就有辦法更清楚看見前方的路。

© 1990 U.S. Games Systems, Inc.

PAGE of WANDS.

權杖侍者
PAGE OF WANDS

✷ **元素**：火中之土
✷ **關鍵牌義**：好消息和溝通交流

牌面解析

　　權杖侍者舉頭仰望，看著權杖頂端正在生長的小葉芽。他帽子上的紅色羽毛看起來像是一把小火焰，呼應了這個牌組的元素「火」，也象徵他熾烈燃燒的野心。權杖侍者手上的這把權杖比他還要高，象徵他的想法高過他的實際經驗，不過，正是這種熱力，激勵著他不斷想辦法克服自己在知識上的不足。這股熱情推動著他勇於往前邁進，因為他能看見每一樣事物的內在潛力。

　　這張牌的元素是「火中之土」，是這個熱情四射的火元素牌組當中最務實的一張牌。火中之土結合，成為牌面右方的金字塔——底座是正方形（土元素的象徵），上方是立體三角形（火元素的象徵）。這些金字塔也代表宏偉的設計、建造以及智慧——這正是我們這位權杖侍者所熱切追求的境界。他的緊身長襪是象徵火元素的橘色，上半身的束腰外衣上繪有黑色蠑螈圖案，這是一種具有神奇防火皮膚的生物。他的外衣底色是黃色，腳上穿的筆挺靴子也是黃色，剛好與愚人牌的鮮黃色調相呼應（見本書第30頁），而愚人的目標同樣是讓世界發出明亮的光彩。

侍者的權杖上有五個芽苞，與大自然的旺盛生長力相呼應。縱使身處乾旱的沙漠，但他擁有邁向成功的飽滿資源。

塔羅的侍者牌與騎士牌一般來說可以代表人或是影響力，而另外兩張宮廷牌（王后與國王）則是明確代表某個人。占牌時，你可以先把重點放在侍者的牌面圖案，讓直覺來導引你做出最適當的牌義解讀，然後再參考本書的牌義解說（本書第8頁第一章也有相關說明）。

正位牌義

代表影響力：占卜牌陣中出現權杖侍者，代表在工作計畫上，或是任何需要溝通協調的場合，都會進行得很順利，也會有好消息傳出。各種訊息、電子郵件、電話會讓你非常忙碌，會有很多邀約，但是你必須冷靜以對，回應之前先評估一下有多少工作是你需要做的。整體氛圍是值得信任的，你收到的這些訊息都相當可靠，可以放心。侍者的年紀通常非常輕，這也意謂著，無論是人際交往或工作場合，你可能會遇到年紀較輕的人，以及各種新鮮的事情。

權杖侍者這張牌，顯示出你可能會遇到有創意的公司或是工作機會，雖然工作職位層級可能不如你預期的高，但整個工作方向看起來非常吸引人，至少理論上是這樣。無論如何，在你答應這份工作之前，請先仔細檢查所有細節和現實條件。

代表某個人：這個人非常健談、風趣，占卜牌陣出現這張牌，表示這個人有很大機率可能是作家。他手上的權杖就是他的筆，這是他在這個世界中展現自我的方式。或者，他也可能是一位行銷主管、推銷員、演員或是團隊經理，這類需要強大個人魅力與溝通技巧的行業。權杖侍者是一位勤奮的工作者，是一個忠心耿耿、充滿熱情，又有魅力的夥伴。他具有影響他人的能力；唯一要注意的是，此人耐性較為不足，很容易三分鐘熱度，然後又被別的事情吸引（因此，如果此人是你未來的交往對象，要特別留意他的言行是否一致）。權杖侍者牌的延伸牌義是，你可能有機會與老朋友、老同事相聚，一起開心聊天，回憶往事。

在牌陣中代表「你」：展現自我。

牌陣中出現侍者牌：如果占牌時有兩張以上的侍者牌接連出現，其牌義如下。

※ **兩張侍者：**兩張都正位，代表友誼，其中一張或兩張都是逆位，代表敵對競爭。
※ **三張侍者：**大量社交活動。
※ **四張侍者：**一群年輕人組成的社團。

逆位牌義

權杖侍者逆位，代表事情會有所延宕。電子郵件和訊息會有丟失的情形，導致溝通變得有點複雜。如果權杖逆位是代表某個人，那麼此人雖然會跟正位牌侍者一樣健談，但對話主題和內容通常都非常負面，而且相當嚴厲刻薄。既然正位侍者始終堅守自己的目標，逆位使者當然也不會輕易放棄他的陰鬱影響力。此外，這張逆位牌也代表固執、冥頑不靈，不願意聆聽他人的意見。

權杖侍者逆位通常薄情寡義，無法堅持初衷。當他的熱情燒光之後，他很快就會厭倦變心、轉移目標，留下你獨自一人處理善後。

這張牌的延伸牌義是：讀寫能力有困難，有時也代表小孩子或年輕人在書寫或語言方面的困擾，難以與人溝通。

權杖騎士
KNIGHT OF WANDS

- ☆ **元素**：火中之火
- ☆ **占星連結**：天蠍座和射手座
- ☆ **關鍵牌義**：一項提案

牌面解析

　　一匹馬在沙漠裡飛躍舞蹈，遠方還有三座金字塔。英姿勃發的騎士，精神昂揚，充滿活力；他手上握著一根權杖，肩負遞送訊息的使命。

　　這張牌的元素是「火中之火」。雙倍的火，代表激情、抱負、渴望的熱烈總和，展現在牌面圖案上許多地方。馬的鬃毛和騎士頭盔上的羽毛、手套，以及馬鞍都是紅色的，和火焰很像；牌面左邊有三座金字塔，三角形的塔面，也與火元素相呼應；騎士的外衣上繪有蠑螈圖案，這種傳奇生物的皮膚可以防火參（見第224頁）。權杖本身也可以看作是一把火炬，也就是火焰的載體。外衣的鮮黃底色代表太陽光，也象徵心智頭腦與意識的明光。

　　雖然這張牌的圖案充分展現了如火般的野心和慾望，但卻絲毫不會讓人感覺混亂、危險或者有一絲迫在眉睫的戰鬥氣息。馬匹的韁繩很短且也拉得很緊，乍看之下讓人覺得這匹馬好像正在跳舞，或是正在表演馬術。騎士完全掌控了這隻動物的原始衝動，而且他知道何時該放鬆韁繩，何時又該勒緊。

權杖上沒有火焰，但它是一根活的木頭，冒出五個芽苞，象徵著新消息與理念想法。在小阿爾克那牌組中，五這個數字也意謂著考驗測試──這是權杖國王給與他的考驗，看他是否能夠好好掌控火熱的衝動，好好控管自己的精力能量與才能，然後成功達到目標，跟VII號戰車牌很像（參見第58頁）。牌面上有三個金字塔，三是一個動態數字，代表創意與生產力（參見第42頁III號女皇牌）

塔羅的騎士牌和侍者牌一般來說可以代表某個人或是某種影響力，而另外兩張宮廷牌（王后與國王）則是明確代表某個人。占牌時，你可以先把重點放在騎士的牌面圖案，讓直覺來導引你做出最適當的牌義解讀，然後再參考本書的牌義解說（本書第8頁第一章也有相關說明）。

正位牌義

代表影響力：事情會加快進行。所有障礙都會被排除，因此，假如你正在猶豫某件事、不知如何做決定，或是一直覺得自己被困住，那麼你一定會開心抽到這張牌。你現在已經取得使事情可以向前推進所需要的對話機會與行動；請依照你的直覺感受，往前邁出步伐。如果你考慮搬家、正在尋找新工作，或是期待在個人生活或專業領域上有所進展，那麼這絕對是一張好牌。

占卜牌陣中出現權杖騎士，代表你在寫作方面能夠有所成就。在其他創意方面，你會得到眾人的讚賞與支持，包括情緒上以及經濟財務上。

這張牌的延伸牌義是：旅行和移民。

代表某個人：權杖騎士代表一位非常有創意又充滿活力動能的人，他是一個創新者，喜歡依照自己的風格行事。他可以為周圍的人帶來鼓舞的力量，非常擅於透過建立人脈來推廣他的信念。他也可能是一位旅行家或探險家，擁有很多人生經驗和故事。不過，對於事情的執行比較缺乏耐性，而且會憑藉第一眼印象對人妄下判斷。如果此人是你未來可能的伴侶，那麼他會是一位有魅力又健談的人，不過個性會有點操之過急。

在牌陣中代表「你」：點燃你的雄心抱負。

牌陣中出現騎士牌：如果占牌時有兩張以上的騎士牌接連出現，其牌義如下。

* **兩張騎士：**兩張都正位，代表友情；其中一張或兩張都逆位，代表競爭。
* **三張騎士：**男人的聚會。
* **四張騎士：**大量的行動；事情加速進展。

逆位牌義

整體而言，權杖騎士逆位代表你會在創意上受阻，或者可能出現溝通不良的情形，因此可能會漏掉接收一些電子郵件，或是訊息傳遞管道不良、無法完整傳送。權杖騎士逆位也代表延遲或延後做決定；由於事情無法有所進展，因此讓你感到挫折。不過，這些狀況都是暫時的，很快就會過去。這段時間，你一定要堅持下去，對自己有信心。

如果權杖騎士逆位是代表某個人，那表示此人非常自負。雖然他擁有很高的身分地位，但卻不願意下苦工來證明他配得上這個地位；不僅如此，他還會去搶別人的功勞。虛偽奉承、好求表現，可說是相當自私的一個人。

權杖王后
QUEEN OF WANDS

* **元素**：火中之水
* **占星連結**：雙魚座和牡羊座
* **脈輪**：臍輪、喉輪和第三眼，代表創造力、
  溝通以及洞察力
* **關鍵牌義**：創造力與專注

牌面解析

權杖王后是III號女皇或母親原型的其中一個面向。權杖王后是母親原型的靈魂面，聖杯王后是母親的感性心靈面，寶劍王后是母親原型的理性頭腦面（參見第144、200頁以及42頁女皇牌）。

權杖王后可說是小阿爾克那四位王后當中最有活力的一位，牌面上，她直接面對著我們，手裡拿著象徵創造力與目標的高大權杖。跟魔術師一樣（參見第34頁），權杖王后能夠將理念理想加以實踐、落實成真，跟隨她的靈魂道路而行。她手上的權杖是有生命的木頭，頂端還長著綠芽；看顧它們發芽、旺盛生長，是王后的工作。她的左手拿著一支向日葵，象徵太陽般的能量、蓬勃成長，以及耀眼明光。權杖的上半部長著三顆小樹芽，三是代表創造力的動態數字，同時也是她的原型牌女皇的編號。

這位紅髮王后所屬的牌組元素是火，因此牌面圖案也處處可見火元素的符號。王后的長袍是金色的，寶座上裝飾著向日葵和橘色的獅子紋章，橘色就是火焰的顏色。牌面左下角有幾座金字塔，而金字塔塔面的三角形在煉金術當中就是火的象徵符號，這些遠古時代的建築結構也是一種隱喻，象徵著權杖王后在地球人間的強大根基。

除了火元素之外，權杖王后也同樣擁有所有王后牌共有的水元素。水與火的結合，顯示出情感和思想之間的細緻平衡，為成功創造了條件。既務實又充滿理想，權杖王后擁有豐富資源，她知道何時該利用她的火能量來採取行動，何時該啟動她水元素感性的一面，對周遭環境和他人的需要抱以共感之心。

在密傳塔羅系統中，權杖王后的關連動物是豹，但是在萊德偉特塔羅牌中，她身邊出現的是一隻黑貓，黑貓向來是女巫的親密夥伴，因此也成為魔法的象徵。寶座兩側的獅子雕像，是古埃及獅子神塞赫麥特 (Sekhmet) 的象徵，與貓首人身的女神芭絲特 (Bastet) 皆是埃及神話中的戰爭女神，最初芭絲特是被描繪成一隻獅子，後來變成了貓。權杖王后的心臟部位還別著一個貓咪胸針，看得出來是芭絲特造型的護身符，象徵力量、保護以及歡愉。

塔羅的王后牌與國王牌，傳統上是代表你生活中或是即將進入你生活的某個人。不過，王后牌也可以代表某種影響力，在最後一段我們會有牌義解析。

正位牌義

代表某個人：有幾種職業的人經常會抽到權杖王后，比如，工藝匠師、企業家、顧問、組織領導人，另外就是一些需要依靠火花 (鼓舞) 和溝通來取得成功的人，比如，作家、製作人、公司行政人員等等。權杖王后社交能力很強，能夠給人鼓舞，而且非常忠誠，跟她的連結星座牡羊座一樣。相當能夠自我覺察的權杖王后也擁有極強的直覺力，因此她在感情上也會挑選到很好的對象。權杖王后也熱愛大自然、喜歡動物。

代表影響力：你的想法點子很多，而且你可以向別人展示你的能耐。現在不是保持沉默的時候；要點燃你的熱情，勇敢表現自我。同時，也反省你是如何在管理你的生活，請務必保留一些時間和空間給即將到來的機會。整體而言，權杖王后的出現代表你具備了你所需要的力量，而且人際關係也非常順暢，包括愛情、友誼、家人以及工作夥伴。

在牌陣中代表「你」：取回你的權力。

牌陣中出現權杖王后：如果占牌時有兩張以上的王后牌接連出現，其牌義如下。

※ **兩張王后**：競爭、相互競較。
※ **三張王后**：對你有幫助的朋友。
※ **四張王后**：女人的聚會。

逆位牌義

權杖王后逆位時，由於他人毫無意義的干涉，你可能會覺得自己受到控制。你可能非常需要有秩序的組織架構，但卻不喜歡接受規定。這可能是因為你或身邊某個親近的人已經承擔了太多這些規條，因此不想再接受了。不妨想一下，這是不是一種模式，你因為害怕被拒絕，而逃避做你自己。

權杖王后逆位如果是代表某人，那麼此人可能很容易違背自己的承諾。她可能忌妒心很強，而且不想要她身邊的人光芒勝過她。

權杖國王
KING OF WANDS

✦ **元素**：火中之風
✦ **占星連結**：巨蟹座和獅子座
✦ **脈輪**：臍輪、喉輪和第三眼，代表創造力、
　　　　　溝通以及洞察力
✦ **關鍵牌義**：一位光彩體面的男性

牌面解析

　　權杖國王是IV號皇帝或父親原型的其中一個面向，帶來結構、秩序與權威。權杖國王是皇帝的父親面向，具有鼓舞與溝通的強大能力。

　　國王的長袍上以及寶座椅背上都裝飾著黑色蠑螈圖案，這種傳奇動物的皮膚是防火的（參見第226和224頁的權杖騎士與侍者）。牌面右下角有一隻真的活蠑螈，更加強調了蠑螈在國王牌組中所代表的火元素。國王的寶座椅背上也裝飾著獅子圖案，而且國王身上還配戴著獅子頭的護身符項鍊，象徵力量與保護，也呼應了這張牌的連結星座：獅子座。

　　國王的權杖上有四顆芽苞，呼應了他的原型牌——IV號皇帝牌的編號，而且也象徵四個元素。他的皇冠、袖口以及披風上都出現了火焰圖案，他身上的長袍和披風也是象徵火焰的橘色。他的帽子是紅色的，乍看之下，會以為那是他的紅色頭髮，但事實上這種帽子叫做「官爵帽」（cap of maintenance），只有貴族才能戴，小阿爾克那國王牌的其他三位國王也都戴著這種帽子（參見第146、176、198頁），是襯在王冠之下用的。紅色和橘色都代表了現實世界中的激情，或是如火般熾熱的雄心抱負。

這張牌的元素是「火中之風」，可以理解為「會呼吸的火焰」。火中的空氣愈多，火光就愈明亮、火焰也愈高。不過，這個元素也揭露了國王的難題：他得不斷替自己的渴望添加柴火，同時又不致把自己燒光。他的肩斗篷和鞋子都是綠色的，象徵大自然與樹木，這也是火的燃料，因此他會留心去照料，使它成長茁壯，他需要時時讓自己處在富有成效與資源的環境中。

塔羅牌中的國王牌與王后牌，傳統上是代表你生活中或是即將進入你生活的某個人。不過，國王牌也可以代表某種影響力，在最後一段我們會有牌義解析。

正位牌義

代表某個人：權杖國王是世俗中人，他遊歷廣博，已經拜訪過許多文化和國家。由於個性健談且活力充沛，他的理想職業包括：商人、經理人、傳播與營銷、旅遊業、演員，以及其他需要自我驅策力與獨特個性的行業角色。他可能是一位自雇者，經營一家公司，或是擔任自由顧問。

他擁有智慧，對於自己和身邊的人都採取高標準，而且為人極為正直。禮貌周到，而且貼心，忠於自己的價值理念，而且始終根據自己的道德標準來行事。他是一個心胸開放的人，擁有自知之明，而且不會針對他人的背景或信念加以批評；他經常透過傾聽別人講述自身經驗來獲得借鏡。他是一個自由的靈魂，因此他也對那些與他不對盤的人保持尊敬。作為你未來可能的伴侶，他算是相當熱情而且擅於溝通。

代表影響力：現在正是時候，請好好表達你的想法，做獨一無二的你。喚醒你的企業家精神，制定計畫，你的提議一定會被採納。你所需要的實際奧援也都會出現，但在此之前，你必須先成為發起人。你現在所做的一切，都會反映出你的真實自我。不要讓完美主義阻礙你的創意，你所做的一切已經夠好了。

在牌陣中代表「你」：做一個自由的靈魂。

牌陣中出現權杖國王：如果占牌時有兩張以上的國王牌接連出現，其牌義如下。

❋ **兩張國王**：一位很棒的夥伴。
❋ **三張國王**：具有影響力的男性。
❋ **四張國王**：權力鬥爭。

逆位牌義

權杖國王逆位，代表這段時間你的觀點無法被別人看見。假如你感覺自己所走的道路並不正確，請檢視一下，是否有違反你的直覺，請卸下你給自己的壓力，對不同的路徑保持開放。

如果權杖國王在牌陣中是代表某個人，那麼此人的個性應該是相當蠻橫、自私、自以為是，而且觀點狹隘、迷戀規則。他可能是一位咄咄逼人的經理，或是非常嚴格的父母型人物。只要你不同意他的看法，他就不想聽你說話，而且自私自利，堅決走自己的道路。

書後語

感謝諸位讀者與我一同深入本書內容,共度這段閱讀時光。從本書開頭以至結尾,我的目標始終都設定在:提供你所需資訊,鼓勵你以適合自己的方式來解讀塔羅牌,發展出你自己的風格,讓你與你的牌卡建立起感情。

這本書或許可以推動你,或甚至邀請你更深入塔羅的神奇世界,但經驗是我們最好的老師。唯有實際經驗,我們才能真正相信書上所寫的這些文字,以及我們所說出的話語,進而將它們付諸實踐。

我第一本購買的塔羅書是艾佛瑞・道格拉斯(Alfred Douglas)所寫的《塔羅》(The Tarot)。在我買下這本書之後二十五年,我很榮幸有機會與艾佛瑞・道格拉斯在英國塔羅協會見面,得以當面對他表示感謝,並且將我自己的塔羅牌作品親手送給他。在這裡,我要再次向他獻上誠摯的謝意,因為是他激勵了我,親身去體驗塔羅的奇妙世界。

我衷心期盼,《塔羅終極指南》這本書也能為你帶來啟發,激勵你親身去嘗試塔羅,將它分享給其他人,信賴你的直覺,擁抱塔羅帶給你的深層洞見,讓塔羅不僅僅成為占卜問事的工具,也能讓我們在使用它的過程中,更加欣賞自己、欣賞我們的世界。

附錄

附錄 A

占星、卡巴拉以及大阿爾克那：
黃金黎明協會系統

大阿爾克那牌	元素	星座或行星	生命樹路徑	希伯來字母
0 愚人	風	天王星*	1	A（Aleph）
I 魔術師	風	水星	2	B（Beth）
II 女祭司	水	月亮	3	G（Gimel）
III 女皇	土	金星	4	D（Daleth）
IV 皇帝	火	牡羊座	5	H（Hei）
V 教皇	土	金牛座	6	U, V（Vau）
VI 戀人	風	雙子座	7	Z（Zain）
VII 戰車	水	巨蟹座	8	Ch（Heth）
VIII 力量	火	獅子座	9	T（Teth）
IX 隱士	土	處女座	10	I, Y（Yod）
X 命運之輪	火	木星	11	K（Kaph）
XI 正義	風	天秤座	12	L（Lamed）
XII 吊人	水	海王星*	13	M（Mem）
XIII 死神	水	天蠍座	14	N（Nun）
XIV 節制	火	射手座	15	S（Samekh）
XV 惡魔	土	摩羯座	16	O（Ayin）
XVI 高塔	火	火星	17	P（Peh）
XVII 星星	風	水瓶座	18	Tz（Tzaddi）
XVIII 月亮	水	雙魚座	19	Q（Qoph）
XIX 太陽	火	太陽	20	R（Resh）
XX 審判	火	冥王星*	21	Sh（Tav）
XXI 世界	土	土星	22	Th（Tau）

* 大牌的占星關聯原先只連結七個古典行星：太陽、月亮、水星、金星、火星、木星、土星，後來才又加進天王星、海王星以及冥王星。

附錄 B

卡巴拉：生命樹路徑與大阿爾克那

每一張大阿爾克那牌都對應一條代表卡巴拉教義主旨的生命樹路徑。

1　Kether，神聖之光的薩弗洛斯

2　Chockmah，智慧的薩弗洛斯

3　Binah，理解的薩弗洛斯

4　Chesed，愛的薩弗洛斯

5　Geburah，力量與評判的薩弗洛斯

6　Tiphareth，美與重生的薩弗洛斯

7　Netzach，耐力、直覺與慾望的薩弗洛斯

8　Hod，雄偉與心智頭腦的薩弗洛斯

9　Yesod，基礎與潛意識心智的薩弗洛斯

10　Malkuth，王國、生命經驗的薩弗洛斯

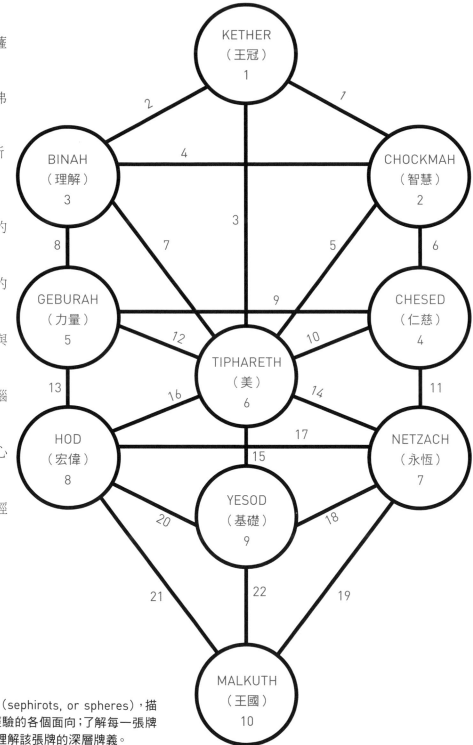

生命樹包含十個薩弗洛斯球體（sephirots, or spheres），描述了我們在地球人間之靈性經驗的各個面向；了解每一張牌所對應的生命樹路徑，有助於理解該張牌的深層牌義。

附錄 C 占星、卡巴拉、與小阿爾克那

騎士、王后、國王牌的占星對應		生命樹對應	
權杖騎士	天蠍座和射手座	一號牌（王牌）	Kether 王冠
權杖王后	雙魚座和牡羊座	二號牌	Chockmah 智慧
權杖國王	巨蟹座和獅子座	三號牌	Binah 理解
聖杯騎士	水瓶座和雙魚座	四號牌	Chesed 仁慈
聖杯王后	雙子座和巨蟹座	五號牌	Geburah 力量
聖杯國王	天秤座和天蠍座	六號牌	Tiphareth 美
錢幣騎士	獅子座和處女座	七號牌	Netzach 永恆
錢幣王后	射手座和摩羯座	八號牌	Hod 宏偉
錢幣國王	牡羊座和金牛座	九號牌	Yesod 基礎
寶劍騎士	金牛座和雙子座	十號牌	Malkuth 王國
寶劍王后	處女座和天秤座		
寶劍國王	摩羯座和水瓶座		

附錄 D 脈輪、水晶與大阿爾克那

我將每一張大阿爾克那牌分別對應一個脈輪與一種水晶。這些對應，是我根據自己在塔羅占卜與心靈療癒工作上的實際經驗，所做出的歸納。你也可以依據自己的經驗，做出不同的對照表。

除了人體主要七大脈輪——海底輪、臍輪、太陽神經叢、心輪、喉輪、第三眼，以及頂輪——我還增列了幾個新的脈輪，是我們處於當下這個靈性轉換時代所發展出來的新概念，包括：主掌連結宇宙之愛的高階之心脈輪、連結前世記憶的頸動脈脈輪、主掌顯化的掌心輪、主掌靈性啟發的天使脈輪或第五眼脈輪、主掌靈性連結的第四眼脈輪、主掌靈魂記憶的心之種子脈輪、主掌靈魂連結的靈魂之星脈輪、主掌靈性扎根的大地之星脈輪，以及星際門戶或宇宙之門脈輪。

塔羅水晶儀軌

水晶能夠擴大與平衡它所對應的塔羅牌之能量。舉例來說，假如你希望你的生活更加豐盛富庶，你可以將魔術師牌取出來，將對應的水晶放在牌面頂上，然後將它們一起擺放在你執行這個願望計畫時隨時可以看得到的地方。假如你目前受到高塔牌的破壞力所影響，心思處於混亂狀態，那麼你可以隨身攜帶一個紅玉髓，放在口袋或包包裡，有助於穩定你的心情。

本書第237頁的塔羅與水晶對照表，也同時列出了每一張大阿爾克那牌對應的人體脈輪，有些是根據傳統上的說法，有些則是我個人所做的歸納。

人體脈輪位置圖

星際門戶 Stellar Gateway

靈魂之星 Soul Star

第四眼 Fourth Eye

頂輪 Crown

第五眼（天使脈輪）Fifth Eye（Angelic）

第三眼 Third Eye

頸動脈脈輪（後頸）
Alta Major（back of the neck）

喉輪 Throat

高階之心 Higher Heart

心輪 Heart

心之種子 Heart Seed

太陽神經叢 Solar Plexus

臍輪 Sacral

海底輪 Base or Root

大地之星 earth star

人體七大脈輪

海底輪：安全感
臍輪：創造力
太陽神經叢：能量和智慧
心輪：愛與人際情感
喉輪：溝通
第三眼：直覺力
頂輪：接通指導靈和靈性界域

開發中的脈輪

星際門戶：連結宇宙
靈魂之星：業力與靈魂智慧
第四眼：靈性方向
第五眼（天使脈輪）：連結天使
頸動脈脈輪（後頸）：
前世、意識擴張
高階之心：宇宙之愛；靈魂的所在
心之種子：靈魂記憶
大地之星：扎根與連結

塔羅、脈輪與對應水晶

大阿爾克那牌	脈輪	水晶
0 愚人	頂輪 海底輪	白水晶 紅玉髓和紅色碧玉
I 魔術師	掌心輪	海藍寶和火瑪瑙
II 女祭司	天使脈輪（第五眼）	紫水晶、透石膏、月光石
III 女皇	心輪 臍輪	粉晶、祖母綠 橘色紅玉髓和橘色方解石
IV 皇帝	海底輪	紅色碧玉、紅色方解石、石榴石
V 教皇	第四眼	魚眼石、天青石、藍寶石
VI 戀人	心輪	東菱玉、瑪瑙、粉晶
VII 戰車	喉輪	藍紋瑪瑙
VIII 力量	太陽神經叢	黃水晶、虎眼石
IX 隱士	心之種子	權草紅飾石（鈹方鈉石）
X 命運之輪	靈魂之星	白色托帕石
XI 正義	大地之星	赤鐵礦、黑曜石、血石
XII 吊人	第三眼（眉心輪）	紫水晶和藍寶石
XIII 死神	頸動脈脈輪	藍色月光石
XIV 節制	太陽神經叢	黃水晶、琥珀、黃色托帕石
XV 惡魔	海底輪	紅玉髓和紅寶石
XVI 高塔	頂輪 海底輪	白水晶 紅玉髓和紅色碧玉
XVII 星星	高階之心	紫鋰輝石、翠銅礦、碧璽
XVIII 月亮	第三眼	紫水晶和青金石
XIX 太陽	太陽神經叢	黃水晶和金色拓帕石
XX 審判	頸動脈脈輪	藍色月光石
XXI 世界	星際門戶	雷姆尼亞種子水晶

＊ 再次提醒各位，每一張塔羅牌各有其相應的水晶屬性，哪一張牌對應哪一種水晶，很大程度上取決於作者個人的喜好。所以，你不妨也試試看，將塔羅牌與水晶連結起來，做出屬於你自己的對應版本。

致謝

　　感謝我的經紀人雀爾西・福克斯（Chelsey Fox），我的編輯吉爾・亞力山大（Jill Alexander）、芮尼・漢斯（Renae Haines）和莉亞・簡尼斯（Leah Jenness），我的丈夫麥可・楊（Michael Young），以及特別的塔羅好友凱伊・史塔弗斯（Kay Stopforth）和克莉絲汀娜・亞區伯德（Christina Archbold）；並以此紀念非凡的塔羅導師強納森・狄（Jonathan Dee）與瑪茱芮・博區諾（Marjorie Birchnall）。

關於作者

麗茲・迪恩
（Liz Dean）

倫敦賽佛里奇通靈姊妹學會（Psychic Sisters in Selfridges）萊德偉特塔羅專業占卜師暨教師。曾擔任畫冊出版公司主編長達二十五年，著作包括：《維多利亞蒸汽龐克塔羅》（The Victorian Steampunk Tarot）、《童話故事占卜卡》（Fairy Tale Fortune Cards）、《與天使對話的44種方法》（44 Ways to Talk to Your Angels）、《黃金塔羅牌》（The Golden Tarot）、《塔羅奧義》（The Mystery of the Tarot）、《愛情塔羅》（The Love Tarot），以及全球銷售三十萬本的暢銷書《塔羅的藝術》（The Art of Tarot）。近日，英國塔羅協會創始人金亞諾德（Kim Arnold）在其著作《塔羅牌大師》（Tarot Masters）中，將麗茲列為三十八位塔羅大師之一。

麗茲同時也是一位天使靈氣（Angelic Reiki）治療師及教師，擔任過英國前衛心靈雜誌《志同道合的靈魂》（Kindred Spirit）副主編。目前定居於英格蘭倫敦及萊斯特郡。個人網站：www.lizdean.com

塔羅終極指南

出　　　　版／楓書坊文化出版社
地　　　　址／新北市板橋區信義路163巷3號10樓
郵 政 劃 撥／19907596　楓書坊文化出版社
網　　　　址／www.maplebook.com.tw
電　　　　話／02-2957-6096
傳　　　　真／02-2957-6435
作　　　　者／麗茲‧迪恩
翻　　　　譯／黃春華
企 劃 編 輯／陳依萱
校　　　　對／龔允柔
港 澳 經 銷／泛華發行代理有限公司
定　　　　價／520元
出 版 日 期／2019年7月

國家圖書館出版品預行編目資料

塔羅終極指南 / 麗茲‧迪恩作；黃春華譯.
-- 初版. -- 新北市：楓書坊文化, 2019.07
　　面；　公分
譯自：The ultimate guide to tarot
ISBN 978-986-377-492-1（平裝）

1. 占卜

292.96　　　　　　　　　　108006820